MICHAEL KLEIN · **Dietrich Bonhoeffer – Christus finden**

MICHAEL KLEIN

Dietrich Bonhoeffer – Christus finden

Stationen seines Lebens in Texten

Bibliografische Information der Deutschen Nationalbibliothek:
Die Deutsche Nationalbibliothek verzeichnet diese Publikation in der
Deutschen Nationalbibliografie; detaillierte bibliografische Daten sind im
Internet über http://dnb.d-nb.de abrufbar.

© 2021 Neukirchener Verlagsgesellschaft mbH, Neukirchen-Vluyn
Alle Rechte vorbehalten
Umschlaggestaltung: Grafikbüro Sonnhüter, www.sonnhueter.com,
unter Verwendung eines Bildes von © Leksus Tuss (shutterstock.com)
Lektorat: Hauke Burgarth, Pohlheim
DTP: Breklumer Print-Service, www.breklumer-print-service.com
Verwendete Schrift: FF Scala, Scala Sans
Gesamtherstellung: GGP Media GmbH, Pößneck
Printed in Germany
ISBN 978-3-7615-6768-5

www.neukirchener-verlage.de

Inhalt

Einleitung 7

Christus finden ... in der Schrift 9
   Das Studium 9
   Referat über historische und pneumatische
   Schriftauslegung: Lässt sich eine historische und
   pneumatische Auslegung der Schrift unterscheiden,
   und wie stellt sich die Dogmatik hierzu? 15

Christus finden ... in der Kirche 31
   Die Doktorarbeit 31
      Sanctorum Communio (Auszug) 36
   Der Arierparagraph 44
      Die Kirche vor der Judenfrage 52
      Der Arier-Paragraph in der Kirche 62
   Die Ökumene 70
      Kirche und Völkerwelt 77
   Die Nachfolge 81
      Nachfolge (Auszug) 89
   Gemeinsames Leben 127
      Gemeinsames Leben (Auszug) 133

Christus finden .... in der Welt **157**
   Widerstandsbemühungen und Ethik 157
      Ethik (Auszüge) 167

Christus finden ... in der tiefen Diesseitigkeit des Lebens **227**
   Die Gefängnisbriefe 227
      Gefängnisbriefe an Eberhard Bethge (Auszüge) .. 234

Die Zitate im Buch **255**
   Schlüssel zur Zitierweise 255
   Originaldokumente 255

Einleitung

Dietrich Bonhoeffer dürfte der weltweit bekannteste deutsche Theologe des 20. Jahrhunderts sein. Als Widerstandskämpfer gegen den Nationalsozialismus und durch den Märtyrertod hat sein Werk eine nicht zu überbietende Beglaubigung gefunden. In aller Welt wird Bonhoeffer verehrt. Sogar an der Westminster Abbey in London steht eine Statue von ihm. Anlässlich seines 100. Geburtstages 2006 meldete sich der damalige US-Präsident George W. Bush zu Wort. Bonhoeffer steht für ein „gutes" Deutschland.

Bonhoeffer kam 1906 in Breslau als sechstes von acht Kindern des Psychiaters Karl Bonhoeffer und seiner Frau Paula, geb. von Hase, zur Welt. Als er sechs Jahre alt war, zog die Familie nach Berlin. Er wuchs in einem großbürgerlichen Haushalt mit zahlreichen Angestellten auf. Das geistige Klima seiner Herkunftsfamilie hat ihn lebenslang tief geprägt. Die Familie war christlich gesonnen, aber keineswegs kirchlich. Umso mehr erstaunte sie der Entschluss des jungen Dietrich, Theologie zu studieren. Mit siebzehn Jahren begann er 1923 sein Studium, das er als bereits Promovierter Anfang 1928 abschloss. Die Frage der angemessenen Schriftauslegung hatte ihn besonders bewegt. Während des Studiums war auch die Kirche als eine besondere Größe in sein Blickfeld getreten. Als junger Privatdozent musste Bonhoeffer sich dann mit der Machtergreifung der Nationalsozialisten auseinandersetzen. Er positionierte sich von Anfang an als deren entschiedener Gegner, und er war enttäuscht, dass seine Kirche sich nicht zu solch einer entschlossenen Haltung durchringen konnte. Das führte ihn auf die Dauer in die Widerstandskreise gegen Hitler, denen er sich anschloss. Als Verschwörer gegen die nationalsozialistische Mordmaschinerie verlor er am 9. April 1945, keine vier Wochen vor Kriegsende, sein Leben.

Das vorliegende Buch bietet einen biografischen Abriss von Bonhoeffers Leben. Jeweils zu einzelnen Lebensstationen werden exemplarische Texte von ihm geboten. Diese sollen seine Ansichten verdeutlichen und so ein möglichst abgerundetes Bild seines Lebens und Werkes geben. Vertiefende Einblicke in Bonhoeffers Leben gibt die Biografie von Ferdinand Schlingensiepen, dem dieses Buch viel verdankt. Breitere Ausführungen zum Denken Bonhoeffers vermittelt die Einführung von Sabine Dramm, die hier auch erwähnt wird. Die zeitgenössische Rechtschreibung Bonhoeffers wurde in den Originaldokumenten behutsam heutigen Gepflogenheiten angepasst.

Christus finden ... in der Schrift

Das Studium

1923 nahm Dietrich Bonhoeffer sein Theologiestudium auf. Einer väterlichen Tradition folgend begann er damit in Tübingen, wo auch seine Großmutter Julie Bonhoeffer wohnte. Das erste Semester verbrachte er auf einer Studentenbude, dann zog er zu seiner Großmutter, wohin auch seine Schwester Christine aus Heidelberg kam, die Zoologie studierte. Da Bonhoeffer die notwendigen alten Sprachen schon in der Schule gelernt hatte, konnte er im Studium sofort andere Schwerpunkte setzen. Er begann mit der Philosophie, wo er „Logik", „Geschichte der Philosophie" und ein Seminar zu Kant belegte. Theologisch beeindruckte ihn der berühmte Adolf Schlatter. Der Exeget, Judaist und Systematiker, seit 1922 emeritiert, war eine originale und eigenständige Persönlichkeit, keiner theologischen Schule verbunden, mit über vierhundert Veröffentlichungen, die sich auch an den interessierten Laien wandten. Auf die ihm einmal gestellte Frage, ob er denn „auf der Schrift stehe", hatte Schlatter geantwortet, er stehe „unter der Schrift". Damit wollte er seinen Vorbehalt gegen alle methodologischen Zugriffe auf die Bibel deutlich machen. Besonders lehnte er das prinzipielle Ausblenden des Gottesgedankens in der historisch-kritischen Methode ab. Das Recht der historischen Erforschung der Schrift bestritt er nicht, er wollte sie aber durch eine geistliche Auslegung zur theologischen Interpretation erweitert sehen. Die Schriften Schlatters waren zeitlebens nach denen Luthers am stärksten in der Bibliothek Bonhoeffers vertreten.

Wie der Vater trat Bonhoeffer auch in die nationalliberale Studentenverbindung „Igel" ein. Hier gab man sich betont unkonventionell. Statt der bunten Mütze trug man eine graue widerborstige Kappe als Igelfell und ein graues Band. Gerne spielte Bonhoeffer im Verbindungshaus auf dem dortigen guten Klavier. Als der „Igel" 1933 seine jüdischen Mitglieder ausschloss, trat er sofort aus.

Bonhoeffer begann sein Studium in politisch unruhigen Zeiten. Die Hyperinflation brachte viele Deutsche um erhebliche Teile ihres Vermögens. Anfang 1923 hatten die Franzosen neben dem Rheinland auch das Ruhrgebiet besetzt. Separatistische Gruppen im Rheinland wollten sich vom Deutschen Reich lösen. Im Osten befürchtete die Regierung ebenfalls ausländische Aggressionen. Sie hätte diesen mit ihrem Hunderttausend-Mann-Heer nichts entgegenzusetzen gehabt. Andernorts kam es zu kommunistischen Aufständen. In Bayern hatte der stramm konservative Ritter von Kahr als Generalstaatskommissar die Regierung übernommen. Am 9. November kam es in München zum Hitler-Ludendorff-Putsch. Stillschweigend duldete die Regierung in Berlin paramilitärische Ausbildungen von Freiwilligen zur Rettung der Republik. Bonhoeffer war damals so nationalkonservativ eingestellt, dass für ihn der Dienst an der Waffe selbstverständlich war. Er absolvierte einen vierzehntägigen Kurs bei den „Ulmer Jägern". Die ungewohnte Welt der Soldaten bereitete ihm keinerlei Mühe.

Nach zwei Semestern war Bonhoeffers Tübinger Zeit beendet. Bevor er sich zum Studium an der Humboldt-Universität in Berlin einschrieb, unternahm er mit seinem Bruder Klaus eine Italienreise, die ihn tief beeindrucken sollte. Davon wird später noch zu reden sein. Zum Wintersemester 1924/25 begann er dann sein Studium in Berlin. In der Theologischen Fakultät traf er auf Personen von Weltrang. Da war einmal Adolf von Harnack, ein führender Vertreter der liberalen Theologie, der das Christentum und die Weltwirklichkeit zu verbinden und gegenseitig zu durchdringen suchte. Zur Jahrhundertwende 1899/1900 hatte er seine berühmte Vorlesung „Das Wesen des Christentums" gehalten, in der die liberale Theologie ihren vollendeten Ausdruck fand. Harnack war nicht nur ein hoch angesehener Kirchenhistoriker, sondern als Präsident der Kaiser-Wilhelm-Gesellschaft (heute Max-Planck-Gesellschaft) der führende Wissenschaftsmanager des Reiches. Politisch stand er auf Seiten der Demokratie, hatte aber 1914 den Kriegseintritt Deutschlands verteidigt. Schon früh war er in der Frauenbewegung engagiert ebenso wie seine Tochter Agnes von Zahn-Harnack. Sein Sohn Ernst und sein Neffe Arvid sollten als Widerstandskämpfer gegen Hitler hingerichtet werden. 1924 war von Harnack schon emeritiert, hielt aber noch Sozietäten ab. Harnack, ein Nachbar der Bonhoeffers im Grunewaldviertel, ließ sich gerne von Dietrich auf dem Weg zur Universität begleiten. Bonhoeffer wurde bald Senior in Harnacks Seminar, und dieser äußerte die Hoffnung, dass er sich in der Kirchengeschichte habilitieren werde.

In Berlin lehrte auch Karl Holl, der mit der „Lutherrenaissance" untrennbar verbunden ist. Die „Lutherrenaissance" hatte ab 1910 zu einer wissenschaftlichen Neuentdeckung des Reformators geführt und markierte einen theologischen Aufbruch. Bonhoeffer schrieb bei Holl zwei Seminararbeiten. Vielleicht wäre der Kontakt noch enger geworden, aber Holl verstarb 1926, kurz nach seinem 60. Geburtstag.

Ebenfalls in Berlin lehrte Reinhold Seeberg. Der Systematiker war in vielem ein Antipode von Harnack. Politisch stand er weit rechts und war kein Freund der Republik. 1915 hatte er mit der „Seeberg-Adresse" von sich reden gemacht, einer Intellektuelleneingabe, die einen „Siegfrieden" mit weitreichenden Gebietszuwächsen forderte. Ausgerechnet bei ihm wollte Bonhoeffer später promovieren. Aufgrund seines Interesses für sein dogmatisches Promotionsthema hielt ihn die politische Einstellung des illiberalen Seeberg offensichtlich nicht davon ab.

Eine andere tiefgreifende Begegnung war zunächst rein literarischer Art. Der damals gerade von Göttingen nach Münster gewechselte Karl Barth galt als der umstrittenste und aufregendste Theologe seiner Zeit. Barth stand für eine nachhaltig wirkende theologische Zeitenwende. Begonnen hatte alles mit dem Entsetzen Barths über die Zustimmung so ziemlich aller seiner theologischen Lehrer zur expansionistischen Kriegspolitik des Deutschen Reiches 1914. Wenn seine Lehrer politisch so irrten, folgerte Barth, dann musste auch ihre Theologie falsch sein. Unter dem Eindruck der Lektüre des Römerbriefes kam es zu einer scharfen Abrechnung mit der liberalen Theologie. Barth beschrieb Gott als den, der sich jeder Anpassung an den Zeitgeist streng verweigerte und das „Nein" zu allem menschlichen „Ja" war. Die Offenbarung des Gekreuzigten und Auferstandenen geschah für Barth ohne alle kulturelle Vermittlung „senkrecht von oben". Sein Ausgangspunkt war die Offenbarung Gottes in seinem Wort. Dabei markierte Barth in dem alten Streit, inwiefern die Bibel das Wort Gottes sei, eine neue Position. Während die „Kirchlich-Positiven" trotz aller wissenschaftlichen Erforschung der Theologie daran festhielten, die Bibel als das Wort Gottes zu verstehen, hatten die Liberalen diesen Gedanken abgelegt. Für sie war nurmehr der sittlich-moralische Extrakt der Bibel, der Gottesgedanke und der „unendliche Wert der Menschenseele" (Adolf von Harnack 1899/1900) von Bedeutung. Barth bezog eine andere Position. Für ihn war die Bibel auch nicht einlinig Gottes Wort, so konnte er die historisch-kritische Methode bejahen. Andererseits kam in dem Wort der biblischen Autoren ihr direktes Betroffensein von Gottes Anrede zum Ausdruck. Sie sollte beim Hörer des Wortes ebenfalls diese Betroffenheit erzeugen.

Bonhoeffer hat die Frage nach der Bedeutung des Wortes Gottes immer sehr beschäftigt. Drei seiner Schriften sind im Wesentlichen Bibelauslegungen. „Schöpfung und Fall" von 1933, eine Deutung von 1. Mose 1–3, und die berühmte „Nachfolge", eine Auslegung der Bergpredigt (Matthäus 5–7) und der Aussendungsrede (Matthäus 10) sowie „Das Gebetbuch der Bibel" (1940), eine Einführung in die Psalmen. Bonhoeffers großes Ziel war die Vergegenwärtigung der biblischen Texte. Er suchte ein „bewusstes Gegengewicht gegen die historisch-kritische Relativierung der Frage nach der Wahrheit der biblischen Botschaft"[1], wie es Wolfgang Huber formulierte.

In Berlin wurde Barth abgelehnt. Adolf von Harnack hatte mit ihm theologisch so manchen Strauß ausgefochten, wobei sich beide gegenseitig für die jeweils schlimme Zukunft der Theologie verantwortlich machten. Auch Seeberg lehnte Barth ab. Doch ausgerechnet bei Seeberg wollte Bonhoeffer eine Seminararbeit schreiben, die Barths Anliegen aufnahm. Bonhoeffer ging es darum, die Berechtigung der historisch-kritischen Methode und Barths Anliegen zu verbinden. Auch Adolf Schlatters Einfluss dürfte eine Rolle gespielt haben. Er stieß in Berlin

---

[1] Wolfgang Huber, Dietrich Bonhoeffer. Auf dem Weg zur Freiheit, München 2019, 123.

auf völliges Unverständnis. Die Arbeit (vgl. den nachfolgenden Text) wurde mit „genügend" bewertet, der schlechtesten Note, die Bonhoeffer jemals erhielt.

Bonhoeffer konzedierte zunächst: „Freilich kann man es keinem verwehren, dieses Buch [die Bibel] als eines unter anderen zu betrachten."[2] Dann holte er zu einem Rundumschlag aus: „Text- und Literarkritik setzen ein, die Quellen werden geschieden, religionsgeschichtliche und formgeschichtliche Methode zersplittern auch die letzten Texteinheiten. Nach dieser vollkommenen Zertrümmerung der Texte verlässt die Kritik den Kampfplatz, Schutt und Splitter zurücklassend, ihre Arbeit scheint erledigt."[3] Später konnte er zu diesem Problemkreis einmal formulieren: „Wie wir das Wort eines Menschen, den wir liebhaben, nicht erfassen, indem wir es zergliedern, sondern wie ein solches Wort einfach von uns hingenommen wird ... und wie sich uns in diesem Wort dann immer mehr, je mehr wir es ‚im Herzen bewegen' wie Maria, derjenige erschließt, der es uns gesagt hat, so sollen wir mit dem Wort der Bibel umgehen."[4] Welche Position Bonhoeffer bezog, wurde deutlich, wenn er formulierte: „In der Schrift ist die Offenbarung enthalten, d. h. wie die Schrift selbst sagt ‚bezeugt'."[5]

---

2 DBW 9, 306.
3 DBW 9, 307.
4 GS III, 45.
5 DBW 9, 311.

Referat über historische und pneumatische
Schriftauslegung:
Lässt sich eine historische und pneumatische
Auslegung der Schrift unterscheiden, und wie stellt
sich die Dogmatik hierzu?

Christliche Religion steht und fällt mit dem Glauben an die in der Geschichte wirklich, greifbar, sehbar gewordene – freilich für die, die Augen haben zu sehen und Ohren haben zu hören – göttliche Offenbarung, und trägt so in ihrem innersten Wesen die Frage, die wir uns heute stellen: nach dem Verhältnis von Geschichte und Geist oder, auf die Bibel angewandt, von Buchstabe und Geist, Schrift und Offenbarung, Menschenwort und Gotteswort. Nicht historisch, sondern philosophisch-methodologisch haben wir hierbei vorzugehen.

Von den bedeutsamen Ereignissen, die mehr als ›zufällige Geschichtswahrheit‹, freilich nicht ›ewige Vernunftwahrheit‹ im Sinne des Rationalismus sein wollen, berichtet uns die ›Bibel‹, übersetzt ›das Buch schlechthin‹. Freilich, man kann es keinem verwehren, dieses Buch als eines unter anderen zu betrachten, ja, wir müssen es alle tun, denn es waren Menschen wie andere, die es schrieben. Aber ausschließlich mit diesen Voraussetzungen tritt der Historiker an die Bibel heran, das eine Buch unter anderen, das freilich eine merkwürdig viel größere Bedeutung gewann als die anderen. Eine Geschichte der christlichen Religion von annähernd 2.000 Jahren ruht auf ihm als Grundlage, also ohne Zweifel ein Dokument unter anderen, aber von hervorragender historischer Bedeutsamkeit. Kein Wunder, dass hier die historische Kritik ihren ersten und bleibenden Gegenstand fand, dass sie hier ihre Waffen schärfen lernte bis ins Feinste hinein.

Ihre allgemeinen Prinzipien ruhen auf dem naturwissenschaftlich-mechanischen Weltbilde, und ihre Erkenntnismethoden sind zunächst die naturwissenschaftlichen; jede dogmatische Bindung wird ausgeschaltet. Dies die Grundpfeiler, auf denen jede Geschichtsforschung ruht und ruhen muss. Ihre Erkenntnisse sollen durch die prinzipielle Trennung von erkennendem Subjekt und erkanntem Objekt ›allgemeingültige‹, für jeden vernünftigen Menschen nachzuvollziehende sein. Das wachsende Interesse für die Psychologie, das neue Theorien über das Wesen des Verstehens fremden seelischen Lebens mit sich brachte – im Übrigen im Verhältnis zu den mechanischen Methoden ein gewaltiger Fortschritt der geschichtlichen Erkenntnis als solcher –, konnte für das Verständnis der Bibel keine entscheidende Wendung bringen.

An der Form der Bibel exemplifiziert bedeutet dies Verfahren, dass der Begriff des Kanons aufgelöst, sinnlos wird. Text- und Literarkritik setzen ein, die Quellen werden geschieden, religionsgeschichtliche und formgeschichtliche Methode zersplittern auch die letzten kleinen Texteinheiten. Nach dieser vollkommenen Zertrümmerung der Texte verlässt die Kritik den Kampfplatz, Schutt und Splitter zurücklassend, ihre Arbeit scheint erledigt.

Inhaltlich ebnet man das Bild der Bibel der Zeitgeschichte ein, Wundergeschichten werden in Parallele gesetzt, ja, die Person Jesu selbst, nicht nur der göttlichen, sondern auch der menschlichen Hoheit entkleidet, verschwindet unkenntlich in der Zahl der Rabbiner, Weisen und Schwärmer. Zwar wird auch der denkende Historiker anerkennen, dass es in diesem Buch um besonders eigenartige, tiefsinnige Dinge geht, dass man Gestalten von besonderen Ausmaßen erblickt u. s. f. – er wäre sonst wahrlich ein schlechter Historiker, aber ein ebenso schlechter Historiker, wenn er glaubte, mit solchen Feststellungen die Bibel als Wort Gottes erweisen zu können. Man beginnt zu sehen (man denke an Dibelius), dass auch der Überlieferung der Synoptiker trotz ihrer Splitterhaftigkeit irgendein letztes Formprinzip zugrunde liegt, und beginnt hier schon näher an das heranzukommen, was Albert Schweitzer und Overbeck gleichmäßig erkannten. Aber die Historik bleibt hier stehen und hält ihre Arbeit für beendet. Nun, wir werden weitersehen.

Wir stellen zunächst unverbunden Typen der pneumatischen Auslegung gegenüber, von denen für uns ohne Frage nur ein Typus als Problem übrigbleiben wird.

Die erste Aussage aller Pneumatik ist, dass die Bibel nicht nur Wort über Gott, sondern Wort Gottes selbst ist, d. h. irgendwie ist hier der entscheidende Begriff der Offenbarung einzuschalten; wenn aber Offenbarung gefunden wird, so tritt das Merkwürdige ein, dass der Mensch diese für sich in Kraft setzt; Vergangenes gegenwärtig macht oder besser, die Gleichzeitigkeit und Überzeitlichkeit des Wortes Gottes erkennt.

Blicken wir einen Augenblick zurück: Es lag an der mangelnden Einsicht in das Verhältnis von Offenbarung und Schrift, dass nichts die alte Kirche in schwerere Verlegenheit setzte als eben die Schaffung des Kanons. Häresie und Kirche führten mit subjektiv gleichem Recht ›geoffenbarte‹ Stellen ins Feld, bis die katholische Kirche außerhalb der Bibel einen Maßstab fand, demgemäß auszulegen Pflicht jedes katholischen Christen seit damals wurde und ist. Es war die regula fidei, d. h. die Tradition, d. h. letztlich die Kirche.

Dieser Schritt war das erste, entscheidendste, aber wirksamste Missverständnis, das dem Offenbarungsbegriff begegnete; im Prinzip laufen auf dieses Missverständnis alle Versuche hinaus, die die Offenbarung in der Schrift zu verdinglichen, festzulegen, d. h. mit menschlichen von außen hergebrachten Mitteln fassbar zu machen begannen, von den Mystikern, Wiedertäufern bis zur Orthodoxie und weiter. Alle suchen von außen einen Maßstab zur Auffindung und Auslegung des positiv Offenbarungsmäßigen in der Schrift an diese heranzutragen, weil man diesen in der Bibel selbst nicht finden konnte; sei es bei den Mystikern und Wiedertäufern das freie Geisterlebnis, demgegenüber die Schrift in die zweite Linie tritt, sei es bei der Orthodoxie das Prinzip der Verbalinspiration und anderes mehr. Immer sucht man Offenbarung von außen her festzulegen, zu verdinglichen, d. h. man trennt Wahrheitsquelle und deren Bestätigung. Die Schwierigkeiten, die sich daraus für die Notwendigkeit und Bedeutung der Schrift überhaupt ergeben, werden dann meist übersehen; denn 1. gibt Gott sich tatsächlich dazu her, das, was er einmal deutlich gesagt hat, z. B. im Geisterlebnis der Täufer, noch einmal zu bestätigen? Es sollte doch an sich selbst Bestätigung genug sein, dass Gott spricht. »Deus solus de se idoneus testis est in suo sermone« (Calvin)[Anm.: Dt. »Gott allein ist in seiner Predigt der geeignete Zeuge seiner selbst.«]. Brauchte es einer doppelten Offenbarung? 2. Ergeben sich unkorrekte Konsequenzen für die Auslegung. Werden die Auslegungsmaßstäbe von außen an die Schrift herangetragen, so sind Vergewaltigungen unvermeidlich, ja, um den Text zu zwingen, fand man schon lange bestimmte Methoden, die eine ungeheure Weite der Auslegung zulassen.

Es ist einmal die allegorische Auslegung, die durch vollständiges Ignorieren des Historischen durch spekulativ-rationalistische Methoden Beliebiges aus der Schrift herauslesen kann. Ihre Geschichte ist älter als unsere Zeitrechnung, und immer wieder hat sich der Protest gegen ihre Willkür gewandt. Auch die geschichtsphilosophisch viel tiefere typologische Betrachtung der Bibel muss zu Überspannungen führen.

Sei es nun der katholische Kirchenbegriff, der [, um] seinen Ansprüchen an die Bibel genugtun zu können, die Lehre vom vierfachen Schriftsinn autorisierte – ein Lehrsatz, der weit eher soziologisch als dogmatisch gerechtfertigt ist –, dass dabei ganz zweifellos Fortschritte in der Einzelexegese gemacht wurden, hat in der prinzipiellen Frage nichts zu bedeuten, – sei es das schwärmerische Geistprinzip, sei es die psychologische Erfassung des Liberalismus, überall müssen wir eine Vermenschlichung, d. h. eine oberflächliche Verkürzung des Offenbarungsbegriffes konstatieren: man versucht Göttliches durch Menschliches zu begreifen, indem man es nicht streng scheidet und vergisst das alte: finitum incapax infiniti [Anm.: Dt. »Das Endliche ist unfähig, das Unendliche zu fassen.«].

Der energische Gegenschlag muss vollführt werden durch Verselbständigung im Sinne der Vertiefung des Offenbarungsbegriffes im Verhältnis zur Schrift.

Nur in der Schrift ist für uns noch Offenbarung zu finden. Auf die Frage, warum gerade hier, folgt ein einfaches: darum, weil Gott hier spricht, weil es ihm gefiel, sich hier zu offenbaren. Luther sagt: »Wenn Gott mir holzäpfel fürleite, und hieß mich nehmen und essen, soll ich nit fragen warum.« [Anm.: Zit. in H. Zwingli, Werke, hg. von Schuler/Schultheß, II/3,48] Gottes Wille ist unbegründbar, nur erlebbar und aussagbar. In der Schrift ist die Offenbarung enthalten, d. h. wie die Schrift selbst sagt ›bezeugt‹. Die Schrift selbst aber gehört in einen großen Offenbarungskomplex hinein als Zeugnis gebende Urkunde, ist für uns aber dessen einziger Rest. Mithin nicht die Schrift ist die Offenbarung, das würde gerade wieder Verdinglichung mit rationalen Mitteln bedeuten, nicht die Schrift wird als Offenbarung erlebt, sondern die Sache, um die es geht. Man kann a priori hier gar nichts ausmachen als eben, dass dort Offenbarung ist, wo der Mensch sie hört, wo Menschenwort Gotteswort, wo Zeit Ewigkeit wird. Der einzige Anspruch, den die Schrift erhebt, wenn sie verstanden sein soll, ist, dass sie aus dem Geiste der Offenbarung verstanden sein will. Woher aber dieser Geist? Aus der Schrift selbst, lautet die paradoxe Antwort. Mithin, wir stehen vor einem Zirkel, bei dem ein Glied nicht stimmen kann, und doch sind beide Glieder notwendig, wenn wir den Begriff der Offenbarung konsequent denken und aufrechterhalten wollen. Gibt es nur die eine Offenbarung – Vervielfältigung heißt Vermenschlichung –, so muss diese aus sich selbst verstanden werden.

Das ist das Problem der konsequenten pneumatischen Auslegung, das die Exegese der katholischen Kirche, der Täufer, d. h. derer, die willkürliche Maßstäbe von außen an die Schrift herantragen, gar nicht kennt. Das Auslegungsprinzip muss aus der schon verstandenen Schrift kommen. Spricht Gott wirklich in der Schrift, so kann nicht der Mensch hören, sondern wieder nur Gott. Geist aus dem Wort und das Wort aus dem Geist.

Gibt es eine Lösung oder geraten wir mit dem Offenbarungsbegriff ganz ins Dunkle, je mehr wir gerade hier Licht und Erleuchtung finden wollten? Die Lösung ist, dass in unbeschreiblichen unvorherbestimmbaren Augenblicken Gott dem Menschen in diesem oder jenem Worte die Augen öffnet für die Offenbarung; d. h. das Objekt des Erkennens schafft dem Subjekt Organe für das Erkennen im Akte der Erkenntnis; d. h. das Objekt muss Subjekt werden, Gott wird Heiliger Geist.

Dann freilich in dem Akt, den die Theologen ›Inspiration‹ nennen dürfen, tritt tatsächlich ein Ineinander der beiden scheinbar zirkelhaften Aussagen ein, die die Methodik nicht anders als ein Nacheinander und gegenseitiges Aufeinanderberuhen beschreiben konnte. Nur so kann man von einem objektiven, d. h. notwendig eindeutigen buchstäblichen Verständnis der Schrift reden, wenn man dieselbe nicht von außen, sondern von innen her betrachtet, wo also mit Luthers Wort scriptura sacra est sui ipsius interpres [Anm.: Dt. »Die Heilige Schrift ist ihr eigener Ausleger.«]. Gleiches kann nur aus Gleichem begriffen werden, Gott nur aus Gott. Hieraus ergibt sich schon, dass der konsequente Offenbarungsbegriff nicht substantiell, sondern funktionell gedacht ist, d. h. er ist nicht so sehr ein Sein, sondern ein Urteil, ein Wille Gottes in der Schrift.

Für die neue Art der Erkenntnis (in cognitione sita est fides, Calvin, Institutio III.2,2) [Anm.: Dt. »Der Glaube beruht auf Erkenntnis.«] gilt an der Bibel die Inkraftsetzung des Historisch-Ungleichzeitigen zu einem Gleichzeitigen, des Vergangenen zu einem Gegenwärtigen. Hiermit hängt unmittelbar zusammen, dass die pneumatische Exegese zur Veranschaulichung eines Textes ebenso Verhältnisse der Gegenwart wie der Vergangenheit heranzieht, wenn sie nur im selben ›dialektischen‹ Verhältnis stehen; so nur rechtfertigt z. B. Karl Barth seine Wiedergabe des paulinischen ›Israel‹, Röm. 9–11, mit der Übersetzung ›Kirche‹ als durchaus buchstäblich.

Nehmen wir gleich die Frage nach dem sog. intuitiven historischen Verstehen hinzu. Gewiss ist es schwierig, goethe'sche Lyrik oder altindische Veden auszulegen. Dieser Vorgang aber ist hier ein anderer, rein psychologisch verstehbarer: ein Hin und Zurück vom fremden Ich ins Eigene, d. h.

eine ständige, nie vollständig mögliche Annäherung an das Objekt, die letzte Entäußerung des Ich im Verstehen kann auf diesem Wege nie vollzogen werden. Auch der genialste Deuter versteht vom Ich aus; der Glaube, der selbst Gottes Wille ist, versteht von der Sache aus; er darf den letzten Rest, der in historisch-psychologischer Exegese übrigbleiben muss, gerade nicht übriglassen; auf ihn kommt alles an. Noch gegen ein anderes Missverständnis gilt es, Grenzen zu ziehen. Das pneumatische Verständnis ist nicht zu identifizieren mit der apriorischen Einsicht etwa in die Evidenz mathematischer Axiome, denn hier ist eine apriorische geistige Struktur des Menschen vorausgesetzt, die im pneumatischen Verstehen erst von Gott selbst geschaffen wird, denn Gott kann nur aus Gottes Geist begriffen werden; dies Verstehen ist also merkwürdigste Erfahrung, nicht a priori. Nur hier ereignet sich Erleuchtung, ohne die alles nichts ist. Sine spiritus illuminatione verbo nihil agitur, Calvin, Institutio III.2,33 [Anm.: Dt. »Ohne die Erleuchtung des Geistes wird durch das Wort nichts ausgerichtet.«]. Durch das einmalige Verstehen, die ›Inspiration‹, die der Gläubige empfängt, lernt er die Kategorie der Offenbarung kennen, und legt diese jedem weiteren Auslegungsversuch zugrunde. Wir denken hier an Augustins [Anm.: tatsächlich Blaise Pascal basierend auf Bernhard von Clairvaux] »Du würdest mich nicht suchen, wenn du mich nicht schon gefunden hättest«. Freilich ist dabei nicht aufgehoben, dass wir immer von neuem den Geist brauchen und bekommen, soweit wir den Christus finden, wie wir auch im Glauben immer neu durch Gottes Willen erhalten werden müssen.

Wie stellt sich nun die Bibel als historisches Literaturdenkmal solchem pneumatischen Verstehen dar? Wir stellen uns also jetzt die Frage, wie sich historische und pneumatische Exegese (die Terminologie stammt übrigens von Beck), nachdem wir beide in ihren Prinzipien verstanden haben, zueinander verhalten. Unsere Frage ist mithin die nach dem Verhältnis des Geistes zum Buchstaben, der Offenbarung zur Schrift.

Wir können hier, wie ich glaube, einige wichtige Aufschlüsse bei einer Analyse des Wortbegriffes erhalten.

Nach seiner dialektischen Seite erscheint das Wort als das aus der Unendlichkeit des Lebendigen zur Kundgabe desselben durch die Sprachorgane in endliche Form gebrachte Wesen, als Fragment eines als Ganzen nie Darstellbaren; es ist nach der einen Seite hin ein fertiges, Abgeschlossenes, ein im Augenblick der Erzeugung Totes, nach der anderen Seite aber ein Offenes, Unfertiges, Lebendiges; auf der einen Seite Sein, auf der anderen Kraft, Leben, Wille. Aber – es versteht sich – nicht jedes Wort birgt die Unendlichkeit, sondern nur das, was aus der Unendlichkeit heraus erzeugt ist. Wir können das auch anders ausdrücken. Es gehört zum Wesen des Wortes, dass es eine Sachbeziehung ausdrückt, aber nicht notwendig ist seine Geistbeziehung. Die Sachbeziehung ist der Teil des Wortes, der unmittelbares apriorisches Verstehen zur Folge hat und der so Voraussetzung historisch-psychologischen wie pneumatischen Verstehens und Auslegens ist. Schon hier erkennen wir, dass Historik und Pneumatik nicht im Verhältnis von Voraussetzung und Folge zueinanderstehen, sondern eine gemeinsame Voraussetzung haben und erst später auseinandertreten.

In der Bibel haben wir für Christus die Bezeichnung als das ›Wort Gottes‹ (Joh. 1,1; Hebr. 1,2). Für Gott, bei dem das ›Er sprach‹ und das ›Es wurde so‹ identisch sind, ist Christus als Redender und Wirkender das Wort, Jesus die historische, gewordene, vergangene, ungleichzeitige Größe, Christus der aus der Unendlichkeit, dem Geiste Gottes heraus Geborene, immer Lebendige, Gegenwärtige, der aber, um als Geist erfasst zu werden, im Buchstaben erscheinen musste. Jesus, die eine von den unendlichen Möglichkeiten Gottes, Christus, der Geist selbst; wird Christus durch Jesus erfasst, so wird aus Vergangenem Gegenwärtiges, nicht als Einzelheit die Lehre, das Wunder, sondern durch Einzelheit als Totalität. Aus einem Worte kann der ganze Christus ergriffen werden; so ist jedes Wort von unendlicher Tiefe. Aber nicht Fleisch und Blut offenbaren den Menschen Christus als Sohn Gottes, sondern der Geist des Vaters durch den heiligen Geist.

In diesem Sinne ist von der Pneumatik die Schrift zu verstehen und auszulegen, als von solchen geschrieben, denen es der Geist offenbart hatte, dass in dieser geschichtlichen Person Jesu, ganz menschlich, ganz im Rahmen des gewöhnlichen Geschehens aufgetreten, da gerade deshalb Offenbarung zu finden war; also nicht als Menschen interessieren uns die biblischen Autoren, sondern als Apostel, Propheten, Inspirierte; d. h. nicht Paulus hören wir sprechen, sondern Gott, und nicht wir hören, sondern wieder Gott hört in uns, und doch bleibt – paradox genug – die Bibel immer Menschenwort, zu dem oder jenem gesprochen. Um dies Erfasste weiter zu geben, brauchten sie das Wort der Verkündigung, erst ein »gut mähr und geschrei«, wie Luther sagt, dann die schriftliche Aufzeichnung. Jedes dieser Worte aus dem Geist, der Verständnis der Tatsachen vermittelt, geschrieben, ist leibhaftiges Abbild der Person Jesu Christi selbst, mit der ganz geschichtlichen, unbedeutsamen unauffälligen Schale und dem andern dahinter, »was Christum treibet«, wo Christus wirklich lebendig, gegenwärtig ist wie beim Katholiken im Messopfer, d. h. aber nicht als Substanz, sondern als Offenbarung, als Urteil und Wille.

Bei solcher Auffassung des Verhältnisses von Buchstabe und Geist, Schrift und Offenbarung bahnt sich eine ganz korrekte Einordnung der historischen Exegese in das Ganze der Auslegung an. A priori müssen wir sagen, dass es für die pneumatisch glaubensmäßige Auslegung unerträglich ist, von historischen Methoden der Schriftdeutung mit ihren wechselnden Resultaten abhängig zu sein; die Schwierigkeit ist, dass auch der Glaube von dem ho logos sarx egeneto [Anm.: Dt. »Das Wort wurde Fleisch.«] nicht los kann noch will. Andererseits verträgt der Wahrheitssinn des Historikers keine Bevormundung durch fremde Methoden; hinter die kritische Periode kann keiner von uns mehr zurück. In jedem pneumatischen Ausleger aber sind beide Methoden nebeneinander vorhanden.

Nun erfährt die historische Kritik gerade durch die Gegenüberstellung zur Pneumatik erst ihre korrekte Beschränkung. Lange Zeit hatte die liberale Dogmatik auf dem aufgebaut, was die historische Kritik zurückgelassen hatte, man beruhigte sich damit, diese könne in letzter Hinsicht doch nicht gefährlich werden. Wir haben oben gesehen, wohin historische Kritik führen kann und muss, und werden freilich nicht nur aus diesem negativen Grund einen anderen Weg beschreiten.

Für Historik und Pneumatik ist die Bibel zunächst Schrift, Text, Menschenwort. Jeder Sinnzusammenhang wird von beiden auf seine reine äußere Sachbezogenheit, d. h. buchstäblich, geprüft. Sind hier schon Schwierigkeiten, so tritt nach exaktem Handschriftenlesen Textkritik in Funktion. Nach Herstellung des ursprünglichen Textes geht jedes seine eigenen Wege. Geht es auf das Inhaltliche, so wird die vorhandene Überlieferung gedeutet. Wir haben das zu beachten: Inhaltliche Betrachtung kann nie etwas anderes sein als Deutung der Überlieferung.

Wir lassen die Konsequenzen einen Augenblick anstehen und wenden uns zu den prinzipiell davon scharf geschiedenen Analysen der Form der Überlieferung. D. h. wir erinnern uns des oben geschilderten Trümmerfeldes, das die Kritik uns beschert hat. Soweit die Resultate wirkliche sind, werden sie von der Pneumatik restlos anerkannt. Nur sehen wir beim Blick auf diese Trümmer noch etwas anderes, was einheitlich alles zusammenhält, oder vielmehr nicht wir sehen, sondern die Augen werden uns aufgetan für das Verborgene, für die Offenbarung, auf die die Texte Anspruch erheben. Die Frage nach der Genesis kann doch die andere nach der Sache nie tangieren; so liegt hier keinerlei Schwierigkeit für die Verbindung beider Methoden vor.

Schwieriger erscheint dem ersten Blick die Stellungnahme zu den inhaltlichen Kritiken zu sein. Wir dürfen der Historik nicht verbieten, nach den hinter der Schrift liegenden Tatsachen zu suchen, d. h. sie als Quelle zu betrachten; nur muss sie die Eigenart der Überlieferung, die im Wesentlichen nicht historisch, sondern kultisch ist, beachten. Fallen nun hier die Ergebnisse negativ aus, so dass selbst Jesu Person den sicheren Händen entgleitet und im Dunkel verschwindet, so scheint zunächst damit die Pneumatik gänzlich abgetan. Aber wir entgegnen 1. an oben Festgestelltes erinnernd: Inhaltliche Betrachtung ist Deutung der Überlieferung, d. h. in unserem Falle, die Person Jesu der Heiligen Schrift kann höchstens als freie Komposition der Schriftsteller gedeutet werden. Ein Schluss auf die Historizität ist prinzipiell unerlaubt. 2. Das vollständige Untergehen in der Zeitgeschichte für den rein geschichtlich eingestellten Blick ist symptomatisch für den christlichen Offenbarungsbegriff: Der Gott, der in die Geschichte einging, machte sich unkenntlich vor den Kindern dieser Welt, von der Krippe bis zum Kreuz. Die Kritik kann im äußersten Falle Jesus als Führergestalt, als religiöses Genie bestreiten, aber nie als Gottes Sohn. 3. Positiv, die pneumatische Auslegung hat eine eigene Erfassungsmöglichkeit des tatsächlich Geschichtlichen; denn spricht Gott durch das urkundliche Zeugnis der geschichtlichen Offenbarung, durch die Bibel, zum Menschen, so muss er auch in den geschichtlichen Tatsachen selbst gesprochen haben. Das gilt natürlich nur für die in dem Glauben eingeschlossenen großen Tatsachen der Geschichtlichkeit; etwa dem Prophetentum, der Person Jesu Christi, seinem Tode am Kreuze für uns. Einzelgeschichten wie Wundererzählungen etc. sind hier natürlich nicht einbegriffen, sondern eben nur soweit an der geschichtlichen Faktizität die Totalität des Glaubens unmittelbar hängt.

Ich nannte mit Absicht die ›historische Tatsache‹ der Auferstehung nicht mit. Es ist m. E. nach allem Gesagten sinnlos und grob, daraus eine nackte historische Tatsache zu machen, denn Gott wollte in der Geschichte erscheinen. Die Auferstehung spielt sich in der Sphäre des Glaubens, der Offenbarung ab, jede andere Deutung nimmt ihr den entscheidenden Charakter: Gott in der Geschichte. Zum Problem der Wunder ist zu sagen, dass freilich die Naturgesetze nicht absolute Gültigkeit haben, sondern Erfahrungssätze sind, aber daraus den Schluss zu ziehen, die Wunder seien keine Durchbrechungen, sondern nur unbekannte Gestaltungen des Naturgesetzes, ist auch historisch verfehlt: wir müssen sie als das nehmen, als was sie in der Bibel gelten wollen, als volle Wunder. Über die Tatsächlichkeit des Einzelnen kann uns weder Geschichte noch Pneumatik Auskunft geben, denn mit dem Glauben an Jesus Christus und die geschichtliche Offenbarung ist das Fürwahrhalten dieses oder jenes Wunders nicht verknüpft. Unsere Frage bei der pneumatischen Auslegung ist mithin nicht: Ist das Wunder faktisch geschehen?, sondern: Was soll es in diesem Zusammenhange des Zeugnisses der Offenbarung? Das ist durchgängig, die Schrift ist nur für die Historie Quelle, für die Pneumatik ist sie Zeugnis. Das beruht letztlich auf dem Satze, dass die Inspiration der biblischen Autoren sich nie auf Tatsachen erstrecken kann, sondern nur auf deren Deutung und Erkenntnis. Die Frage nach dem pneumatischen Sinn der Wunder, d. h. nach ihrer Sinnhaftigkeit trotz des vollständigen Eingehens des Göttlichen in die Geschichte, gehört in die Exegese selbst.

Also in diesen Rahmen wird die historische Kritik eingespannt. Die entstandene Spannung ist das notwendige Charakteristikum pneumatischer Auslegung, d. h. dass einmal durchaus das Ungleichzeitige, Historische, Zufällige erkannt und anerkannt werden muss, zugleich aber das Gleichzeitige als das Wesentliche immer herausgestellt wird. Mit dieser Spannung befinden wir uns mit unserer Auslegung in genau derselben Lage wie die Schreiber der Heiligen Schrift selbst (cf. Lk. 1,1ff.). Unbedingt müssen wir uns der Fallibilität der Texte versichern und damit das Wunder erkennen, dass wir doch immer Gotteswort aus diesem Menschenwort hören.

Eine Interpretation der Synoptiker hat man einem Übergang über einen Fluss auf tauenden Eisschollen verglichen. Man muss hinüber, aber auf keinem Punkte darf man stehen bleiben, immer das Ganze im Auge behaltend. Aber wir haben einen Trost, bei dem man zu selten Rat holt. Wir haben einen größeren Interpreten gleichartiger Tradition, als wir alle sind, zum Vorbild. Es ist Paulus selbst.

Mit dem Worte oder der Offenbarung als Fundament der Bibel ist uns aus der Bibel selbst der Maßstab an die Hand gegeben, den wir in der Exegese an der Schrift bewähren müssen. Dieser Maßstab ist mit Luther »was Christum treibet«;

was diesen Offenbarungsinhalt nicht hat, ist unkanonisch. Der Kanon bildet für die Pneumatik nur den allerdings höchst merkwürdigen Beweis für den Tiefenblick, mit dem aus der großen Literatur gerade diese so gearteten Schriften seiner Zeit herausgesucht wurden; umgekehrt: Beweis für die Offenbarung kann er nie sein. Prinzipiell ist er als offen anzuerkennen.

Das AT hat prinzipiell keine andere Stellung als das NT, steht zu diesem zwar im Verhältnis von Verheißung und Erfüllung, Gesetz und Evangelium, aber in beiden wird das Wort Gottes vernommen. »Dasselbe gestern und heute« (Barth).

Christliche Dogmatik, die die göttliche Offenbarung in der Geschichte zum Gegenstand hat, muss die gekennzeichnete Relation zwischen Offenbarung und Schrift als das Abbild des ganzen Offenbarungskomplexes aufrechterhalten. Wegfall des pneumatischen Elementes würde die Dogmatik zur Darstellung der neutestamentlichen Frömmigkeit machen, Wegfall der historisch-kritischen Methode, nicht des geschichtlich-tatsächlichen Elementes, was nach allem Gesagten nie wegfallen kann, dem Offenbarungsbegriff etwas von seiner Deutlichkeit nehmen, obwohl prinzipiell ein derartiger Wegfall nichts zu ändern brauchte. Die Kategorie der Dogmatik ist einzig und allein der Logos tou theo [Anm.: Dt. »Das Wort Gottes«], insofern ist sie im eigentlichen Sinne ›Theologie‹. Die Offenbarung ist ihre Wahrheitsquelle und deren Bestätigung zugleich, sie hat als Wort Gottes normhaften Charakter.

Die empirische Darstellung der Religion in der Gestalt der Kirche und Gemeinde hat ihre Wahrheitsquelle und Norm am Logos tou theou. Es gibt keine selbständige Gemeinde oder Kirche wie im Katholizismus. Die Predigt ist die Gnadengabe zur Verkündung des Erkannten, die zum inneren Zwang wird. [...] l. Kor. 9,16, vgl. WA 53, 252.

Ihr Schicksal ist das der Auslegung, das der Schrift selbst, der Versuch, mit Menschenworten Gotteswort zu reden, der nie über den Versuch hinauskommt, wenn nicht Gott sein Ja dazu spricht. Hier sind wir beim Letzten, Tiefsten, es lag in allem Vorhergesagten verborgen: jeder pneumatische Auslegungsversuch ist Gebet, ist Bitte um den Heiligen Geist, der sich allein Gehör und Verständnis schafft nach seinem Gefallen, ohne den auch geistvollste Exegese zu nichts wird. Schriftverständnis, Auslegung, Predigt, d. h. Erkenntnis Gottes ist beschlossen in der Bitte: »Veni creator Spiritus«.

Christus finden ... in der Kirche

Die Doktorarbeit

Die Bonhoeffers waren nicht kirchlich. Natürlich war Dietrich getauft und konfirmiert, aber die Kirche spielte im Leben der Familie keine Rolle. Dabei war Bonhoeffers Mutter Paula die Tochter von Karl von Hase, einem zeitweiligen Hofprediger Kaiser Wilhelms II. und späterem Theologieprofessor in Breslau. Karl von Hase war auch so etwas wie der Familienpastor. Er taufte zum Beispiel die Kinder, darunter auch Dietrich. Die Unkirchlichkeit der Familie bedeutete aber nicht, dass Bonhoeffer und seine Geschwister nicht religiös erzogen wurden. Die Mutter, die ihre Kinder zunächst im „Homeschooling" unterrichtete, erteilte ihnen drei Jahre Religionsunterricht. Auch eine Art Kindergottesdienst fand statt, wenn sie mit ihren Kindern die Bilder in der bekannten Bibelausgabe des Julius Schnorr von Carolsfeld betrachtete und dazu die biblischen Geschichten erzählte. Und dann ist da noch Maria Horn zu nennen, eine Erzieherin im Haushalt der Bonhoeffers. Maria Horn gehörte eigentlich mit zur Familie. Die Kinder hingen sehr an ihr und nannten sie liebevoll „Hörnchen." Sie war Mitglied der Herrnhuter Brüdergemeine und mag die Kinder mit deren gemütvoller Frömmigkeit geprägt haben. Jedenfalls pflegten gerade die jüngeren Kinder eine innige religiöse Gemeinschaft, die sich zum Beispiel darin äußerte, dass sie gerne ein Spiel „Der Verbrecher bekehrt sich" veranstalteten. In all diesen Erfahrungen mögen auch die Wurzeln gelegen haben, dass sich Dietrich zum Erstaunen seines Vaters und zum Spott seiner Brüder schon früh entschloss, Theologie zu studieren.

Bonhoeffers kaum vorhandenes Verständnis der Kirche sollte sich mit einem mehrwöchigen Aufenthalt in Rom 1924 grundlegend ändern. Dietrich konnte sich hier seinem Bruder Klaus anschließen, der die Reise zum Examen geschenkt bekam. Die Unternehmung fiel zwischen die Tübinger und die danach beginnende Berliner Zeit. Bonhoeffer bereitete sich sehr intensiv auf die Reise vor, lernte Italienisch für den Alltagsgebrauch und war voller Spannung. Er begeisterte sich für die südländische Lebensart. Noch in seinen Gefängnisbriefen kommt die Liebe zu Rom zum Ausdruck. Neben Abstechern nach Sizilien und nach Libyen war der Schwerpunkt der Reise die Ewige Stadt. Während sich Klaus für die Antike interessierte, begeisterte Dietrich sich für das katholische Rom. Der Glanz und die Ausstrahlung der katholischen Kirche schlugen ihn in ihren Bann. Er entdeckte die Kirche! In der Karwoche besuchte er fast alle Gottesdienste im Petersdom und war tief beeindruckt. Er schrieb: „Fabelhaft wirkt die Universalität der Kirche, Weiße, Schwarze, Gelbe, alle im geistlichen Trachten vereint unter der Kirche, scheint doch sehr ideal."[6] Ostern erlebte er ein Auferstehungsfest bei den Armeniern mit. Daneben besuchte er alle berühmten Kirchen der Stadt. Ein Priesterschüler, den die beiden Brüder auf der Hinreise in Bologna kennengelernt hatten, erwies sich als kompetenter Gesprächspartner und Reiseführer.

---

6 DBW 9, 88.

An einer Audienz bei dem damaligen Papst Pius XI. nahm Bonhoeffer auch teil. Diese beeindruckte ihn jedoch nicht. Er sah die Königsfamilie. Das faschistische Rom des Diktators Mussolini scheint damals nicht in seinen Blick getreten zu sein. Gegenüber all der buchstäblichen Weltläufigkeit der katholischen Kirche und ihrer Prachtentfaltung kam ihm „die protestantische Kirche wie eine kleine Sekte vor."[7] Bonhoeffer resümierte: „Ich fange an, glaube ich, den Begriff ‚Kirche' zu verstehen."[8]

Zurück in Berlin hatte Bonhoeffer sein Promotionsthema gefunden (vgl. den nachfolgenden Text). Ihn interessierte die Frage, wie eigentlich die empirisch vorfindbare evangelische Kirche seiner Heimat zu verstehen sei. Die liberale Theologie hatte ein sehr pragmatisches Kirchenverständnis. Bei seinem nunmehrigen Lehrer Adolf von Harnack spielte die Institution Kirche kaum eine Rolle. Der 1923 verstorbene bekannte liberale Berliner Religionsphilosoph Ernst Troeltsch hatte dies ähnlich gesehen. Die Kirche war eine staatliche Behörde, die als Institution zu akzeptieren war. Irgendwelche Aufbrüche erwartete man nicht von ihr. Völlig anders verstand das jedoch der Pfarrer Otto Dibelius, der 1925 Generalsuperintendent der Kurmark werden sollte und nach dem Zweiten Weltkrieg eine führende Rolle im deutschen Protestantismus spielte. Dibelius begriff die Auslösung der Kirche aus dem staatlichen Behördenapparat und die damit vollzogene Trennung vom Staat 1918/19 als außerordentliche Chance. Die Kirche wollte er jetzt als „Volkskirche", als eine eigenständige machtvolle Größe betrachten, die im Leben des Volkes eine bedeutende Rolle spielen sollte. Ende 1926 erschien von ihm ein Buch mit dem selbstbewussten Titel „Das Jahrhundert der Kirche". Das Buch war in der

---

7 DBW 9, 115.
8 DBW 9, 94,89.

protestantischen Kirchenfarbe violett eingebunden. Karl Barth spottete dann auch über das „violette Jahrhundert", das Dibelius kommen sah. Barths Kirchenbegriff war damals kritisch ausgeprägt und ganz der Theologie des Wortes untergeordnet. Nicht zufällig hieß der erste Entwurf zu seiner später epochalen „Kirchlichen Dogmatik" noch „Christliche Dogmatik".

Praktisch begann die Kirche für Bonhoeffer nun ebenfalls eine Rolle zu spielen. Da er für sein kirchliches Examen diesbezügliche Aktivitäten nachweisen musste, übernahm er eine Kindergottesdienstgruppe in der Berliner Grunewaldkirche. Bald unterstütze ihn seine Schwester Susanne, später verheiratete Dreß, die die Mädchengruppe übernahm. Die Arbeit machte ihm sehr viel Spaß, und die Kinder fühlten sich außerordentlich angesprochen. Bis Bonhoeffer 1928 als Vikar nach Barcelona ging, behielt er die Arbeit bei. Die größer gewordenen Jungen versammelte er außerdem zu Hause zu einem Gesprächskreis, der anspruchsvolle Referate für die Heranwachsenden bot.

Bonhoeffer vereinbarte dann mit Professor Seeberg seine Dissertation. Sie war im Sommer 1927 fertiggestellt und trug den Titel „Sanctorum Communio. Eine dogmatische Untersuchung zur Soziologie der Kirche". Die Arbeit ist in einem nicht leicht zugänglichen akademischen Stil gehalten, aber die entscheidende Überlegung Bonhoeffers wird deutlich. Bonhoeffer findet Christus in der Kirche. Ja, er ist sogar mit ihr identisch. „Christus als Gemeinde existierend"[9] ist die zentrale Formulierung, die Bonhoeffer verwendet. Er hatte sie von dem Philosophen Hegel übernommen und abgewandelt, da Hegel vom Geist, der als Gemeinde existierte, sprach. Bonhoeffer ging es dabei aber gerade nicht um einen metaphysisch-spekulativen Kirchenbegriff, sondern um die empirisch vorfindliche Kir-

---

9   DBA 1, 39.

che. Deshalb suchte er das Gespräch mit der Soziologie und der Sozialphilosophie, in die er sich kompetent einarbeitete. Die Bonhoeffer-Kennerin Sabine Dramm unterstreicht: „Wissenschaftsgeschichtlich gesehen betrat Bonhoeffer in der Tat mit diesem Versuch absolutes Neuland"[10]. Bonhoeffer wollte zeigen, dass „Christus als Gemeinde existierend" in der Kirche in dieser Welt real ist. Die Menschwerdung Gottes in Christus setzte sich in der Kirche fort. In diesen Überlegungen verband er das Verhältnis von Person, Gott und Gemeinschaft. Der Mensch als ein soziales Wesen konstituiert sich erst in der Gemeinschaft. Hier tritt ihm der andere als ein Du entgegen. Da dieser andere aber als Kind Gottes ebenso wie er selbst auf Gott bezogen ist, begegnet ihm in dem anderen auch Gott. So ist Christus in dieser Gemeinschaft, oder wie Bonhoeffer gerne sagt, in dieser „Kollektivperson"[11] präsent. Dabei will Bonhoeffer die häufige Unterscheidung zwischen realer sichtbarer Kirche als einem corpus permixtum von Gläubigen und Ungläubigen und der unsichtbaren geglaubten „wahren" Kirche gerade nicht übernehmen. In dieser fehlbaren, menschlich allzu menschlichen Kirche als Körperschaft des öffentlichen Rechtes mit ihren landeskirchlichen Strukturen ist Christus anzutreffen. Überall da, wo Gottes Wort gepredigt wird, schafft sich Gott im Heiligen Geist seine Kirche, und diese ist unabhängig von äußeren Strukturen. Sie kann in der katholischen Kirche genauso sein wie in einer kleinen Sekte. In dieser liebenden Gemeinschaft treten die Menschen im Akt der Stellvertretung füreinander ein. Dies geschieht in drei Weisen, in der helfenden Tat, im Fürbittgebet und in der Sündenvergebung.

---

10 Sabine Dramm, Dietrich Bonhoeffer. Eine Einführung in sein Denken, Gütersloh 2001, 87.
11 DBA I, 41.

Sanctorum Communio (Auszug)

Das Füreinander ist nun zu aktualisieren durch die Tat der Liebe. Drei große positive Möglichkeiten des Füreinanderwirkens in der Gemeinschaft der Heiligen tun sich auf: Die entsagungsvolle tätige Arbeit für den Nächsten, das Fürbittegebet, schließlich das gegenseitige Spenden der Sündenvergebung im Namen Gottes. Hier wie dort handelt es sich um eine Preisgabe des Ich ›für‹ den Nächsten, zu dessen Nutzen, aber mit der Bereitschaft an dessen Statt alles zu tun und zu tragen, ja, wenn nötig, sich für ihn zu opfern, stellvertretend für ihn dazustehen. Wenn auch das rein stellvertretende Handeln nur selten aktualisiert wird, so liegt in jedem echten Akt der Liebe ein solches intentional enthalten.

In der entsagungsvollen Arbeit für den Nächsten ist der Verzicht auf Glück offenbar. Stellvertretendes Eintreten für den anderen in Alltäglichkeiten ist gefordert, Verzicht auf Güter, Ehre, ja, auf das ganze Leben. Mit der ganzen Kraft, die er der Gemeinde verdankt, soll der Mensch in dieser wirksam sein. Der ›Starke‹ hat seine Qualitäten nicht für sich, um sich durch sie aus der Gemeinde erhoben zu wissen, er hat sie ›zu gemeinem Nutzen‹ (1. Kor. 12,7). Jede Begabung materieller, geistiger oder geistlicher Art hat ihren Zweck erfüllt erst in der Gemeinde. Die Liebe fordert den Verzicht auf eigenen Nutzen. Unter diesen Verzicht kann aber auch die Gottesgemeinschaft selbst fallen. Hier zeigt sich die Liebe, die sich freiwillig unter Gottes Zorn begeben will um der Brüder willen, die sich den Zorn Gottes wünscht, wenn nur die Brüder seine Gemeinschaft haben, die an die Stelle der Brüder tritt, wie Christus an unsere Stelle trat. Die beiden großen Beispiele sind Ex. 32,32 und Röm. 9,1 ff. Mose will mit seinem Volk aus dem Buche des Lebens getilgt werden, Paulus will verflucht sein von Christus weg, nicht, um mit den Brüdern in die Verdammung zu gehen, sondern um diesen die Gottesgemeinschaft zu erringen: An ihrer statt will er verdammt sein. Es ist dies eine nur schwer noch ausdenkbare Paradoxie der Liebe zu Gott: Paulus liebt sein Volk, er liebt aber Gott über alles mehr. Moses Haltung war heroisch, er will mit seinem Volk von Gott angenommen oder verworfen werden, das ist rational noch fassbar. Paulus aber will dem Volk, das er liebt, die Gottesgemeinschaft erringen, die er über alles liebt, und verflucht sich fort von der Gottesgemeinschaft und seinem Volk an die Stelle der Verdammung, in der seine Brüder stehen, gerade weil er die Gottesgemeinschaft und sein Volk wirklich liebt, d. h. weil er gehorsam ist dem Gebot der restlosen Hingabe an den Nächsten; gerade darum aber bleibt er dort, wo er sich von Gott verbannt wünscht, in der innigsten Gottes Verbundenheit. Dort, wo furchtbarster Streit mit Gott zu toben scheint, ist größter Friede gestiftet. So ist hier nicht ein Augenblick der Schwäche des Paulus zu erblicken, nicht eine »religiös-sittliche Unmöglichkeit« ausgesprochen, sondern es liegt ein Tun vor des vollsten Gehorsams, nicht des Ungehorsams. Damit ist gerade hier ein deutlicher Beweis erbracht, dass Liebe letztlich nicht Gemeinschaft sucht, sondern den ›anderen‹ will, aber dass sie, je weniger sie sucht, desto sicherer findet.

Hiermit ist im Grunde gesagt, in welchen Abgrund die Fürbitte den Einzelnen führen kann. Das soziale Strukturproblem besteht nun in der Frage, in welcher Beziehung die füreinander Betenden zueinander gedacht werden müssen, und hier muss die Grundlage für alles in der Tatsache gesucht werden, dass die Gemeinde ein Leben führt, und dass der Einzelne nur Gottesgemeinschaft hat, wenn er an diesem Leben teilnimmt, dass er nicht allein Gott gegenübersteht, sondern in der Gemeinde der Heiligen steht, wo auch sein eigenstes Gebet nicht mehr ihm gehört, sondern der Gemeinde, die ihn zeugte und durch die er lebt. »Niemand wird allein gerettet: Wer gerettet wird, wird gerettet in der Kirche als ihr Glied in Einheit mit den anderen Gliedern. Glaubt jemand? – Er ist in der Gemeinschaft des Glaubens. Liebt jemand? – Er ist in der Gemeinschaft der Liebe. Betet jemand? – Er ist in der Gemeinschaft des Gebetes ... Sage nicht, welches Gebet kann dem Lebenden oder dem Toten zuteilwerden, da mein Gebet ja für mich allein nicht ausreicht? Da du überhaupt nicht zu beten verstehst, welchen Zweck soll es haben, dass du für dich selbst beten solltest? Es betet in dir der Geist der Liebe ... Bist du ein Glied der Kirche, so ist dein Gebet notwendig für alle ihre Glieder ... Das Blut aber der Kirche ist das Gebet füreinander« [Anm.: A. Chomjakow].

Jede Fürbitte zieht den Gemeinten potentiell in die Gemeinde hinein; die alte Fürbitte ›für alle Menschen‹ tut das notwendig auch. [...] Die Fürbitte ist von zwei Seiten zu betrachten als menschliches Tun und als göttlicher Wille. In der ersten Hinsicht erweist sich die Zusammengehörigkeit der Gemeindeglieder. In mein einsames Gottesverhältnis wird ein Dritter hineingezogen, besser: Ich rücke in der Fürbitte an des anderen Stelle, wobei zwar mein Gebet das meine bleibt, aber doch aus seiner Not und seinem Bedürfnis heraus gebetet ist; ich trete wirklich in den anderen hinein, in seine Schuld und seine Not, ich werde angefochten von seinen Sünden und Gebrechen; nicht, als ob ich kraft meiner Einfühlungsgabe das, was den anderen schmerzt, mit- oder nachempfinden müsste – wäre das notwendig, so gäbe es ja keine Fürbitte für alle Menschen insgesamt, dann könnte ich gerade für einen völlig abgeschlossen lebenden Menschen nicht beten – hier muss aller Psychologismus schwinden. Die Sünden des unbekannten Seefahrers, für den im Kirchengebet Fürbitte eingelegt wird, fechten mich nicht weniger an als die des nächsten Freundes; denn die Anfechtung liegt begründet in der Erkenntnis der eigenen Schuld an der Weltschuld, oder was dasselbe ist, der eigenen Schuld am Tode Christi. Ist diese erkannt, dann kann der Mensch als Christ an der Menschheit handeln, indem er für sie betet. Er kann dem Nächsten in seiner Fürbitte ein Christus werden. So wird in der Fürbitte dem Menschen nicht der traurige Trost gegeben, dass andere auch in seiner Lage seien, sondern es wird ihm, wenn Gott es will und er es hinnimmt, seine Schuld vergeben, seine Sünde abgenommen (Jak. 5,15.16; 1. Joh. 5,16a). Seine Schuld aber trägt die Gemeinde – Christus. [...]

Betrachten wir nun die Fürbitte von Gott aus, so ist sie das Sichorganisieren des Einzelnen zur Verwirklichung des göttlichen Willens am anderen, zum Dienen an der Verwirklichung der Gottesherrschaft in der Gemeinde. In der Konsequenz dieses Gedankens liegt der Sinn und die Kraft des Gemeindegebets, wie es Luther im Sermon von den guten Werken behandelt. In ihm hat Gott sein stärkstes Mittel zur Organisierung der gesamten Gemeinde auf seinen Zweck hin, sie erkennt sich in ihm als Werkzeug seines Willens und organisiert sich demgemäß in tätigem Gehorsam. Daher liegt hier ihre größte Stoßkraft, und der Teufel fürchtet sich mehr vor einem Strohdach, unter dem die Gemeinde betet, als vor einer Prachtkirche, in der viele Messen gelesen werden. So ist es für die Kirche von entscheidender Bedeutung, dem Gemeindegebet den Zentralplatz einzuräumen, der ihm gebührt. Sie, die ein Leben führt, muss auch ein Gebet haben und üben. In ihm nimmt sie auf sich die Last der vielen Einzelnen, die schon oder noch zu ihr gehören und trägt sie zu Gott. In ihr trägt einer des andern Last, und gerade und nur in der Erkenntnis, dass die Fürbitte ein gottgesetztes Mittel zur Verwirklichung seines Zweckes ist, können wir sie als sinnvoll anerkennen und üben. Auch in der Fürbitte bewährt sich das Wesen der christlichen Liebe ›mit‹, ›für‹ und schließlich ›anstelle‹ des Nächsten zu wirken und den anderen dadurch immer tiefer in die Gemeinde hineinzuziehen; so betet in dem einen, der im Namen Jesu für den anderen Fürbitte tut, die ganze Gemeinde mit, d.h. aber ›Christus als Gemeinde existierend‹ – so mit einer Modifikation des Hegelschen Begriffes.

Damit sind wir schon auf das letzte Problem gestoßen, das in das Wunder der Gemeinde tiefsten Einblick gewährt, dass der eine dem anderen in priesterlicher Vollmacht seine Sünden vergeben kann. Augustin war es, der dies Geschehen nur in der Gemeinschaft der Heiligen als möglich anerkannt hat. Auf sie allein bezieht sich die Verheißung Joh. 20,23, denn nur bei ihr ist der Geist. Sünden vergeben kann niemand, als der sie selbst auf sich nimmt, trägt und tilgt, kann also nur Christus, d. h. aber für uns seine Gemeinde als die sanctorum communio. Der Einzelne kann es nur kraft seiner Gliedschaft an der Gemeinde. Als solcher soll er es auch. Er nimmt dem anderen seine Schuld vom Gewissen und legt sie auf sich, kann das aber doch nur, indem er sie wieder auf Christus legt. Sein Tun ist also nur in der Gemeinde möglich; d. h. allerdings nicht, dass es notwendig in seiner Wirksamkeit an eins ihrer Glieder gebunden sei, aber dass es doch nur möglich ist dadurch, dass überhaupt eine Gemeinde existiert. Luther hat den augustinischen Gedanken wieder aufgenommen, dass die sanctorum communio die Schuld ihrer Glieder trägt. Aber er sagt dann im selben Satze noch, dass Christus dieselbe trage. »Drumb ist yn dissem Sakrament (des Abendmahls) unss geben die unmessige gottis Gnad und barmherzigkeit, da wir da allen yamer, alle anfechtung von unss legen auff die gemeyn und sonderlich auff christo ... es ist aller meyn Unfall christo und den heyligen gemein worden« [Anm.: WA 2;745,7-9,15-16]. Die Gemeinde also vermag die Schuld zu tragen, die keines ihrer Glieder tragen kann, sie kann mehr tragen als alle ihre Glieder zusammen. Sie muss als solche eine geistliche Realität sein, die über alle Einzelnen hinausgreift. Nicht alle Einzelnen, sondern sie als Ganzheit ist in Christus, ist der ›Leib Christi‹; sie ist ›Christus als Gemeinde existierend‹. Sie trägt die Schuld, indem sie aus dem Wort Vergebung erfährt und ihre Schuld am Kreuze getilgt sieht. Sie lebt tatsächlich nur am Wort; aber indem sie von ihm lebt, hat sie den Geist; sie ist Trägerin des Wortes, Verwalterin und Werkzeug; sie hat die Vollmacht, sofern sie an die Vollmacht des Wortes glaubt, sie kann die Sünden der Einzelnen auf sich nehmen, wenn sie sich auf dem Worte vom Kreuze erbaut und sich im Kreuze Jesu versöhnt und gerechtfertigt weiß. Sie selbst ist mit Christus gestorben und auferstanden und ist nun die nova creatura in Christus. Sie ist nicht nur Mittel zum Zweck, sondern sie ist zugleich Selbstzweck; sie ist der gegenwärtige Christus selbst, und darum ist ›in Christus sein‹ und ›in der Gemeinde sein‹ dasselbe; darum trägt die Schuld der Einzelnen, die auf die Gemeinde gelegt ist, Christus selbst. [...]

Die Geisteinheit der Gemeinde ist gottgewollte ursprüngliche Synthesis, sie ist nicht herzustellende, sondern gesetzte Beziehung (iustitia passiva!), die im Unanschaulichen bleibt. Sie ist nicht durch Einigkeit, Gleichartigkeit, Seelenverwandtschaft ermöglicht oder mit Stimmungseinheit zu verwechseln, sie ist vielmehr gerade dort wirklich, wo die scheinbar härtesten äußeren Gegensätze walten, wo jeder sein ganz individuelles Leben führt, und sie ist vielleicht gerade dort nicht, wo sie am meisten zu walten scheint. Sie kann aus dem Kampfe der Willen viel heller leuchten als aus der Einigkeit. Da, wo der eine sich am anderen stößt, könnte es leicht dahin kommen, dass sie an den erinnert werden, der über ihnen beiden Einer ist, und in dem sie beide einer sind. Dort, wo Jude und Grieche streiten in der völligen Verschiedenartigkeit ihrer psychologischen Struktur, ihrer Empfindung und Erkenntnis, gerade dort ist durch Gottes Willen die Einheit gesetzt; »hier ist nicht Jude noch Grieche, hier ist kein Knecht noch Freier, hier ist kein Mann noch Weib: denn ihr seid allzumal Einer in Christus Jesus« (Gal. 3,28). Aus zwei Menschen hat er einen neuen Menschen in ihm selber geschaffen und Frieden gemacht (Eph. 2,15); es bleibt das aber ein Friede, der höher ist als alle Vernunft. Denn die Gegensätze bleiben, sie verschärfen sich sogar; jeder ist ja veranlasst, in der Gemeinschaft seine individuelle Erkenntnis auf die Spitze zu treiben, ganz ernst mit ihr zu machen, das entspricht den soziologischen Grundgesetzen sozialer Lebendigkeit; aber gerade – um es paradox zu sagen – je gewaltiger die Ungleichartigkeit im Kampf zutage tritt, desto größer ist die objektive Einheit. In den entscheidenden neutestamentlichen Stellen steht nicht: eine Theologie und ein Ritus, eine Meinung in allen öffentlichen und privaten Dingen und eine Art der Lebenshaltung, sondern es heißt: ein Leib und ein Geist, ein Herr, ein Glaube, eine Taufe, ein Gott und Vater, unser aller (Eph. 4,4ff; 1. Kor. 12,13; Röm. 12,5); mancherlei Gaben – ein Geist, mancherlei Ämter – ein Herr, mancherlei Kräfte – ein Gott (1. Kor. 12,4ff); es handelt sich nicht um die »Einigkeit im Geist«, sondern um die »Einheit des Geistes«, wie Luther in der Erklärung zu Eph. 4,3 sagt; d. h. das objektive Prinzip stiftet souverän die Einheit, fasst die Vielheit der Personen zu einer Gesamtperson zusammen, ohne damit Einzelpersonen und Personengemeinschaft aufzuheben. Vielmehr gehört Geisteinheit, Geistgemeinschaft und Geistvielheit sachlich notwendig zusammen. [...]

Die Einheit der christlichen Kirche gründet nicht auf menschlicher Geisteinigkeit, sondern auf göttlicher Geisteinheit, und beides ist zunächst nicht identisch. Bei der Behandlung des soziologischen Gemeinschaftstyps stellte sich als die letzte Einheit der Gemeinschaft ihr Sein als Gesamtperson heraus. Diese Erkenntnis ist zu übertragen auf die christliche religiöse Gemeinschaft wie auf den Begriff der Kirche; die Darstellung würde im ersten Fall von unten nach oben gerichtet sein, während sie im Kirchenbegriff von oben nach unten verläuft. Die personale Einheit der Kirche ist ›Christus als Gemeinde existierend‹, Paulus konnte auch sagen, Christus selbst sei die Kirche.

In Christus ist, wer in der Kirche ist. Die Einheit der Kirche als Struktur ist hergestellt ›vor‹ allem Wissen und Wollen der Glieder, sie ist nicht Ideal, sondern Wirklichkeit. Sie ist es, so wahr die Kirche Kirche Christi ist und so wahr der Leib Christi in der Geschichte nie zu vollkommener Darstellung gelangt. In Christus sind alle eins, gibt es keine Unterschiede mehr, gibt es nicht einmal eine Vielheit mehr, sind sie alle Einer, mit Luther zu reden, ›ein kuche‹. Nur alle zusammen können Christus ganz besitzen, dennoch besitzt ihn auch jeder ganz. Diese Einheit beruht darauf, dass Christus ›der Eine ist jenseits jedes anderen‹ (Barth). Sie muss geglaubt werden und wird immer unanschaulich bleiben. [...]

Der Arierparagraph

Ende 1927 wurde Bonhoeffer promoviert, Anfang 1928 legte er sein Erstes Kirchliches Examen ab. Die folgenden Jahre waren geprägt von einem Dreiklang aus ökumenischen Auslandsaufenthalten, von denen noch zu reden sein wird, ersten pfarramtlichen Erfahrungen und seiner akademischen Arbeit. Nach einem Vikariat in Barcelona vom Februar 1928 bis Februar 1929 kehrte Bonhoeffer nach Berlin zurück und bereitete sich sowohl auf sein Zweites Examen wie auch auf die Habilitation vor. Da sein Doktorvater Reinhold Seeberg inzwischen emeritiert war, bekam er bei dessen Nachfolger Wilhelm Lütgert eine außerplanmäßige Assistentenstelle. Während seiner akademischen Arbeit und den Prüfungsvorbereitungen veränderte sich Deutschland grundlegend. Am 3. Oktober 1929 starb Gustav Stresemann, der aufrechte Demokrat, der Deutschland in den Völkerbund und damit zurück in die Völkergemeinschaft geführt hatte. Am 29. Oktober kam es in New York zum „Börsenkrach", der eine weltweite wirtschaftliche schwere Depression nach sich ziehen sollte, die besonders Deutschland, das immer noch Reparationszahlungen zu leisten hatte, immens traf. Die Goldenen Zwanziger Jahre gingen nicht nur kalendarisch, sondern auch politisch und gesellschaftlich unübersehbar zu Ende. Die Arbeitslosigkeit schoss in die Höhe. Die Nationalsozialisten konnten bei der Reichstagswahl am 14. März 1930 ihre Abgeordnetenzahl von zwölf auf 107 fast verzehnfachen. Heinrich Brüning wurde Ende März 1930 Reichskanzler, und da er sich auf keine parlamentarische Mehrheit stützen konnte, regierte er mit Notverordnungen. In dieser unruhigen Zeit legte Bonhoeffer Anfang Juli 1930 sein Zweites Theologisches Examen vor dem Konsistorium in Berlin ab. Nur gut eine Woche später wurde er habilitiert. In seiner Habilitationsschrift

„Akt und Sein" nimmt Bonhoeffer das Gespräch mit der Philosophie auf. Die Frage nach der Existenz Gottes wird dabei in einen engen Zusammenhang mit der existentiellen Betroffenheit des Menschen gestellt. Nicht der für sich seiende Gott, der unabhängig vom Menschen existiert, ist von Relevanz, sondern der im Bezug der Offenbarung zum Menschen sich zeigende. Bonhoeffer kann das auf die zugespitzte Formel bringen: „Die Seinsart der Offenbarung ist nur im Bezug der Personen bestimmbar. ... Im sozialen Bezug der Person kommt der statische Seinsbegriff des ‚es gibt' in Bewegung. Einen Gott, den ‚es gibt', gibt es nicht; Gott ‚ist' im Personbezug, und das Sein ist Personsein."[12] Wie in der Dissertationsschrift bezieht er diese Offenbarung Gottes dann auf die konkrete Existenz Christi in der Kirche.

Nach Examen und Habilitation folgte ein dreivierteljähriger Studienaufenthalt in den USA. Inzwischen verschlechterte sich die politisch-soziale Lage in Deutschland immer mehr. Das Land trieb auf ein Chaos zu. Kommunistische und nationalsozialistische Truppen lieferten sich Straßenschlachten. Die Demokratie fand immer weniger Verteidiger. Der Ruf nach einem autoritären Staat wurde lauter. Im Juni 1931 kehrte Bonhoeffer zurück. Nach einer vierzehntägigen Begegnung mit Karl Barth in Bonn trat er zum 1. August 1931 sein Amt als Privatdozent an der Humboldt-Universität an. Nun galt es, Vorlesungen zu halten und Seminare durchzuführen. Bald bildete sich ein Kreis Studierender, die sich für den jungen Privatdozenten zu interessieren begannen. Und Bonhoeffer interessierte sich für seine Studenten. Neben dem akademischen Kontakt suchte er mit ihnen auch die persönliche Begegnung. Es kam neben den Seminarveranstaltungen auch zu wöchent-

---

12 DBW 2, 112.

lichen Diskussionsabenden. Zudem erwarb Bonhoeffer eine Baracke, die er in der Nähe eines Sees bei Berlin aufstellen ließ. Hier führte er mit den Studierenden Wochenendfreizeiten durch. Bibelarbeiten, sportliche Betätigungen, gemeinsames Kochen und politische Diskussionen wechselten einander ab. So pflegten und erlebten Bonhoeffer und die Studierenden Gemeinschaft.

Gleichzeitig wurde Bonhoeffer im November ordiniert. Er übernahm zusätzlich zu seinen akademischen Pflichten ein Studentenpfarramt an der Technischen Hochschule. Mittlerweile hatte sich auch die Studierendenschaft radikalisiert. Der NS-Studentenbund trat immer selbstbewusster auf. Auf einer Studentenpfarrer-Konferenz sollte Bonhoeffer dieses Thema ansprechen. Eine weitere praktische pfarramtliche Tätigkeit trat hinzu: Eine Gruppe von vierzig verwilderten Konfirmanden der Zionskirche im Arbeiterquartier Prenzlauer Berg war dem dortigen Pfarrer derart über den Kopf gewachsen, dass er nach Hilfe rief. Bonhoeffer wurde die Gruppe zugewiesen, und rasch gewann er die Jungen für sich. Ihnen begegnete hier ein Mensch, der sie mit seinen Erzählungen begeisterte und der sich für sie Zeit nahm. Bonhoeffer mietete sich ein Zimmer nahe der Zionskirche an und lud immer wieder einzelne oder mehrere Konfirmanden zu sich ein. In Bonhoeffers Baracke und im Ferienhaus der Familie im Harz führte er Freizeiten mit ihnen durch. Am 13. März 1932 wurden die Jungen konfirmiert. Es war zugleich der erste Wahlgang zur Wahl des Reichspräsidenten, bei der unter anderem Hitler gegen den greisen Feldmarschall von Hindenburg antrat. Hindenburg konnte 49 Prozent der Stimmen auf sich vereinigen und wurde dann in der Stichwahl gewählt. Bonhoeffer, der sich in seiner Zeit in Barcelona noch als eher unpolitisch gesehen hatte, war nun so politisch interessiert, dass er eine unpolitische Haltung mittlerweile als „frivol"[13] bezeichnete. Die politischen Ereignisse und die besonders schwierige Situation so vieler Menschen ließen ihn nicht kalt. Mit der Sozialpädagogin Anna von Gierke stieß er das Projekt der „Charlottenburger Jugendstube" an. In diesem Jugendzentrum konnten sich Jugendliche treffen und sich gleichzeitig auch berufsvorbereitend fortbilden. Die Arbeit war so erfolgreich, dass man bald größere Räume benötigte. Die nationalsozialistische Machtergreifung bereitete ihr ein Ende. Bonhoeffer konnte sich inzwischen gut eine pfarramtliche Tätigkeit in den Berliner Arbeitervierteln vorstellen. Er bewarb sich um eine Pfarrstelle an der Batholomäikirche, unterlag aber seinem Gegenkandidaten.

Inzwischen taumelte die Weimarer Republik auf ihr Ende zu. Die Präsidialkabinette von Papen und von Schleicher ebneten Hitler den Weg zur Macht, die er am 30. Januar 1933 in die Hände bekam. Bonhoeffer sollte schon zwei Tage später die ersten direkten Folgen der „Machtergreifung" zu spüren bekommen. Am 1. Februar 1933 hielt er über den Rundfunk einen Vortrag zum Thema „Wandlungen des Führerbegriffes in der jungen Generation". Natürlich war der Vortrag schon einige Zeit vorher vereinbart worden, aber nun passte er haargenau zur neuen politischen Situation. Bonhoeffer fand Worte, die so gar nicht mehr in die neue Zeit passten wollten: Lässt der Führer „sich vom Geführten dazu hinreißen, dessen Idol darstellen zu wollen – und der Geführte wird das immer von ihm erhoffen –, dann gleitet das Bild des Führers über in das des Verführers, dann handelt er unsachlich am Geführten wie an sich selbst. Der echte Führer muss jederzeit enttäuschen können. Das gehört geradezu zu seiner Verantwortlichkeit und

---

13 DBW 12, 41.

Sachlichkeit."[14] Doch die Hörer und Hörerinnen an den Rundfunkgeräten sollten diesen Satz nicht mehr zu Ende hören. Ein Redakteur hatte einfach das Mikrofon abgestellt. Am selben Tag sprach auch Hitler im Rundfunk. Er gab sich betont staatsmännisch und fromm: „Möge der allmächtige Gott unsere Arbeit in seine Gnade nehmen, unseren Willen recht gestalten, unsere Einsicht segnen und uns mit dem Vertrauen unseres Volkes beglücken."[15] Der christliche gebundene Hörer mochte befreit aufatmen. Der Führer stand doch ganz offensichtlich im Glauben. Diese Taktik verfolgten die Nationalsozialisten bereits seit Anfang an. Im Programm der NSDAP vom 24.2.1920 hieß es in Punkt 24: „Die Partei als solche vertritt den Standpunkt eines positiven Christentums." Im selben Programmpunkt sprach man aber auch vom „Sittlichkeits- und Moralgefühl der germanischen Rasse" und bekämpfte den „jüdisch-materialistischen Geist". In seiner Schrift „Mein Kampf" sollte Hitler das schließlich auf die Formel bringen: „Indem ich mich des Juden erwehre, kämpfe ich für das Werk des Herrn."

In der Nacht vom 27. auf den 28. Februar 1933 brannte der Reichstag. Die Nationalsozialisten nutzten diese Situation blitzschnell für sich aus. Mit der „Reichstagsbrandverordnung" wurden die Grundrechte faktisch abgeschafft und die Einrichtung von Konzentrationslagern ermöglicht. Die Diktatur war da. Die Familie Bonhoeffer kam mit den Ereignissen in direkte Berührung, als der Vater Karl Bonhoeffer als Psychiater um ein Gutachten über den mutmaßlichen Brandstifter Marinus van der Lubbe gebeten wurde. Die zunehmende Einschränkung der demokratischen Rechte, die in der Selbstent-

---

14 DBA 2, 49.
15 Zit. in: Ferdinand Schlingensiepen, Dietrich Bonhoeffer 1906 - 1945, München 3. Aufl. 2006, 136.

machtung des Reichstages durch das „Ermächtigungsgesetz" einen weiteren Höhepunkt fand, betraf besonders die Juden. Am 1. April 1933 kam es zu einem Boykott jüdischer Geschäfte. SA-Truppen standen vor den Läden und ließen keinen Zweifel an der Wirksamkeit der Maßnahmen. Dietrich Bonhoeffers Großmutter Julie ließ sich nicht hindern. Die 91-Jährige ging durch die SA-Reihen ins „Kaufhaus des Westens" (KaDeWe) auf dem Kurfürstendamm. Am selben Tag verabschiedete der Reichstag das sogenannte „Gesetz zur Wiederherstellung des Berufsbeamtentums", das am 7. April in Kraft trat. Besonders berüchtigt darin war der sogenannte „Arierparagraph". Er ermöglichte es, Beamte, von denen auch nur ein Großelternteil jüdischer Abstammung war, in den Ruhestand zu versetzen. Eine große Menge von Richtern, Professoren, Amtsleitern und anderen Funktionsträgern war davon betroffen. Die systematische Diskriminierung und Entrechtung der Juden konnte im gleichgeschalteten Parlament nicht mehr aufgehalten werden. Bonhoeffer war durch seinen Schwager Hans von Dohnanyi, der im Reichsjustizministerium arbeitete, schon vorher über diesbezügliche Pläne informiert worden. Die Bonhoeffers waren persönlich betroffen, denn Bonhoeffers Schwager, der Mann seiner Zwillingsschwester Sabine, Gerhard Leibholz, war zwar getauft, aber jüdischer Abstammung.

Der Arierparagraph war in der langen Geschichte der Diskriminierung des Judentums nicht ohne Beispiel. So hatten bereits die Deutsche Burschenschaft, zahlreiche Alpenvereine und auch der „Stahlhelm" Juden aus ihren Reihen ausgeschlossen. Nun aber wurde dies in die Form staatlicher Gesetze gegossen! Da die Kirche als Körperschaft des öffentlichen Rechtes oft staatliche Regelungen in ihr Gesetzeswerk übernahm, stellte sich die Frage, ob dies auch im Falle des Arierparagraphen geschehen würde. Kräfte gab es dafür in ihrem Raum genug.

Schon kurz nach dem Ersten Weltkrieg hatten antisemitische Theologen den „Bund für Deutsche Kirche" gegründet. Diese Theologen konnten sich ihrerseits auf schon länger bestehende Traditionen eines kirchlich-rassischen Antisemitismus beziehen. Insgesamt wurde die völkische Bewegung in der Weimarer Republik immer stärker, und auch viele Christen beteiligten sich an ihr. 1927 entstand die „Thüringer Kirchenbewegung Deutsche Christen", die den offenen Kontakt zu den Nationalsozialisten suchte. Am 6. Juni 1932 gründete sich die reichsweite „Glaubensbewegung Deutsche Christen" (DC) als Kirchenpartei, die den Ausschluss der Judenchristen aus der evangelischen Kirche forderte. Bei den Kirchenwahlen in der Kirche der Altpreußischen Union (APU) – also der Kirche in den Grenzen Preußens von 1866 – Ende 1932 erreichten die DC schon ein Drittel aller Sitze in den Presbyterien. Im Januar 1933 traten die Thüringer Deutschen Christen in die dortige Kirchenleitung ein. Im April ernannte Hitler den Königsberger Wehrkreispfarrer Ludwig Müller zum seinem „Sonderbeauftragten für Kirchenfragen". Der wurde daraufhin von den Deutschen Christen zu ihrem Schirmherrn bestellt.

Bonhoeffer erkannte als erster Theologe die brennende Gefahr und arbeitete einen Vortrag unter dem Titel „Die Kirche vor der Judenfrage" (vgl. den nachfolgenden Text) aus. Bonhoeffer bestritt nicht das Recht zur staatlichen Gesetzgebung, aber er stellte die Frage, was sei, wenn es zu einem Zuviel oder einem Zuwenig an staatlicher Rechtssetzung komme. Ein Zuwenig sei da der Fall, wo etwa den Juden bürgerliche Rechte genommen würden wie beim Arierparagraph. Ein Zuviel an staatlichem Recht sei etwa bei einem Eingriff in das Wesen der Kirche gegeben, wenn zum Beispiel Judenchristen aus ihr ausgeschlossen würden. Bonhoeffer erkannte drei Möglichkeiten kirchlichen Handelns gegenüber dem Staat.[16] Die erste sei in Wahrnehmung des kirchlichen Wächteramtes die Frage an den Staat nach der Legitimität seines Handelns. Die zweite Möglichkeit markiere in Form der politischen Diakonie das helfende Eintreten der Kirche für die Opfer dieses staatlichen Handelns. Und schließlich bestehe die letzte Möglichkeit, im politischen Geschehen „dem Rad selbst in die Speichen zu fallen"[17]. Für die Teilnehmer einer Pfarrerkonferenz, vor der Bonhoeffer sprach, war dies buchstäblich etwas Unerhörtes. Einige verließen den Raum. Tatsächlich hatte Bonhoeffer mit der Annahme eines grundsätzlichen Widerstandsrechtes im Raum der lutherischen Kirche Neuland betreten. Die meisten seiner Kollegen verharrten in einer staatsloyalen Haltung und konnten sich aktiven Widerstand überhaupt nicht vorstellen. Während die beiden ersten Möglichkeiten nun für Bonhoeffer „verpflichtende Forderungen der Stunde"[18] waren, sollte über die dritte Möglichkeit je aktuell ein „evangelisches Konzil" entscheiden. Für ihn war klar: „Der getaufte Jude ist Glied unserer Kirche."[19] Die Kirche, in der Jesus Christus zu finden sei, musste hier eindeutig reden, wollte sie ihn nicht verraten. Sie handelte ganz anders, als Bonhoeffer gefordert hatte. Auf der „Braunen Synode" Anfang September 1933 übernahm seine Heimatkirche der Altpreußischen Union den „Arierparagraphen" in ihre Gesetzgebung. Auch ein von Bonhoeffer verfasstes Flugblatt „Der Arierparagraph in der Kirche", das verteilt wurde (vgl. den hier folgenden übernächsten Text), konnte daran nichts mehr ändern.

---

16 Vgl. Sabine Dramm, Bonhoeffer, 196f.
17 DBA 2, 74.
18 DBA 2, 75.
19 DBA 2, 76.

Die Kirche vor der Judenfrage

Luther 1546: »Noch wollen wir die christliche Lehre an ihnen üben und vor sie bitten, dass sie sich bekehren den Herrn annehmen, den sie vor uns billig ehren sollten.« ... »Wo sie sich aber bekehren, ihren Wucher lassen und Christus annehmen, so wollen wir sie gern als unsere Brüder halten.«

Luther 1523: »Wenn die Apostel, die auch Juden waren, also hetten mit uns heyden gehandelt, wie wir heyden mit den Juden, es were nie keyn Christen unter den heyden worden. Haben sie denn mit uns heyden so bruderlich gehandelt, so sollen wyr widderumb bruderlich mit den Juden handeln, ob wyr etlich bekehren mochten, denn wyr sind auch selb noch nicht all hynan, schweyg denn hyn über.« ... »Aber nu wyr sie nur mit Gewallt treyben ... was sollten wyr guttis an yhn schaffen? Item das man yhn verbeutt, unter uns tzu erbeytten, hantieren und andere menschliche gemeynschafft tzu haben, da mit man sie tzu wuchern treybt, wie sollt sie das bessern?«

Die in der Geschichte einzigartige Tatsache, dass der Jude unabhängig von seiner Religionszugehörigkeit allein um seiner Rassenzugehörigkeit willen vom Staat unter Sonderrecht gestellt wird, gibt dem Theologen zwei neue, getrennt zu behandelnde Probleme auf. Wie beurteilt die Kirche dies staatliche Handeln und welche Aufgabe erwächst ihr daraus? Was ergibt sich für die Stellung der Kirche zu den getauften Juden in den Gemeinden? Beide Fragen können allein von einem rechten Kirchenbegriff her beantwortet werden.

I.
Zweifellos ist die reformatorische Kirche nicht dazu angehalten, dem Staat in sein spezifisch politisches Handeln direkt

hineinzureden. Sie hat staatliche Gesetze weder zu loben noch zu tadeln, sie hat vielmehr den Staat als Erhaltungsordnung Gottes in der gottlosen Welt zu bejahen, sie hat sein – vom humanitären Gesichtspunkt aus gesehen: gutes oder schlechtes – Ordnungsschaffen anzuerkennen und zu verstehen als begründet in dem erhaltenden Willen Gottes mitten in der chaotischen Gottlosigkeit der Welt. Diese Beurteilung des staatlichen Handelns durch die Kirche steht jenseits jedes Moralismus und unterscheidet sich vom Humanitarismus jederlei Schattierung durch die Radikalität der Trennung des Ortes der frohen Botschaft und des Ortes des Gesetzes. Das staatliche Handeln bleibt frei vom kirchlichen Eingriff. Es gibt hier keine schulmeisterliche oder gekränkte Einrede der Kirche. Die Geschichte wird nicht von der Kirche gemacht, sondern vom Staat; aber freilich nur die Kirche, die vom Kommen Gottes in die Geschichte zeugt, weiß, was Geschichte und daher auch, was der Staat ist. Und eben aus diesem Wissen heraus gibt sie allein Zeugnis von der Durchbrechung der Geschichte durch Gott in Christus und lässt den Staat weiter Geschichte machen. Ohne Zweifel ist eines der geschichtlichen Probleme, mit denen unser Staat fertig werden muss, die Judenfrage, und ohne Zweifel ist der Staat berechtigt, hier neue Wege zu gehen. Es bleibt die Sache der humanitären Verbände und einzelner sich dazu aufgerufen wissender christlicher Männer, dem Staat die moralische Seite seiner jeweiligen Maßnahmen zu Gesicht zu bringen, d. h. gegebenenfalls den Staat des Verstoßes gegen die Moral zu verklagen. Und jeder starke Staat braucht solche Verbände und solche einzelnen Persönlichkeiten und wird ihnen eine gewisse reservierte Pflege angedeihen lassen. Es ist eine Einsicht in die feinere Staatskunst, die sich diese Einrede in ihrer relativen Bedeutung zunutze zu machen weiß. Ebenso aber wird eine Kirche, die wesentlich als eine Kulturfunktion des Staates betrachtet wird, jeweils dem Staat mit derartigen Einreden ins Handwerk fahren und das umso mehr, je fester der Staat sich die Kirche eingliedert, d. h. ihr wesentlich moralisch-pädagogische Aufgaben zuschreibt.

Die wahre Kirche Christi aber, die allein vom Evangelium lebt und um das Wesen des staatlichen Handelns weiß, wird dem Staat nie in der Weise ins Handwerk greifen, dass sie dessen geschichtsschaffendes Handeln vom Standpunkt eines irgendwie gearteten, sagen wir: humanitären Ideals her kritisiert. Sie weiß um die wesenhafte Notwendigkeit der Gewaltanwendung in dieser Welt und um das mit der Gewalt notwendig verbundene »moralische« Unrecht bestimmter konkreter Akte des Staates. Die Kirche kann primär nicht unmittelbar politisch handeln; denn die Kirche maßt sich keine Kenntnis des notwendigen Geschichtsverlaufes an. Sie kann also auch in der Judenfrage heute nicht dem Staat unmittelbar ins Wort fallen, und von ihm ein bestimmtes andersartiges Handeln fordern. Aber das bedeutet nicht, dass sie teilnahmslos das politische Handeln an sich vorüberziehen lässt; sondern sie kann und soll, gerade weil sie nicht im einzelnen Fall moralisiert, den Staat immer wieder danach fragen, ob sein Handeln von ihm als legitim staatliches Handeln verantwortet werden könne, d. h. als Handeln, in dem Recht und Ordnung, nicht Rechtlosigkeit und Unordnung geschaffen werden. Sie wird diese Frage mit allem Nachdruck dort zu stellen aufgerufen sein, wo der Staat gerade in seiner Staatlichkeit, d. h. in seiner mit Gewalt Recht und Ordnung schaffenden Funktion bedroht erscheint. Sie wird diese Frage heute in Bezug auf die Judenfrage in aller Deutlichkeit stellen müssen. Sie greift damit gerade nicht in die Verantwortlichkeit des staatlichen Handelns ein, sondern schiebt im Gegenteil dem Staat selbst die ganze Schwere der Verantwortung für das ihm eigentümliche Handeln zu. Sie befreit den Staat so von jedem moralisierenden Vorwurf und weist ihn eben hierdurch in seine ihm vom Erhalter der Welt angeordnete Funktion. Solange der Staat Recht und Ordnung schaffend handelt – und sei es auch neues Recht und neue Ordnung – kann sich die Kirche des Schöpfers, Versöhners und Erlösers nicht unmittelbar politisch handelnd gegen ihn wenden. Sie vermag freilich den einzelnen sich dazu aufgerufen wissenden Christen nicht daran zu verhindern, den Staat gegebenenfalls als »unhuman« anzuklagen, aber sie wird als Kirche nur danach fragen, ob der Staat Ordnung und Recht schafft oder nicht. Hierbei sieht sie den Staat nun freilich in doppelter Begrenzung. Sowohl ein Zuwenig an Ordnung und Recht als auch ein Zuviel an Ordnung und Recht zwingt die Kirche zum Reden. Ein Zuwenig ist jedes Mal dort vorhanden, wo eine Gruppe von Menschen rechtlos wird, wobei es in concreto jeweils außerordentlich schwierig sein wird, wirkliche Rechtlosigkeit von einem wenigstens formaliter zugebilligten Minimum von Recht zu unterscheiden. Auch in der Leibeigenschaft war ein Minimum von Recht und Ordnung gewahrt und doch würde eine Wiedereinführung der Leibeigenschaft Rechtlosigkeit bedeuten. Es ist immerhin beachtlich, dass christliche Kirchen achtzehnhundert Jahre lang die Leibeigenschaft ertragen haben und erst in einer Zeit, bei der die christliche Substanz der Kirche mindestens in Frage gezogen werden könnte, mit Hilfe der Kirchen (aber doch nicht wesentlich oder gar allein durch sie) neues Recht geschaffen wurde. Dennoch wäre ein Rückschritt in dieser Richtung heute für die Kirche der Ausdruck eines rechtlosen Staates. Daraus folgt, dass der Begriff des Rechtes geschichtlichen Wandlungen unterworfen ist, was aber seinerseits gerade den Staat wieder in seinem eigentümlichen geschichteschaffenden Recht bestätigt. Nicht die Kirche, sondern der Staat schafft und wandelt das Recht. Dem Zuwenig an Ordnung und Recht steht das Zuviel an Ordnung und Recht gegenüber. Es besagt, dass der Staat seine Gewalt so ausbaut, dass er der christlichen Verkündigung und dem christlichen Glauben (nicht dem freien Gewissen – das wäre die humanitäre Version, die darum illusorisch ist, weil jedes staatliche Leben das sogenannte »freie Gewissen« zwingt) sein eigenes Recht raubt – eine groteske Situation, da ja der Staat erst von dieser Verkündigung und von diesem Glauben her sein eigentümliches Recht erhält und sich somit selbst entthront. Diesen Übergriff der staatlichen Ordnung muss die Kirche zurückweisen, eben aus ihrem besseren Wissen um den Staat und die Grenzen seines Handelns. Der Staat, der die christliche Verkündigung gefährdet, verneint sich selbst. Das bedeutet eine dreifache Möglichkeit kirchlichen Handelns dem Staat gegenüber: erstens (wie gesagt) die an den Staat gerichtete Frage nach dem legitim staatlichen Charakter seines Handelns, d.h. die Verantwortlichmachung des Staates. Zweitens der Dienst an den Opfern des Staatshandelns. Die Kirche ist den Opfern jeder Gesellschaftsordnung in unbedingter Weise verpflichtet, auch wenn sie nicht der christlichen Gemeinde zugehören. »Tut Gutes an jedermann.« In beiden Verhaltungsweisen [sic!] dient die Kirche dem freien Staat in ihrer freien Weise, und in Zeiten der Rechtswandlung darf die Kirche sich diesen beiden Aufgaben keinesfalls entziehen. Die dritte Möglichkeit besteht darin, nicht nur die Opfer unter dem Rad zu verbinden, sondern dem Rad selbst in die Speichen zu fallen. Solches Handeln wäre unmittelbar politisches Handeln der Kirche und ist nur dann möglich und gefordert, wenn die Kirche den Staat in seiner Recht und Ordnung schaffenden Funktion versagen sieht, d. h. wenn sie den Staat hemmungslos ein Zuviel oder ein Zuwenig an Ordnung und Recht verwirklichen sieht. In beiden muss sie dann die Existenz des Staates und damit auch ihre eigene Existenz bedroht sehen. Ein Zuwenig läge vor bei der Rechtlosmachung irgendeiner Gruppe von Staatsuntertanen, ein Zuviel läge dort vor, wo vom Staate her in das Wesen der Kirche und ihre Verkündigung eingegriffen werden sollte, d. h. etwa in dem zwangsmäßigen Ausschluss der getauften Juden aus unseren christlichen Gemeinden, in dem Verbot der Judenmission. Hier befände sich die christliche Kirche in statu confessionis und hier befände sich der Staat im Akt der Selbstverneinung. Ein Staat, der sich eine vergewaltigte Kirche eingliedert, hat seinen treuesten Diener verloren. Aber auch dieses dritte Handeln der Kirche, das gegebenenfalls in den Konflikt mit dem bestehenden Staat führt, ist nur der paradoxe Ausdruck ihrer letzten Anerkennung des Staates, ja, die Kirche selbst weiß sich hier aufgerufen, den Staat als Staat vor sich selbst zu schützen und zu erhalten. In der Judenfrage werden für die Kirche heute die beiden ersten Möglichkeiten verpflichtende Forderungen der Stunde. Die Notwendigkeit des unmittelbar politischen Handelns der Kirche hingegen ist jeweils von einem »evangelischen Konzil« zu entscheiden und kann mithin nie vorher kasuistisch konstruiert werden.

Die staatlichen Maßnahmen gegen das Judentum stehen für die Kirche aber noch in einem ganz besonderen Zusammenhang. Niemals ist in der Kirche Christi der Gedanke verlorengegangen, dass das »auserwählte Volk«, das den Erlöser der Welt ans Kreuz schlug, in langer Leidensgeschichte den Fluch seines Tuns tragen muss. »Juden sind die ärmsten Leute unter allen Völkern auf Erden, werden hie und da geplaget, sind hin und her in Landen zerstreut, haben keinen gewissen Ort, da sie gewiß könnten bleiben [...] und müssen immer besorgen, man treibe sie aus ...« (Luther, Tischreden). Aber die Leidensgeschichte dieses von Gott geliebten und gestraften Volkes steht unter dem Zeichen der letzten Heimkehr des Volkes Israel zu seinem Gott. Und diese Heimkehr geschieht in der Bekehrung Israels zu Christus. »Wenn die Stunde kommt, dass sich dieses Volk demüthigt und bußfertig abläßt von der Sünde seiner Väter, an der es bis diesen Tag mit furchtbarer Halsstarrigkeit festhängt und das Blut des Gekreuzigten zur Versöhnung über sich herabflehet, dann wird die Welt staunen ob der Wunder, die Gott thut! Die er an diesem Volke thut! Und die hohnsprechenden Philister werden dann sein wie Koth auf der Gasse und wie das verdorrte Heu auf den Dächern. Dann wird er dieses Volk sammeln aus allen Nationen und es zurückbringen nach Kanaan. O Israel, wer ist dir gleich? Wohl dem Volke, dem der Herr sein Gott ist!« (S. [sic!] Menken, 1795). Die Bekehrung Israels, das soll das Ende der Leidenszeit des Volkes sein. Von hier aus sieht die christliche Kirche die Geschichte des Volkes Israel mit Schaudern als Gottes eignen, freien, furchtbaren Weg mit seinem Volk. Sie weiß, dass kein Staat der Welt mit diesem rätselhaften Volk fertig werden kann, weil Gott noch nicht mit ihm fertig ist. Jeder neue Versuch, die »Judenfrage« zu »lösen«, scheitert an der heilsgeschichtlichen Bedeutung dieses Volkes; dennoch müssen immer wieder solche Versuche unternommen werden. Dieses Wissen der Kirche um den Fluch, der auf diesem Volk lastet, hebt sie weit hinaus über jedes billige Moralisieren, vielmehr weiß sie sich selbst als immer wieder ihrem Herrn untreue Kirche mit gedemütigt beim Anblick jenes verstoßenen Volkes, und sie sieht voll Hoffnung auf die Heimgekehrten vom Volke Israel, auf die zum Glauben an den einen wahrhaftigen Gott in Christus

Gekommenen, und weiß sich diesen als Brüdern verbunden. Damit sind wir bei der zweiten Frage angelangt.

II.
Die Kirche kann sich ihr Handeln an ihren Gliedern nicht vom Staate vorschreiben lassen. Der getaufte Jude ist Glied unserer Kirche. Damit stellt sich die Judenfrage für die Kirche anders als für den Staat.

Judentum ist von der Kirche Christi her gesehen niemals ein rassischer, sondern ein religiöser Begriff. Nicht die biologisch fragwürdige Größe der jüdischen Rasse, sondern das »Volk Israel« ist gemeint. Das »Volk« Israel aber ist konstituiert durch das Gesetz Gottes; man kann also Jude werden durch Annahme des Gesetzes. Rassejude aber kann man nicht werden. Es gab in der Zeit der großen jüdischen Mission in der Heidenwelt verschiedene Stufen der Zugehörigkeit zum Judentum (Schürer III 1909, Seite 150ff). Ebenso aber ist auch der Begriff des Judenchristentums religiös, nicht biologisch bestimmt. Die judenchristliche Mission erstreckte sich auch auf heidnische Gebiete (Gegner des Paulus im Galaterbrief). Es gab heidnische Judenchristen und jüdische Heidenchristen.

Zum Judenchristentum gehören also von der Kirche Christi her gesehen nicht die christlich getauften Menschen jüdischer Rasse, sondern Judenchrist im Sinne der Kirche ist der, der die Zugehörigkeit zum Volk Gottes, zur Kirche Christi bedingt sein lässt durch die Beobachtung eines göttlichen Gesetzes. Demgegenüber kennt das Heidenchristentum keine Voraussetzung für die Zugehörigkeit zum Volk Gottes, zur Kirche Christi, als den Ruf Gottes durch sein Wort in Christus.

Allein dieser Unterschied im Verständnis der Erscheinung Christi, des Evangeliums, hat zu der ersten Spaltung in der

Kirche Christi in Heidenchristentum und Judenchristentum geführt (Apostelkonzil). Diese Spaltung ist gegenseitig teilweise als unerträgliche Häresie, teilweise als erträgliches Schisma verstanden worden.

Ein analoger Vorgang läge heute dort vor, wo eine kirchliche Gruppe innerhalb der Reformationskirche die Zugehörigkeit zur Kirche bedingt sein ließe durch Beobachtung eines göttlichen Gesetzes, also z. B. der rassischen Einheit der Gemeindeglieder. Dann ist der judenchristliche Typus dort realisiert, wo diese Forderung gestellt wird, gleichgültig, ob ihre Vertreter zur jüdischen Rasse gehören oder nicht. Dann ist ferner die Möglichkeit gegeben, dass der modern judenchristliche Typus sich von der heidenchristlichen Gemeinde zurückzieht und eine eigene gesetzlich gebundene Kirchengemeinschaft begründet. Kirchlich unmöglich aber ist es dann, den Teil der Gemeinde, der der jüdischen Rasse zugehört, weil er den gesetzlich-judenchristlichen Anspruch stört, aus der Gemeinde auszuschließen. Denn damit würde beansprucht, die heidenchristliche Gemeinde judenchristlich zu machen, welchem Anspruch sich diese mit Recht versagen muss.

Die Ausschließung der rassischen Juden aus unserer deutschstämmigen Kirche würde diese letztere dem judenchristlichen Typus zuführen. Ein solcher Ausschluss bleibt also eine kirchliche Unmöglichkeit.

Aus dem Vorhandensein fremdstämmiger französischer, englischer usw. Gemeinden in Deutschland ist allein der Schluss zulässig, dass einem freiwilligen Zusammenschluss der judenstämmigen Christen zu einer Gemeinde kirchlich nichts im Wege steht (wie es etwa in der judenchristlichen Allianz 1925 in London geschah). Es ist aber in keinem Fall die erzwungene Ausweisung der der heidenchristlichen deutschstämmigen Gemeinde bereits zugehörenden heidenchristlichen Juden zulässig, ganz abgesehen von der Schwierigkeit des Nachweises, dass diese Juden keine Deutschen seien (vgl. Stöckers These, dass der Jude durch seine Taufe Deutscher werde). Eine solche erzwungene Ausweisung würde – auch wenn sie rein korporativ-organisatorischen Charakter haben sollte – doch immer eine wirkliche Kirchenspaltung bedeuten, eben weil sie die rassische Einheit der Kirche zum Gesetz erheben würde, das als Voraussetzung für die Kirchengemeinschaft erfüllt sein müsste. Mit ihr würde sich also die ausschließende Kirchengemeinschaft als judenchristlich konstituieren.

Es geht auch keinesfalls um die Frage, ob unsere deutschstämmigen Gemeindeglieder heute die kirchliche Gemeinschaft mit den Juden noch tragen können. Vielmehr ist es Aufgabe christlicher Verkündigung zu sagen: hier, wo Jude und Deutscher zusammen unter dem Wort Gottes stehen, ist Kirche, hier bewährt es sich, ob Kirche noch Kirche ist oder nicht. Es kann keinem, der sich nicht in der Lage fühlt, die kirchliche Gemeinschaft des judenstämmigen Christen zu tragen, verwehrt werden, selbst aus dieser kirchlichen Gemeinschaft auszuscheiden. Es muss ihm aber dann mit letztem Ernst dies klargemacht werden, dass er sich damit von dem Ort lossagt, an dem die Kirche Christi steht, und dass er damit selbst den judenchristlichen Gedanken einer Gesetzesreligion verwirklicht, d. h. modernem Judenchristentum verfällt. Es bleibt dann noch immer eine offene Frage, ob eine solche Trennung als erträgliches Schisma angesehen werden kann oder nicht. Im Übrigen müsste man einen außerordentlich befangenen Blick haben, um nicht zu sehen, dass ein anderes als das eben gekennzeichnete Verhalten unserer Kirche gegenüber den getauften Juden bei unserem Kirchenvolk auf weitgehende Verständnislosigkeit stoßen würde.

Wer Gottes Volk oder die Kirche Christi sei, ist keine andere Regel noch Probe [...] ohne dies allein, wo ein Häuflein ist derer, so dieses Herrn Wort annehmen, rein lehren und bekennen wider die, so es verfolgen, und darob leiden, was sie sollen.

Luther zu Psalm 110,3

Der Arier-Paragraph in der Kirche

1. Radikale Form des Arier-Paragraphen.
Nichtarier gehören nicht zur deutschen Reichskirche und sind durch Bildung eigener judenchristlicher Gemeinden auszuschließen.

2. Form des Arier-Paragraphen.
Das staatliche Beamtengesetz soll auf die Kirchenbeamten Anwendung finden, Weiterbeschäftigung und Neueinstellung judenchristlicher Pfarrer soll abgelehnt werden.

3. Form des Arier-Paragraphen.
Die Reichskirchenverfassung hat den Arier-Paragraphen zwar nicht aufgenommen, aber durch Stillschweigen bekundet, dass sie das Studentenrecht, das den judenchristlichen theologischen Nachwuchs verhütet, als für die Kirche bindend anerkennt, d. h. sie anerkennt den Ausschluss der Judenchristen vom kirchlichen Amt für die Zukunft.

ad 1. Der Ausschluss der Judenchristen aus der kirchlichen Gemeinschaft zerstört die Substanz der Kirche Christi: denn erstens: wird damit die Tat des Paulus rückgängig gemacht, der davon ausging, dass durch das Kreuz Christi der Zaun zwischen Juden und Heiden abgebrochen sei, dass Christus aus zweien eins gemacht hat (Eph. 2), dass hier (nämlich in der Kirche Christi) nicht Jude noch Heide ... sondern allzumal einer sei.

Zweitens: richtet die Kirche, wenn sie die Judenchristen ausschließt, ein Gesetz auf, das erfüllt sein muss, bevor man zur kirchlichen Gemeinschaft gehören darf, nämlich das Rassegesetz. Am Eingang zur Kirche Christi in Deutschland steht mithin für den Juden die Frage: Bist Du Arier? Erst wenn er dies Gesetz erfüllt hat, kann ich mit ihm in die Kirche gehen, beten, hören, Abendmahl halten. Durch Aufrichtung des Rassengesetzes am Eingang zur kirchlichen Gemeinschaft aber tut die Kirche genau das, was die judenchristliche Kirche vor und gegen Paulus tat, nämlich, dass sie das Judesein forderte, bevor kirchliche Gemeinschaft möglich wurde. Eine Kirche, die heute die Judenchristen ausschließt, ist selbst zur judenchristlichen Kirche geworden und damit vom Evangelium zum Gesetz abgefallen.

Die D. C. [Anm.: Deutschen Christen] sagen:
Die Kirche darf die Ordnungen Gottes nicht auflösen oder missachten, solche Ordnung aber ist die Rasse, darum muss die Kirche rassisch bestimmt sein.

Wir antworten:
Die gegebene Ordnung der Rasse wird ebenso wenig verkannt wie die der Geschlechter, der Stände etc. ... In der Kirche, bleibt Jude Jude, Heide Heide, Mann Mann, Kapitalist Kapitalist etc. etc. Aber der Ruf Gottes beruft und sammelt sie alle zu einem Volk zum Volk Gottes zur Kirche, zu der sie alle in gleicher Weise und miteinander gehören. Kirche ist nicht die Gemeinschaft von Gleichartigen, sondern eben gerade von Fremden, die durch das Wort berufen sind. Das Volk

Gottes ist eine Ordnung über alle Ordnungen hinaus. »Wer ist meine Mutter und wer sind meine Brüder? Wer den Willen tut meines Vaters im Himmel, der ist mein Bruder, Schwester und Mutter« [Mt. 12, 48.50]. Die Rasse, das Blut ist eine unter den Ordnungen, in die die Kirche eintritt, aber sie darf nie Kriterium für die Zugehörigkeit zur Kirche sein, dies ist allein das Wort Gottes und der Glaube.

Die D. C. sagen:
Wir wollen den Judenchristen ihr Christentum nicht nehmen, sie sollen nur ihre eigene kirchliche Organisation haben. Es geht doch nur um die Frage der äußeren Gestalt der Kirche.

Wir antworten:
1) ist die Frage nach der Zugehörigkeit zur christlichen Gemeinschaft nie eine Frage der äußeren Organisation, sondern der Substanz der Kirche. Denn Kirche ist die Gemeinde, die vom Wort berufen wird. Die Gliedschaft an der Gemeinde ist nicht eine Organisationsfrage, sondern gehört zum Wesen der Kirche.

2) ist die grundsätzliche Unterscheidung von Christentum und Kirche bzw. von Christus und Kirche falsch. Es gibt nicht so etwas wie eine Idee der Kirche und eine Erscheinung der Kirche, sondern die empirische Kirche ist die Kirche Christi selbst, und darum bedeutet der zwangsweise Ausschluss aus der empirischen kirchlichen Gemeinschaft den Ausschluss aus der Kirche Christi selbst. Dass dann hier freilich der aus der Kirche ausschließende Teil in Wahrheit der Ausgeschlossene ist, ist die besondere Gefahr des deutsch-christlichen Vorhabens.

3) bedeutet der organisatorische Ausschluss einen Eingriff in die Gewalt der Sakramente. Hier in unsere Kirche ist der

Judenchrist durch Gotteswillen [sic!] im Sakrament der Taufe aufgenommen worden. Durch diese Taufe ist er dieser Kirche und diese Kirche ihm unauflöslich verbunden. Schließt nun die Kirche, die den Judenchristen taufte, ihn wieder aus, so macht sie das Sakrament zu einer Zeremonie, die sie selbst nicht verpflichtet.

Die D. C. sagen:
Wir haben nicht die tausend Judenchristen, sondern die Millionen Gott entfremdeter Volksgenossen im Auge. Um ihretwillen müssen gegebenenfalls die andern geopfert werden.

Wir antworten:
Auch wir haben sie im Auge, aber in der Kirche wird kein Einziger geopfert, und es kann sein, dass die Kirche um der tausend gläubigen Judenchristen willen, die sie nicht opfern darf, Millionen nicht gewinnt. Aber was wäre auch ein Gewinn von Millionen, wenn er auf Kosten der Wahrheit und der Liebe gegen einen einzigen erkauft werden müsste. Es könnte kein Gewinn, sondern nur Schade sein, denn Kirche wäre nicht mehr Kirche.

Die D. C. sagen:
Das deutsche Kirchenvolk kann die Gemeinschaft mit den Juden, die ihm politisch so viel Schaden getan haben, nicht mehr ertragen.

Wir antworten:
Gerade hier muss dann in aller Deutlichkeit gesagt werden, dass hier der Ort ist, an dem es sich bewährt, ob man weiß, was Kirche ist. Hier, wo der mir unsympathische Judenchrist neben mir als Glaubender sitzt, hier gerade ist Kirche. Wird

das nicht begriffen, dann sollen die, die das nicht ertragen zu können glauben, sich selbst zu einer eigenen Kirche zusammenschließen, aber nie und nimmer können sie die anderen ausschließen. Die Kontinuität der Kirche liegt bei der Kirche, in der die Judenchristen bleiben.

Zusammengefasst:
Kirche ist die Gemeinde der Berufenen, in der das Evangelium recht gepredigt und die Sakramente recht verwaltet werden, die kein Gesetz für die Zugehörigkeit zu ihr aufrichtet. Darum ist der Arier-Paragraph eine Irrlehre von der Kirche und zerstört ihre Substanz. Darum gibt es einer Kirche gegenüber, die den Arier- Paragraphen in dieser radikalen Form durchführt, nur noch einen Dienst der Wahrheit, nämlich den Austritt. Dies ist der letzte Akt der Solidarität mit meiner Kirche, der ich nie anders als allein mit der ganzen Wahrheit und allen ihren Konsequenzen dienen kann.

ad 2. Die Entfernung der Judenchristen aus den Pfarrämtern steht mit dem Wesen des Pfarramts im Widerspruch. Nach Luthers Lehre sind alle Christen durch die Taufe zu Priestern geweiht, sie sind gleichen Rechts und haben jeder das Recht und die Pflicht der Lehre und des Hörens des Wortes Gottes. Das Pfarramt wird dem durch die Taufe zum Priester geweihten Christen von der Gemeinde übertragen und erfordert von ihm rechte Lehre, christlichen Wandel und geistliche Gaben. Der Pfarrer übernimmt sein Amt als Auftrag Christi, und nur ein Verstoß gegen eines von jenen Erfordernissen kann Grund für die Zurückziehung des Auftrages der Gemeinde sein.

Bleibt der Judenchrist grundsätzlich vom Pfarramt ausgeschlossen, so ist er ein Bruder minderen Rechts geworden. Beruft man sich aber auf die biblische Weisung: »Das

Weib schweige in der Gemeinde« [1. Kor. 14, 34], so ist daraus eben gerade nichts für den Judenchristen zu schließen, denn entweder man bindet sich gesetzlich an die biblische Weisung, dann ist jedenfalls nichts über das Schweigen der Judenchristen in der Gemeinde gesagt; oder man bindet sich nicht gesetzlich d. h. man gesteht auch der Frau das Reden in der Gemeinde zu, dann aber besteht keine Möglichkeit dem Judenchristen das Reden grundsätzlich zu untersagen. Zugleich aber ist mit dem Ausschluss der Judenchristen vom Amt der Sinn des Pfarramts überhaupt zerstört, indem es der Willkür der Gemeinde unterworfen ist. Die Ordination ist dann aufgehoben, ungültig gemacht; die ordinatio ist dem ungeordneten Willen der Gemeinde preisgegeben.

Die D. C. sagen:
Die kirchlichen Führer müssen um des völkischen Empfindens des deutschen Kirchenvolkes willen arisch sein.

Wir antworten:
Das Kirchenvolk soll lernen, nicht auf die Person des Pfarrers, sondern auf seine Verkündigung aufzumerken. ... »Wenn nur Christus verkündet wird ...« [vgl. Phil. 1, 18] hätte der Jude Paulus nicht in der Heidenwelt Christus verkündet, unbekümmert um völkisches Empfinden, so gäbe es keine deutsche Kirche.

Das Verlangen nach arischen Verkündigern des Evangeliums ist das typische Verlangen der Schwachen im Glauben, die gesetzliche Schranken aufrichten wollen, wo in Wahrheit allein der Glaube und das Wort Gottes entscheidet. Auf dieses Verlangen der Schwachen in den Gemeinden kann zwar aus seelsorgerlichen Gründen in ganz besonderen einzelnen Fällen um schweres Ärgernis zu verhüten, Rücksicht genommen werden, doch wird in jedem einzelnen Fall aufs Ernsthafteste zu bedenken sein, ob nicht gerade um der Sache der Kirche willen der Gemeinde ein solcher Anstoß zugemutet werden muss. Völlig unmöglich aber ist es, dass das Verlangen der Schwachen zum herrschenden Gesetz der Kirche gemacht wird, weil hier die Freiheit des Evangeliums verkehrt wird zum Gesetz.

Die D. C. sagen:
Das staatliche Beamtengesetz sei auf die Kirchenbeamten anzuwenden, sonst setze sich die Kirche in Widerspruch zum Willen des Staates.

Wir antworten:
Eben hieran enthüllt sich der gänzlich politische Charakter der gesamten deutschchristlichen Argumentation im Arier-Paragraphen. Sie kann uns im Zusammenhang mit dem politischen Geschehen nur als kirchliche Nachahmung des staatlichen Handelns erscheinen. Demgegenüber liegt der wahre Dienst und die Loyalität der Kirche gegenüber dem Staat niemals in blinder Nachahmung seiner Methoden, sondern allein in der Freiheit der eigenen Verkündigung und der Entfaltung der eigentümlichen kirchlichen Gestalt.

Zusammengefasst:
Die Forderung der D. C. zerstört das Wesen des Pfarramts, indem sie Glieder der Gemeinde zu Brüdern minderen Rechts, Christen zweiter Klasse macht. Die anderen, die von dieser Forderung unbetroffen, also privilegiert bleiben, werden sich selbst lieber den Brüdern minderen Rechts zur Seite stellen wollen, als in der Kirche von Privilegien Gebrauch machen. Sie werden daher ihren einzigen Dienst, den sie ihrer Kirche

in Wahrheit noch tun können, darin sehen müssen, dass sie das Pfarramt, das zu einem Privileg geworden ist, niederlegen.

ad 3. Wenn es durch ein Studentenrecht dem Judenchristen unmöglich gemacht [wird], Pfarrer zu werden, so wird die Kirche ihrerseits dem Judenchristen neue Türen zum Pfarramt auftun müssen und hierdurch, wie durch ihre Verkündigung gegen solche Maßnahme, die in das Wesen des Pfarramts eingreift, protestieren müssen. Tut sie das nicht, dann macht sie sich der Verantwortung für den ganzen Arier-Paragraphen schuldig.

Die D. C. sagen:
Der Arier-Paragraph sei ein Adiaphoron, er berühre nicht das Bekenntnis der Kirche.

Wir antworten:
1. ist in allem Vorhergesagten bewiesen, dass die Substanz der Kirche und des Pfarramts, d. h. das Bekenntnis angegriffen ist.

2. selbst, wenn das nicht der Fall wäre, so würde hier folgendes Urteil der Bekenntnisschrift gelten:

[»] Also weicht Paulus und gibt den Schwachen nach in Speise und Zeit oder Tage, (Rom. 14, 6) aber den falschen Aposteln, die solchs als nötig Ding aufs Gewissen legen wollten, will er auch in solchen an ihn selbst freien Mitteldingen nicht weichen, Col. 2: ›Lasset euch niemand Gewissen machen über Speise, Trank oder über bestimmte Feiertagen‹ (Col. 2,16). Und do Petrus und Barnabas in solchem Fall etwas nachgeben, strafet sie Paulus öffentlich, als die in dem ›nicht richtig nach der Wahrheit des Evangelii wandelten‹, (Gal. 2, 11–21).

Dann hie ist es nicht mehr um die äußerlichen Mittelldinge zu tun, welche ihrer Natur und Wesen nach für sich selbst frei sein und bleiben und demnach kein Gebot oder Verbot leiden mögen, dieselbigen zu gebrauchen oder zu unterlassen, sondern es ist erstlich zu tun um den hohen Artikel unsers christlichen Glaubens, wie der Apostel zeuget, ›auf dass die Wahrheit des Evangelii bestehe‹ (Gal. 2, 5), welche durch solchen Zwang oder Gebot vordunkelt und vorkehret wird, weil solche Mitteldinge alsdann zu Bestätigung falscher Lehr, Aberglaubens und Abgötterei und zu Unterdrückung reiner Lehre und christlicher Freiheit entweder öffentlich erfordert oder doch dazu von den Widersachern missbrauchet und also aufgenommen werde[n ...].

So werden auch durch solche Nachgeben und Vorgleichen in äußerlichen Dingen, do man zuvor in der Lehr nicht christlich voreinigt, die Abgöttischen in ihrer Abgötterei gestärket, dagegen die Rechtgläubigen betrübet, geärgert und in ihrem Glauben geschwächet [«] [Anm.: Bekenntnisschriften der Lutherischen Kirche, 1058f.].

Die Ökumene

Der Berliner Superintendent Max Diestel machte Bonhoeffer, wie dieser später selbst sagte, mit der „ökumenischen Christenheit"[20] vertraut. Diestel hatte ihn im Zusammenhang einer Vertretungspredigt, die der Neunzehnjährige hielt, kennengelernt und war von da an sein Mentor. Er vermittelte Bonhoeffer auch seine Vikariatsstelle in Barcelona. Bonhoeffer nahm den Vorschlag gerne an, wollte er doch, wie er schrieb, „einmal auf län-

---

20 DBW 16, 366.

gere Zeit ganz hinaus aus meinem bisherigen Bekanntenkreis auf eigenen Füßen"[21] stehen. Von Februar 1928 bis Februar 1929 sollte diese Zeit dauern. Bonhoeffer bereitete sich auf seine Stelle gut vor und begann Spanisch zu lernen. In Barcelona traf er auf eine deutsche Kaufmannsgemeinde mit ca. 6.000 Mitgliedern, von denen in der evangelischen Kirche 313 als Beitragszahler geführt wurden. Die Zahl der wirklichen Mitglieder war mit den angeschlossenen Familien dementsprechend natürlich höher. Bonhoeffer begann mit Elan seine Arbeit, bei der ihm sein Lehrpfarrer viel Freiheit ließ. Ein erneuter Schwerpunkt war der Kindergottesdienst, verbunden mit Besuchen in den Elternhäusern. Der Kindergottesdienst nahm rasch einen erfreulichen Aufschwung. Dazu kamen Diskussionsabende mit Schülern. Auch hier besuchte er die Eltern zu Hause. Mit den Jugendlichen unternahm er Wanderungen und gestaltete Freizeiten mit ihnen. Insgesamt neunzehnmal hat Bonhoeffer in seiner Zeit in Barcelona gepredigt. Eine Besonderheit waren die Vorträge, die er anbot. In seinem Referat „Jesus Christus und vom Wesen des Christentums"[22] stellte er wieder die ihm wichtige Frage nach Christus und seiner Bedeutung. Die Entwicklung der Säkularisierung hatte Christus nach Meinung Bonhoeffers zu einer Randfigur im Bewusstsein der Menschen gemacht. Bonhoeffer stellte dem mit aller Deutlichkeit die existentielle Bedeutung Christi für die Menschen vor Augen: „Entweder wir nehmen ihn als unseren Herrn an, oder wir nehmen ihn nicht an." In dem Vortrag „Grundfragen einer christlichen Ethik" versuchte er die Weltwirklichkeit und den Willen Gottes in der Ethik in Beziehung zu setzen. Wie konnte Gottes Wille erfahren werden? Bonhoeffer antwortete: „Welcher Art dieser

---

21 DBW 10, 19.
22 DBW 10, 323ff.

Wille ist, das wird dir der Augenblick sagen; es gilt nur sich klar zu sein, ... dass der eigene Wille aufgegeben werden muss, wenn der göttliche verwirklicht werden soll."[23]

Natürlich versuchte Bonhoeffer auch, Land und Leute zu verstehen und sich in seine Gemeinde zu integrieren. Er wurde Mitglied im „Deutschen Club", im Tennisclub und im Gesangsverein, der sich an seiner Klavierbegleitung erfreute. Mit seinem Bruder Klaus unternahm er wie Ostern 1924 in Italien jetzt an Ostern eine Spanienrundfahrt, die ihn bis nach Andalusien führte. Auf Zurückhaltung stieß in der Familie seine Vorliebe für den Stierkampf, den er hier entdeckte. Seinen Bruder Klaus konnte er allerdings auch begeistern.

Der zweite Auslandsaufenthalt sollte von September 1930 bis Juni 1931 dauern und führte ihn in die USA. Die USA waren ein hochinteressantes Ziel. Das Land war von der wirtschaftlichen Rezession schwer getroffen und gleichzeitig die aufstrebende Weltmacht. Max Diestel hatte ihm ein Studienjahr am Union Theological Seminary in New York vermittelt. Bonhoeffer, der schon als Dozent hätte wirken können, lebte hier noch einmal als Student. Das Union Theological Seminary war von einem starken liberal-theologischen Geist geprägt. Die Hinwendung zu sozialpolitischen Fragestellungen spielte im „social gospel" des Seminars eine erhebliche Rolle. Dazu zählten auch Feldexkursionen, um die soziale Lage der Menschen vor Ort zu studieren. Die reformatorische Theologie sah Bonhoeffer stattdessen viel zu kurz kommen, sie schien ihm gar missachtet zu werden. Er schrieb: „Es geht mir oft innerlich durch und durch, wenn man hier im Kolleg Christus erledigt und unverfroren lacht, wenn ein Zitat von Luther über Sündenvergebung gegeben wird."[24]

---

23 DBW 10, 329.
24 GS I, 77.

Bonhoeffer machte sich aber auch mit dem „social gospel" vertraut. Sein afroamerikanischer Studienkollege Frank Fisher ging mit ihm nach Harlem in die „Abbysinian Baptist Church". Bonhoeffer eröffnete sich hier die Welt der Afroamerikaner. Dabei blieb er nicht nur Beobachter, sondern engagierte sich. So arbeitete er im Kindergottesdienst mit oder hielt Bibelstunden. Tief beeindruckten ihn die Spirituals. Er kaufte sich für die Heimat einige Schallplatten. Durch Frank Fisher kam Bonhoeffer in Washington auch in direkten persönlichen Kontakt mit den Führern der Bewegung der Afroamerikaner. Nach Hause schrieb er über das, was er erlebte: „Die Zustände sind schon ziemlich unglaublich. Nicht nur getrennte Eisenbahnen, Tramway, Bus südlich von Washington, sondern als ich z. B. mit einem Neger in ein kleines Restaurant zum Essen gehen wollte, wurde mir die Bedienung verweigert."[25]

Bonhoeffer nutzte auch hier wieder Zeit und Gelegenheit, das Land und benachbarte Länder kennenzulernen. Er unternahm eine Reise nach Kuba, wo eine Schwester der Erzieherin seiner Kindheit, Maria Horn, wohnte. In Havanna hielt er sogar eine Predigt. Dann fuhr er mit einem Studienkollegen, dem Franzosen Jean Lasserre, quer durch die USA mit dem Auto nach Mexiko. Er traf mit Lasserre auf einen Menschen, der die Bergpredigt konsequent pazifistisch interpretierte und Heiligung praktisch zu leben versuchte. Bonhoeffer beeindruckte das damals tief. Noch in seinem bewegenden Schreiben vom 21. Juli 1944 (siehe Seite 252), einen Tag nach dem fehlgeschlagenen Putsch gegen Hitler, kam Bonhoeffer auf Lasserre und dessen Haltung zu sprechen. Auf ihrer Reise hielten die beiden als Vertreter von Ländern, die sich größtenteils immer noch als

---

25 DBW 10, 22.

„Erbfeinde" betrachteten, in einem Lehrerseminar einen gemeinsamen Vortrag über das Thema Frieden.

Zurück in Deutschland begann Diestel Bonhoeffer für die praktische ökumenische Arbeit zu interessieren. Der Superintendent war im „Weltbund für Freundschaftsarbeit der Kirchen" engagiert. Dieser Weltbund hatte sich am 2. August 1914, also einen Tag nach Beginn des Ersten Weltkrieges, in Konstanz gegründet. Die Weltbundarbeit geschah durch internationale Tagungen, auf denen sich christliche Vertreter der nun ehemaligen Kriegsgegner trafen, um nach Möglichkeiten gegenseitiger Verständigung aus christlichem Glauben heraus zu suchen. Bonhoeffer wurde Mitglied im Weltbund und nahm im August 1931 an einer Tagung in Cambridge teil. Er wurde dort prompt zu einem von drei Internationalen Jugendsekretären gewählt, zuständig für die Jugendarbeit des Weltbundes in Nord- und Zentraleuropa. Die ökumenische Arbeit war damals im deutschen Protestantismus keineswegs unumstritten. Einige Theologieprofessoren wandten sich, eifrig sekundiert von der Rechtspresse, gegen jegliche Verständigung mit den Kriegsgegnern, die sie für den Versailler Vertrag verantwortlich machten. Bonhoeffer ließ sich davon nicht beirren. Er lernte jetzt auch den Berliner Theologieprofessor Friedrich Siegmund-Schultze besser kennen, einen der Mitbegründer des Weltbundes 1914, der für seine Sozialarbeit im Berliner Osten bekannt war. Ein Arbeitsfeld, zu dem Bonhoeffer mit der Übernahme der Konfirmandengruppe am Prenzlauer Berg auch Kontakt haben sollte.

Im April 1932 war Bonhoeffer Teilnehmer einer englisch-französischen Jugendkonferenz in Epsom bei London. Tief beeindruckte alle Teilnehmenden die deutsch-französische Jugendkonferenz, die im Juli 1932 auf der Westerburg im Westerwald abgehalten wurde. Eine geplante Folgekonferenz im nächsten Jahr verhinderte die nationalsozialistische Machtergreifung. Auf der Weltfriedenskonferenz im tschechischen Ciernohorské Kúpele im Juli 1932 hielt Bonhoeffer erstmals einen Vortrag. Er trug das Thema „Zur theologischen Begründung der Weltbundarbeit". Der Vortrag markiert auch zugleich Bonhoeffers Zielsetzung in seiner Arbeit. Bonhoeffer bemängelte die fehlende theologische Konzeption in der Arbeit des Weltbundes, der ja eher praktisch orientiert war. Er sah die Gefahr, dass der Weltbund eine rein pragmatisch orientierte Gruppe sei und konstatierte: „Weil es keine Theologie der ökumenischen Bewegung gibt, darum ist der ökumenische Gedanke z. B. gegenwärtig in Deutschland durch die politische Welle des Nationalismus in der Jugend kraftlos und bedeutungslos geworden."[26] Es ging ihm hingegen wieder zentral darum, Christus in der Kirche zu finden, wenn er betonte: „Die Kirche ist die Gegenwart Christi auf Erden. ... Das Wort des gegenwärtigen Christus, es ist Evangelium und Gebot. ... Als das Wort aus der Vollmacht des Christus praesens muss das Wort der Kirche heute und hier gültiges, bindendes Wort sein."[27] Der Weltbund musste sich für Bonhoeffer durch eine gemeinsame Theologie als Kirche verstehen und dann darin Christus hören. Was er sagte, war für Bonhoeffer ganz klar: „*Die Ordnung des internationalen Friedens ist heute Gottes Gebot für uns.*"[28]

Durch seine Arbeit im Weltbund lernte Bonhoeffer auch den Bischof von Chichester, George Bell, kennen. Dieser hatte im August 1932 den Vorsitz in der „Bewegung für Praktisches Christentum" („Life and Work") übernommen, die 1925 in Stockholm gegründet worden war. Die Bewegung verfolg-

---

26 DBA 1, 116.
27 DBA 1, 118f.
28 DBA 1, 125.

te ähnliche Ziele wie der Weltbund. Bell sollte in Bonhoeffers Londoner Zeit und dann noch einmal im Widerstand eine große Rolle spielen.

Im August 1932 sprach Bonhoeffer das Schlusswort auf einer Jugendkonferenz des Weltbundes in Gland am Genfer See. Bonhoeffer, der das von ihm geforderte Wort zum Frieden nicht hörte, konstatierte äußerst selbstkritisch, „dass wir der Bibel nicht mehr gehorsam sind."[29] „Es ist, als ob alle Mächte der Erde sich verschworen hätten gegen den Frieden; das Geld, die Wirtschaft, der Trieb zur Macht, ja, selbst die Liebe zum Vaterland sind in den Dienst des Hasses hinein gerissen. ... Christus muss gegenwärtig werden unter uns in der Predigt und im Sakrament, wie er als der Gekreuzigte Frieden gemacht hat mit Gott und der Menschheit."[30]

Die Weltbundtagung in Sofia im September 1933 stand dann schon ganz im Zeichen der nationalsozialistischen Machtübernahme. Bonhoeffer wollte hier die ausländischen Kirchenvertreter aus erster Hand über den beginnenden Kirchenkampf in Deutschland informieren. Insgesamt traten seine ökumenischen Aktivitäten jetzt etwas zurück. Die Auseinandersetzung mit dem Nationalsozialismus in Deutschland forderte viel Zeit und Kraft.

Die letzte und bedeutendste Äußerung im Rahmen der Ökumene gab Bonhoeffer im August 1934 im dänischen Fanö von sich (vgl. den folgenden Text). Inzwischen hatten sich die Verhältnisse in Deutschland noch einmal stark zugespitzt. Das Land war aus dem Völkerbund ausgetreten und betrieb militärische Wiederaufrüstung. Die Diktatur zeigte ganz offen ihr Gesicht. Beim sogenannten „Röhm-Putsch" im Juni 1934 hatte

---

29 DBW 11, 353.
30 DBW 11, 354f.

Hitler teilweise eigenhändig die Führungsstruktur der SA und andere Missliebige blutig liquidiert. Kronprinz Wilhelm sprach sarkastisch im Duktus der Zeit von den „Reichsmordwochen". Im Juli 1934 wurde der österreichische Bundeskanzler Engelbert Dollfuß von Nationalsozialisten ermordet. Mussolini ließ Truppen an der Grenze aufmarschieren. Ein Krieg drohte. Im August war Reichspräsident von Hindenburg gestorben. Hitler übernahm dessen Machtfülle und nannte sich fortan „Führer und Reichskanzler".

Bonhoeffer, der die internationale Jugendkonferenz im Rahmen der Weltbundtagung leitete, beschwor den Frieden. In einer bewegenden Morgenandacht forderte er: Die Christusgläubigen „können nicht die Waffen gegeneinander richten, weil sie wissen, dass sie damit die Waffen auf Christus selber richten."[31] Stattdessen forderte er ein Konzil, das vollmächtig zum Frieden rief.

Kirche und Völkerwelt

»Ach, dass ich hören sollte, was der Herr redet, dass er Frieden zusagte seinem Volk und seinen Heiligen« (Ps. 85,9). Zwischen den Klippen des Nationalismus und des Internationalismus ruft die ökumenische Christenheit nach ihrem Herrn und nach seiner Weisung. Nationalismus und Internationalismus sind Fragen der politischen Notwendigkeiten und Möglichkeiten. Aber die Ökumene fragt nicht nach diesen, sondern nach den Geboten Gottes und ruft diese Gebote Gottes ohne Rücksicht mitten hinein in die Welt. Als Glied der Ökumene hat der Weltbund für Freundschaftsarbeit der

---

31 DBA 2, 91.

Kirchen Gottes Ruf zum Frieden vernommen und richtet diesen Befehl an die Völkerwelt aus. Unsere theologische Aufgabe besteht darum hier allein darin, dieses Gebot als bindendes Gebot zu vernehmen und nicht als offene Frage zu diskutieren. »Friede auf Erden«, das ist kein Problem, sondern ein mit der Erscheinung Christi selbst gegebenes Gebot. Zum Gebot gibt es ein doppeltes Verhalten: den unbedingten, blinden Gehorsam der Tat oder die scheinheilige Frage der Schlange: sollte Gott gesagt haben? [Gen. 3,1] Diese Frage ist der Todfeind des Gehorsams, ist darum der Todfeind jeden echten Friedens. Sollte Gott nicht die menschliche Natur besser gekannt haben und wissen, dass Kriege in dieser Welt kommen müssen wie Naturgesetze? Sollte Gott nicht gemeint haben, wir sollten wohl von Frieden reden, aber so wörtlich sei das nicht in die Tat umzusetzen? Sollte Gott nicht doch gesagt haben, wir sollten wohl für den Frieden arbeiten, aber zur Sicherung sollten wir doch Tanks und Giftgase bereitstellen? Und dann das scheinbar Ernsteste: Sollte Gott gesagt haben, Du sollst dein Volk nicht schützen? Sollte Gott gesagt haben, Du sollst deinen Nächsten dem Feind preisgeben? Nein, das alles hat Gott nicht gesagt, sondern gesagt hat er, dass Friede sein soll unter den Menschen, dass wir ihm vor allen weiteren Fragen gehorchen sollen, das hat er gemeint. Wer Gottes Gebot in Frage zieht, bevor er gehorcht, der hat ihn schon verleugnet.

Friede soll sein, weil Christus in der Welt ist, d. h. Friede soll sein, weil es eine Kirche Christi gibt, um derentwillen allein die ganze Welt noch lebt. Und diese Kirche Christi lebt zugleich in allen Völkern und doch jenseits aller Grenzen völkischer, politischer, sozialer, rassischer Art, und die Brüder dieser Kirche sind durch das Gebot des einen Herrn Christus, auf das sie hören, unzertrennlicher verbunden als alle Bande der Geschichte, des Blutes, der Klassen und der Sprachen Menschen binden können. Alle diese Bindungen innerweltlicher Art sind wohl gültige, nicht gleichgültige, aber vor Christus auch nicht endgültige Bindungen. Darum ist den Gliedern der Ökumene, sofern sie an Christus bleiben, sein Wort und Gebot des Friedens heiliger, unverbrüchlicher als die heiligsten Worte und Werke der natürlichen Welt es zu sein vermögen; denn sie wissen: Wer nicht Vater und Mutter hassen kann um seinetwillen, der ist sein nicht wert, der lügt, wenn er sich Christ nennt. Diese Brüder durch Christus gehorchen seinem Wort und zweifeln und fragen nicht, sondern halten sein Gebot des Friedens und schämen sich nicht, der Welt zum Trotz sogar vom ewigen Frieden zu reden. Sie können nicht die Waffen gegeneinander richten, weil sie wissen, dass sie damit die Waffen auf Christus selbst richteten. Es gibt für sie in aller Angst und Bedrängnis des Gewissens keine Ausflucht vor dem Gebot Christi, dass Friede sein soll.

Wie wird Friede? Durch ein System von politischen Verträgen? Durch Investierung internationalen Kapitals in den verschiedenen Ländern? D. h. durch die Großbanken, durch das Geld? Oder gar durch eine allseitige friedliche Aufrüstung zum Zweck der Sicherstellung des Friedens? Nein, durch dieses alles aus dem einen Grunde nicht, weil hier überall Friede und Sicherheit verwechselt wird. Es gibt keinen Weg zum Frieden auf dem Weg der Sicherheit. Denn Friede muss gewagt werden, ist das eine große Wagnis, und lässt sich nie und nimmer sichern.

Friede ist das Gegenteil von Sicherung. Sicherheiten fordern heißt Misstrauen haben, und dieses Misstrauen gebiert wiederum Krieg. Sicherheiten suchen heißt sich selber schützen wollen. Friede heißt sich gänzlich ausliefern dem Gebot Gottes, keine Sicherung wollen, sondern in Glaube und Gehorsam dem allmächtigen Gott die Geschichte der Völker in die Hand legen und nicht selbstsüchtig über sie verfügen wollen. Kämpfe werden nicht mit Waffen gewonnen, sondern mit Gott. Sie werden auch dort noch gewonnen, wo der Weg ans Kreuz führt. Wer von uns darf denn sagen, dass er wüsste, was es für die Welt bedeuten könnte, wenn ein Volk – statt mit der Waffe in der Hand – betend und wehrlos und darum gerade bewaffnet mit der allein guten Wehr und Waffen den Angreifer empfinge? (Gideon: ... des Volkes ist zuviel, das mit dir ist ... Gott vollzieht hier selbst die Abrüstung!)

Noch einmal darum: Wie wird Friede? Wer ruft zum Frieden, dass die Welt es hört, zu hören gezwungen ist? Dass alle Völker darüber froh werden müssen? Der einzelne Christ kann das nicht – er kann wohl, wo alle schweigen, die Stimme erheben und Zeugnis ablegen, aber die Mächte der Welt können wortlos über ihn hinwegschreiten. Die einzelne Kirche kann auch wohl zeugen und leiden – ach, wenn sie es nur täte – aber auch sie wird erdrückt von der Gewalt des Hasses. Nur das eine große ökumenische Konzil der Heiligen Kirche Christi aus aller Welt kann es so sagen, dass die Welt zähneknirschend das Wort vom Frieden vernehmen muss und dass die Völker froh werden, weil diese Kirche Christi ihren Söhnen im Namen Christi die Waffen aus der Hand nimmt und ihnen den Krieg verbietet und den Frieden Christi ausruft über die rasende Welt. Warum fürchten wir das Wutgeheul der Weltmächte? Warum rauben wir ihnen nicht die Macht und geben sie Christus zurück? Wir können es heute noch tun. Das ökumenische Konzil ist versammelt, es kann diesen radikalen Ruf zum Frieden an die Christusgläubigen ausgehen lassen. Die Völker warten darauf im Osten und Westen. Müssen wir uns von den Heiden im Osten beschämen lassen? Sollten wir die einzelnen, die ihr Leben an diese Botschaft wagen, allein lassen? Die Stunde eilt – die Welt starrt in Waffen und furchtbar schaut das Misstrauen aus allen Augen, die Kriegsfanfare kann morgen geblasen werden – worauf warten wir noch? Wollen wir selbst mitschuldig werden wie nie zuvor? M. Claudius: »Was nützt mir Kron und Land und Volk und Ehr, die können mich nicht freun – 's ist leider Krieg im Land und ich begehr, nicht schuld daran zu sein.«

Wir wollen reden, zu dieser Welt, kein halbes, sondern ein ganzes Wort, ein mutiges Wort, ein christliches Wort. Wir wollen beten, dass uns dieses Wort gegeben werde, – heute noch – wer weiß, ob wir uns im nächsten Jahr noch wiederfinden?

Die Nachfolge

Mit seinem Eintreten gegen den Arierparagraphen hatte Bonhoeffer schon sehr früh Stellung bezogen gegen die Agitation der Deutschen Christen und gegen das Handeln des nationalsozialistischen Staates. Die Ereignisse sollten sich rasch weiterentwickeln. Zunächst kam es zu Auseinandersetzungen um die Besetzung des neu geschaffenen Amtes eines Reichsbischofes, das nach dem Willen der Nationalsozialisten Ludwig Müller besetzen sollte. Um den DC eine breitere Basis zu verschaffen, setzte Hitler für den 23. Juni 1933 Kirchenwahlen an, bei denen die DC auch tatsächlich 70 Prozent der Stimmen auf sich vereinigen konnten. Um ihrer Irrlehre ein eigenes zeitgemäßes Bekenntnis entgegenzusetzen, arbeite Bonhoeffer mit anderen im August 1933 das sogenannte „Betheler Bekenntnis" aus, in dem sich auch ein eigener Artikel zur Judenfrage fand. Durch verschiedene Gutachten zum Text wurde das Bekenntnis jedoch so verwässert, dass Bonhoeffer seine Unterschrift darunter zurückzog. Einen weiteren Tiefpunkt seiner Bemühungen stellte die Annahme des Arierparagraphen durch die Synode der altpreußischen Landeskirche im September 1933 dar. Bonhoeffer ließ sich jedoch nicht entmutigen. Zusammen mit dem Pfarrer Martin Niemöller und anderen Theologen erließ er den Aufruf zur Gründung eines „Pfarrernotbundes". Dieser Aufruf war sehr erfolgreich. Bis Ende 1933 hatten sich 6.000 Theologen angeschlossen. Zur Leitung des Notbundes wurde im Oktober demokratisch ein „Bruderrat" installiert. Zwischenzeitlich hatte die Nationalsynode in Wittenberg Ludwig Müller zum Reichsbischof bestimmt. Bonhoeffer und andere beteiligten sich an der Synode, indem sie Flugblätter gegen die Annahme des Arierparagraphen verteilten. Tatsächlich wurde der Arierparagraph nicht angenommen. Maßgeblich waren wohl außenpolitische Bedenken, die Hitler zu einem Verbot der Annahme bewegten.

Bonhoeffer übernahm am 17. Oktober 1933 eine deutsche Pfarrstelle in London. Zum Weggang von Deutschland hatte nicht zuletzt die Enttäuschung über den Kurs der Kirche in den Wirren der Zeit geführt. Bonhoeffer ist nur in seiner Londoner Zeit eigentlich als Pfarrer tätig gewesen. Doch blieb er beim Kirchenkampf in Deutschland auch in der Ferne nicht unbeteiligt. Jetzt ergab sich die Gelegenheit, Bischof George Bell, den Vorsitzenden des Ökumenischen Rates für Praktisches Christentum, näher kennenzulernen und ihn über die Vorgänge in Deutschland zu informieren. Bonhoeffer hat diese Möglichkeit in der Folgezeit reichlich genutzt. So schrieb Bell an Reichspräsident Hindenburg, um ihm gegenüber seine Besorgnis über die Vorgänge in Deutschland zum Ausdruck zu bringen. Hindenburg leitete dieses Schreiben ausdrücklich an Hitler weiter. Inzwischen hatten sich die DC selbst ins kirchenpolitische Aus befördert. Eine Rede ihres Gauobmannes Krause im Berliner Sportpalast, in der er über die „Viehhändler- und Zuhältergeschichten" des Alten Testamentes und die „Sündenbocktheologie" des Paulus gewettert hatte, sorgten für erheblichen Protest. Vielen evangelischen Christen wurden erst jetzt die Augen über die Deutschen Christen geöffnet und sie verließen deren Organisation. Der Sturz von Reichsbischof Müller schien greifbar nahe. Hitler, nicht zuletzt durch Bells Intervention alarmiert, empfing evangelische Kirchenführer, darunter auch Martin Niemöller als Vorsitzenden des Pfarrernotbundes zu einem Gespräch. Dieses endete jedoch in einem Eklat, weil verfängliche Äußerungen Niemöllers in einem Telefonat abgehört worden waren. Die Kirchenführer stellten sich daraufhin hinter Müller. Bald setzte eine massive Eingliederungs- und damit Gleichschaltungspolitik der Landeskirchen ein. Die preußischen Kirchenprovinzen verloren ihre Eigenständigkeit, elf Landeskirchen wurden der Reichskirche eingegliedert und die Landesbischöfe dem Reichsbischof unterstellt. Die Leitung dieser Unternehmungen oblag jedoch nicht mehr dem weitgehend bedeutungslos gewordenen Reichsbischof Müller, sondern seinem „Rechtswalter" August Jäger. Um diesen eklatanten Eingriffen in die kirchliche Unabhängigkeit zu wehren, gründete sich am 23. April 1934 in Ulm die „Bekennende Kirche". Das Kirchenschisma war da. Vom 29.–31. Mai 1934 tagte die Bekennende Kirche auf einer Synode in Wuppertal-Barmen und verabschiedete eine im Wesentlichen von Karl Barth verfasste „Theologische Erklärung", die die Unabhängigkeit der kirchlichen Verkündigung und die Zentrierung auf die Christusbotschaft betonte. Einer politischen Stellungnahme und eines Wortes zur Judenfrage enthielt sie sich. Die Eingliederungsversuche der Kirche gingen jedoch weiter. Gegen den Protest weiter Kreise wurden in Bayern und Württemberg die Bischöfe Hans Meiser und Theophil Wurm unter Hausarrest gestellt.

All das führte dazu, dass sich die Bekennende Kirche auf ihrer zweiten Bekenntnissynode in Berlin-Dahlem am 19./20. Oktober 1934 eigene Leitungsorgane und eine unabhängige kirchliche Verfasstheit gab. Im November entstand eine „Erste Vorläufige Leitung der Deutschen Evangelischen Kirche" mit dem hannoverschen Bischof August Marahrens an der Spitze. Marahrens war allerdings im Kirchenkampf noch nicht profiliert hervorgetreten. Tatsächlich sollten die in Dahlem erreichten Beschlüsse prekär bleiben. Längst nicht alle konnten sich in der Folgezeit zu so weitreichenden Entscheidungen durchringen, während die, die auf den Beschlüssen von Dahlem beharrten, fortan als „Dahlemiten" die Speerspitze der Bekennenden Kirche bildeten. Währenddessen konnte Bonhoeffer einen großen Erfolg erringen. Er hatte Bell und den Erzbischof von Canterbury, Cosmo Lang, über Jägers Politik näher informiert. Eine formulierte Eingabe alarmierte das Außenministerium, und tatsächlich sorgte Hitler dafür, dass Jäger aus seinem Amt entfernt wurde. Jäger wurde 1949 als Kriegsverbrecher in Polen hingerichtet. Die Bischöfe Meiser und Wurm wurden wieder in ihre Ämter eingesetzt. Bonhoeffer übernahm am 26. April 1935 die Leitung eines Predigerseminars der Bekennenden Kirche und stellte sich damit ganz in ihren Dienst. Die Beweggründe dazu werden im nächsten Kapitel geschildert.

Im März 1935 versuchte die nationalsozialistische Regierung einen Neuanfang in ihrer Kirchenpolitik, indem sie ein Kirchenministerium unter der Leitung von Hanns Kerrl einrichtete. Kerrl erklärte zunächst einmal sämtliche vorhandenen kirchlichen Leitungsorgane für erloschen und installierte an deren Stelle einen „Reichskirchenausschuss" mit dem anerkannten ehemaligen westfälischen Generalsuperintendenten Wilhelm Zöllner an der Spitze. Dem traten landeskirchliche Ausschüsse zur Seite. Der Reichskirchenausschuss sollte die zerstrittenen kirchlichen Kräfte wieder zusammenführen. Jetzt bekam der Kirchenkampf auch eine explizite politische Note, weil eine Opposition gegen die Anordnungen Kerrls auch eine ausdrückliche Stellungnahme gegen eine politische Institution, eben das Reichskirchenministerium, bedeutete. Die Situation der Bekennenden Kirche verschlechterte sich, nachdem man sich über die Frage, ob man mit dem Reichskirchenausschuss zusammenarbeiten sollte, auf der Synode in Bad Oeynhausen im Februar 1936 nicht einig wurde. Die Erste Vorläufige Kirchenleitung trat zurück. Die neugebildete Zweite Vorläufige Kirchenleitung verweigerte die Zusammenarbeit mit dem Reichskirchenausschuss. Lutherische Kräfte in der BK schlossen sich zu einem „Lutherrat" genannten Gremium zusammen, dass der Zusammenarbeit mit dem Reichskirchenausschuss nicht im Wege stehen wollte. Damit war die kirchenpolitische Lage nun vollends unübersichtlich geworden: Neben die noch existierenden Deutschen Christen und die reichskirchlichen Leitungsorgane trat nun der Reichskirchenausschuss, und zusätzlich gab es den Lutherrat und die Dahlemiten. Die Ökumene wusste nicht mehr, woran sie war. Auf einer ökumenischen Tagung in Chamby im September 1936 informierte Bonhoeffer über die Situation und versuchte für die dahlemitische Richtung zu werben. Bonhoeffer hat damals zugespitzt formuliert: „Wer sich wissentlich von der Bekennenden Kirche trennt, trennt sich vom Heil."[32] Dem konnten längst nicht alle folgen. Viele Kräfte in der BK suchten die Nähe zum Reichskirchenausschuss und ihrem angesehenen Vorsitzenden Wilhelm Zöllner. Zunächst schien die BK kraftvoll ans Werk zu gehen. Die Zweite Vorläufige Kirchenleitung der BK verfasste eine umfangreiche Denkschrift, die am 4. Juli 1936 Hitler überge-

---

32 DBW 14, 676

ben wurde. Darin hieß es unter anderem: „Wenn der arische Mensch verherrlicht wird, so bezeugt Gottes Wort die Sündhaftigkeit aller Menschen. Wenn den Christen im Rahmen der nationalsozialistischen Weltanschauung ein Antisemitismus aufgedrängt wird, der zum Judenhass verpflichtet, so steht für ihn dagegen das christliche Gebot der Nächstenliebe."[33] Hitler reagierte nicht. Am 23. Juli 1936 erschien plötzlich der gesamte Text der Denkschrift in den „Baseler Nachrichten". Sofort kam es zum Konflikt in der BK, indem sich der Lutherrat von der Denkschrift distanzierte. Drei Verantwortliche für die Weitergabe des Textes kamen ins KZ. Der judenchristliche Kanzleichef der BK, Friedrich Weißler, wurde dort zu Tode gefoltert. Ein abgeschwächter Entwurf der Denkschrift wurde von vielen BK-Pfarrern als Kanzelabkündigung verlesen. Zu Maßnahmen des Staates kam es im Blick auf die internationale Öffentlichkeit der Olympischen Spiele in Berlin nicht.

1937 sollte sich die Situation nochmals dramatisch verschlechtern. Wilhelm Zöllner und mit ihm der Reichskirchenausschuss traten zurück, nachdem es Zöllner nicht gelungen war, sich gegen deutschchristliche Kräfte durchzusetzen. Mit der nationalsozialistischen Politik gegenüber der Kirche wurde am 20. März 1937 Friedrich Werner beauftragt. Er verstärkte die Verfolgung der BK durch zahlreiche Verwaltungsmaßnahmen und Rechtserlasse, in deren Gefolge auch Bonhoeffers Predigerseminar verboten wurde.

Bonhoeffer schrieb damals an seinem Buch „Die Nachfolge". In der Nachfolge reflektiert er sowohl seine persönliche Frömmigkeitsentwicklung wie auch das aktuelle politische Verhalten der Kirche. Die Wurzeln zur Nachfolge reichten damals schon Jahre zurück. In New York war er mit Jean Lasserre

---

33 Zit. in: Schlingensiepen, Bonhoeffer, 216.

einem Menschen begegnet, der die Bergpredigt beim Wort nahm. Überhaupt „entdeckte" Bonhoeffer damals die Bibel. An seine Freundin Elisabeth Zinn schrieb er später: „Dann kam etwas anders, etwas, was mein Leben bis heute verändert hat und herumgeworfen hat. Ich kam zum ersten Mal zur Bibel. Das ist auch wieder sehr schlimm zu sagen. Ich hatte schon oft gepredigt, ich hatte schon viel von der Kirche gesehen, darüber geredet und geschrieben – und ich war noch kein Christ geworden, sondern ganz wild und ungebärdig mein eigener Herr. ... Daraus hat mich die Bibel befreit und insbesondere die Bergpredigt. Seitdem ist alles anders geworden."[34]

Die neu entdeckte Bedeutung der Bergpredigt beschrieb er auch gegenüber seinem Bruder Karl-Friedrich: „Ich glaube zu wissen, dass ich eigentlich erst innerlich klar und wirklich aufrichtig sein würde, wenn ich mit der Bergpredigt wirklich anfinge, Ernst zu machen."[35]

Gleichzeitig erlebte Bonhoeffer eine Kirche, die sich ganz offensichtlich dieser Denkbewegung zur Bibel und der Bergpredigt hin verweigerte. Aber nach seiner Theologie sollte doch „Christus als Gemeinde existierend" sein. So aber konnte Christus nicht mit dieser Kirche identifiziert werden. Was der Kirche fehlte, war der Gehorsam gegen Gottes Wort, war echte Nachfolge! Bonhoeffer ist diesem Sachverhalt nachgegangen. Aus seinen Vorlesungen wurde sein Buch zur Nachfolge (vgl. den nachfolgenden Text), das im ersten Teil eine Auslegung der Bergpredigt darstellt.

Die Bergpredigt als Ausgangspunkt grundlegender theologischer Überlegungen war im Protestantismus unüblich. Von Luther bis Karl Barth waren alle Neueinsätze immer mit einer

---

34 DBW 14, 112f.
35 DBW 13, 272.

Auslegung des Römerbriefes verbunden. Hatte Luther seine bahnbrechenden Entdeckungen von der Rechtfertigung allein aus Gnade nicht dort entdeckt? Doch gerade hier setzt Bonhoeffer an. Er wirft der evangelischen Kirche vor, die von Luther stets mitgedachten Konsequenzen der Rechtfertigung verspielt zu haben. „Wenn Luther von Gnade sprach, so meinte er sein eigenes Leben immer mit, das durch die Gnade erst in den vollen Gehorsam Christi gestellt worden war."[36] Luthers Kritik guter Werke ging ja niemals gegen die Tat an sich, sondern gegen die Auffassung, sich damit die Annahme Gottes verdienen zu können: „Denn der Glaube ohne die Liebe genügt nicht. Ja, er ist gar kein Glaube, sondern ein Schein des Glaubens."[37] Stattdessen müsse der Glaube eine „regeneratio in novitatem"[38] mit sich bringen. Bonhoeffer konnte zugespitzt schreiben: *„Nur der Glaubende ist gehorsam und nur der Gehorsame glaubt."*[39] Gehorsam im Glauben aber musste in der evangelischen Kirche ein klares Nein zur Ausgrenzung der Christen jüdischen Ursprungs und zum Antisemitismus überhaupt sein. In der Ökumene konnte der Glaubensgehorsam nur in einem bedingungslosen Ruf zum Frieden bestehen. Beides fand Bonhoeffer nicht. Eine Erneuerung der Kirche musste deshalb für ihn durch ein neues – gehorsames – Hören auf die Bergpredigt erfolgen. Bonhoeffer hielt fest: „Es ist die unfasslich große Verheißung, die denen gegeben ist, die vom Ruf in die Nachfolge Jesus Christus getroffen wurden, dass sie Christus gleich werden sollen."[40] Wenn diese Nachfolge im Glaubensgehorsam geleistet werde, dann konnte sie in dieser Zeit auch im äußersten Falle in das

---

36 DBA 3, 115.
37 Nach WA 10/3, 4.
38 WA 40/2, 353.
39 DBA 3, 127.
40 DBW 4, 297.

Martyrium führen. „In der öffentlichen Schmach, im Leiden und im Tode um Christi willen gewinnt Christus sichtbare Gestalt in seiner Gemeinde."⁴¹ Diese Gemeinde war zwar in der Welt, aber ganz betont nicht von der Welt. Sie musste sich ihr gegenüber durch Heiligung distanzieren: „... so sind die Gläubigen nun ‚in Christo' abgeschlossen, versiegelt mit Gottes Siegel, dem Heiligen Geist. Niemand darf dies Siegel brechen. ... Von der Welt abgeschlossen durch ein unzerbrechliches Siegel, wartet die Gemeinde der Heiligen der letzten Errettung. Wie ein versiegelter Zug im fremden Lande, so geht die Gemeinde durch die Welt. Wie die Arche Noah ‚inwendig und auswendig mit Pech verpicht' werden musste (1. Mo 6,14), um durch die Flut gerettet zu werden, so gleicht der versiegelten Gemeinde die Fahrt der Arche durch die Wasserflut."⁴²

Nachfolge (Auszug)

1. Die teure Gnade
Billige Gnade ist der Todfeind unserer Kirche. Unser Kampf heute geht um die teure Gnade.

Billige Gnade heißt Gnade als Schleuderware, verschleuderte Vergebung, verschleuderter Trost, verschleudertes Sakrament; Gnade als unerschöpfliche Vorratskammer der Kirche, aus der mit leichtfertigen Händen bedenkenlos und grenzenlos ausgeschüttet wird; Gnade ohne Preis, ohne Kosten. Das sei ja gerade das Wesen der Gnade, dass die Rechnung im Voraus für alle Zeit beglichen ist. Auf die gezahlte Rechnung hin ist alles umsonst zu haben. Unendlich groß

---

41 DBW 4, 302.
42 Dietrich Bonhoeffer, Die Nachfolge, Gießen 2016, 276.

sind die aufgebrachten Kosten, unendlich groß daher auch die Möglichkeiten des Gebrauchs und der Verschwendung. Was wäre auch Gnade, die nicht billige Gnade ist?

Billige Gnade heißt Gnade als Lehre, als Prinzip, als System; heißt Sündenvergebung als allgemeine Wahrheit, heißt Liebe Gottes als christliche Gottesidee. Wer sie bejaht, der hat schon Vergebung seiner Sünden. Die Kirche dieser Gnadenlehre ist durch sie schon der Gnade teilhaftig. In dieser Kirche findet die Welt billige Bedeckung ihrer Sünden, die sie nicht bereut und von denen frei zu werden sie erst recht nicht wünscht. Billige Gnade ist darum Leugnung des lebendigen Wortes Gottes, Leugnung der Menschwerdung des Wortes Gottes.

Billige Gnade heißt Rechtfertigung der Sünde und nicht des Sünders. Weil Gnade doch alles allein tut, darum kann alles beim alten bleiben. »Es ist doch unser Tun umsonst«. Welt bleibt Welt, und wir bleiben Sünder »auch in dem besten Leben«. Es lebe also auch der Christ wie die Welt, er stelle sich der Welt in allen Dingen gleich und unterfange sich ja nicht – bei der Ketzerei des Schwärmertums! – unter der Gnade ein anderes Leben zu führen als unter der Sünde! Er hüte sich gegen die Gnade zu wüten, die große, billige Gnade zu schänden und neuen Buchstabendienst aufzurichten durch den Versuch eines gehorsamen Lebens unter den Geboten Jesu Christi! Die Welt ist durch Gnade gerechtfertigt, darum – um des Ernstes dieser Gnade willen!, um dieser unersetzlichen Gnade nicht zu widerstreben! – lebe der Christ wie die übrige Welt! Gewiss, er würde gern ein Außerordentliches tun, es ist für ihn unzweifelhaft der schwerste Verzicht, dies nicht zu tun, sondern weltlich leben zu müssen. Aber er muss den Verzicht leisten, die Selbstverleugnung üben, sich von der Welt mit seinem Leben nicht zu unterscheiden. Soweit muss er die Gnade wirklich Gnade sein lassen, dass er der Welt den Glauben an diese billige Gnade nicht zerstört. Der Christ aber sei in seiner Weltlichkeit, in diesem notwendigen Verzicht, den er um der Welt – nein, um der Gnade willen! – leisten muss, getrost und sicher (securus) im Besitz dieser Gnade, die alles allein tut. Also, der Christ folge nicht nach, aber er tröste sich der Gnade! Das ist billige Gnade als Rechtfertigung der Sünde, aber nicht als Rechtfertigung des bußfertigen Sünders, der von seiner Sünde lässt und umkehrt; nicht Vergebung der Sünde, die von der Sünde trennt. Billige Gnade ist die Gnade, die wir mit uns selbst haben.

Billige Gnade ist Predigt der Vergebung ohne Buße, ist Taufe ohne Gemeindezucht, ist Abendmahl ohne Bekenntnis der Sünden, ist Absolution ohne persönliche Beichte. Billige Gnade ist Gnade ohne Nachfolge, Gnade ohne Kreuz, Gnade ohne den lebendigen, menschgewordenen Jesus Christus.

Teure Gnade ist der verborgene Schatz im Acker, um dessentwillen der Mensch hingeht und mit Freuden alles verkauft, was er hatte [Mt. 13,44]; die köstliche Perle, für deren Preis der Kaufmann alle seine Güter hingibt [Mt. 13,45f]; die Königsherrschaft Christi, um derentwillen sich der Mensch das Auge ausreißt, das ihn ärgert [Mk. 9,47], der Ruf Jesu Christi, auf den hin der Jünger seine Netze verlässt und nachfolgt [Mk. 1,16–20].

Teure Gnade ist das Evangelium, das immer wieder gesucht, die Gabe, um die gebeten, die Tür, an die angeklopft werden muss [Mt. 7,7].

Teuer ist sie, weil sie in die Nachfolge ruft, Gnade ist sie, weil sie in die Nachfolge Jesu Christi ruft; teuer ist sie, weil sie dem Menschen das Leben kostet, Gnade ist sie, weil sie ihm so das Leben erst schenkt; teuer ist sie, weil sie die Sünde verdammt, Gnade, weil sie den Sünder rechtfertigt. Teuer ist die Gnade vor allem darum, weil sie Gott teuer gewesen ist, weil sie Gott das Leben seines Sohnes gekostet hat – »ihr seid teuer erkauft« [1. Kor. 6,20] –, und weil uns nicht billig sein kann, was Gott teuer ist. Gnade ist sie vor allem darum, weil Gott sein Sohn nicht zu teuer war für unser Leben, sondern ihn für uns hingab. Teure Gnade ist Menschwerdung Gottes.

Teure Gnade ist Gnade als das Heiligtum Gottes, das vor der Welt behütet werden muss, das nicht vor die Hunde geworfen werden darf [Mt. 7,6], sie ist darum Gnade als lebendiges Wort, Wort Gottes, das er selbst spricht, wie es ihm gefällt. Es trifft uns als gnädiger Ruf in die Nachfolge Jesu, es kommt als vergebendes Wort zu dem geängstigten Geist und dem zerschlagenen Herzen [Ps. 51,19]. Teuer ist die Gnade, weil sie den Menschen unter das Joch der Nachfolge Jesu Christi zwingt, Gnade ist es, dass Jesus sagt: »Mein Joch ist sanft und meine Last ist leicht« [Mt. 11,30].

Zweimal ist an Petrus der Ruf ergangen: Folge mir nach! Es war das erste und das letzte Wort Jesu an seinen Jünger (Markus 1,17; Joh. 21,22). Sein ganzes Leben liegt zwischen diesen beiden Rufen. Das erste Mal hatte Petrus am See Genezareth auf Jesu Ruf hin seine Netze, seinen Beruf verlassen und war ihm aufs Wort nachgefolgt. Das letzte Mal trifft ihn der Auferstandene in seinem alten Beruf, wiederum am See Genezareth, und noch einmal heißt es: Folge mir nach! Dazwischen lag ein ganzes Jüngerleben in der Nachfolge Christi. In seiner Mitte stand das Bekenntnis zu Jesus als dem Christus Gottes. Es ist dem Petrus dreimal ein und dasselbe verkündigt, am Anfang, am Ende und in Cäsarea Philippi, nämlich dass Christus sein Herr und Gott sei. Es ist dieselbe Gnade Christi, die ihn ruft: Folge mir nach! und die sich ihm offenbart im Bekenntnis zum Sohne Gottes.

Es war ein dreifaches Anhalten der Gnade auf dem Wege des Petrus, die eine Gnade dreimal verschieden verkündigt; so war sie Christi eigene Gnade, und gewiss nicht Gnade, die der Jünger sich selbst zusprach. Es war dieselbe Gnade Christi, die den Jünger überwand, alles zu verlassen [Mk. 10,28] um der Nachfolge willen, die in ihm das Bekenntnis wirkte, das aller Welt eine Lästerung scheinen musste, die den untreuen Petrus in die letzte Gemeinschaft des Martyriums rief und ihm damit alle Sünden vergab. Gnade und Nachfolge gehören für das Leben des Petrus unauflöslich zusammen. Er hatte die teure Gnade empfangen.

Mit der Ausbreitung des Christentums und der zunehmenden Verweltlichung der Kirche ging die Erkenntnis der teuren Gnade allmählich verloren. Die Welt war christianisiert, die Gnade war Allgemeingut einer christlichen Welt geworden. Sie war billig zu haben. Doch bewahrte die römische Kirche einen Rest der ersten Erkenntnis. Es war von entscheidender Bedeutung, dass das Mönchtum sich nicht von der Kirche trennte und dass die Klugheit der Kirche das Mönchtum ertrug. Hier war am Rande der Kirche der Ort, an dem die Erkenntnis wachgehalten wurde, dass Gnade teuer ist, dass Gnade die Nachfolge einschließt. Menschen verließen um Christi willen alles, was sie hatten, und versuchten, den strengen Geboten Jesu zu folgen in täglicher Übung. So wurde das mönchische Leben ein lebendiger Protest gegen die Verweltlichung des Christentums, gegen die Verbilligung der Gnade. Indem aber die Kirche diesen Protest ertrug und nicht zum letzten Ausbruch kommen ließ, relativierte sie ihn, ja, sie gewann nun aus ihm sogar die Rechtfertigung ihres eigenen verweltlichten Lebens; denn jetzt wurde das mönchische Leben zu der Sonderleistung Einzelner, zu der die Masse des Kirchenvolkes nicht verpflichtet werden konnte.

Die verhängnisvolle Begrenzung der Gebote Jesu in ihrer Geltung auf eine bestimmte Gruppe besonders qualifizierter Menschen führte zu der Unterscheidung einer Höchstleistung und einer Mindestleistung des christlichen Gehorsams. Damit war es gelungen, bei jedem weiteren Angriff auf die Verweltlichung der Kirche hinzuweisen auf die Möglichkeit des mönchischen Weges innerhalb der Kirche, neben dem dann die andere Möglichkeit des leichteren Weges durchaus gerechtfertigt war. So musste der Hinweis auf das urchristliche Verständnis der teuren Gnade, wie er in der Kirche Roms durch das Mönchtum erhalten bleiben sollte, in paradoxer Weise selbst wieder der Verweltlichung der Kirche die letzte Rechtfertigung geben. Bei dem allen lag der entscheidende Fehler des Mönchtums nicht darin, dass es – bei allen inhaltlichen Missverständnissen des Willens Jesu – den Gnadenweg der strengen Nachfolge ging. Vielmehr entfernte sich das Mönchtum wesentlich darin vom Christlichen, dass es seinen Weg zu einer freien Sonderleistung einiger Weniger werden ließ und damit für ihn eine besondere Verdienstlichkeit in Anspruch nahm.

Als Gott durch seinen Knecht Martin Luther in der Reformation das Evangelium von der reinen, teuren Gnade wieder erweckte, führte er Luther durch das Kloster. Luther war Mönch. Er hatte alles verlassen und wollte Christus in vollkommenem Gehorsam nachfolgen. Er entsagte der Welt und ging an das christliche Werk. Er lernte den Gehorsam gegen Christus und seine Kirche, weil er wusste, dass nur der Gehorsame glauben kann. Der Ruf ins Kloster kostete Luther den vollen Einsatz seines Lebens. Luther scheiterte mit seinem Weg an Gott selbst. Gott zeigte ihm durch die Schrift, dass die Nachfolge Jesu nicht verdienstliche Sonderleistung Einzelner, sondern göttliches Gebot an alle Christen ist. Das demütige Werk der Nachfolge war im Mönchtum zum verdienstlichen Tun der Heiligen geworden. Die Selbstverleugnung des Nachfolgenden [Mk. 8,34] enthüllte sich hier als die letzte geistliche Selbstbehauptung der Frommen. Damit war die Welt mitten in das Mönchsleben hineingebrochen und in gefährlichster Weise wieder am Werk. Die Weltflucht des Mönches war als feinste Weltliebe durchschaut. In diesem Scheitern der letzten Möglichkeit eines frommen Lebens ergriff Luther die Gnade. Er sah im Zusammenbruch der mönchischen Welt die rettende Hand Gottes in Christus ausgestreckt. Er ergriff sie im Glauben daran, dass »doch unser Tun umsonst ist, auch in dem besten Leben«. Es war eine teure Gnade, die sich ihm schenkte, sie zerbrach ihm seine ganze Existenz. Er musste seine Netze abermals zurücklassen und folgen. Das erste Mal, als er ins Kloster ging, hatte er alles zurückgelassen, nur sich selbst, sein frommes Ich, nicht. Diesmal war ihm auch dieses genommen. Er folgte nicht auf eigenes Verdienst, sondern auf Gottes Gnade hin. Es wurde ihm nicht gesagt: du hast zwar gesündigt, aber das ist nun alles vergeben, bleibe nur weiter, wo du warst, und tröste dich der Vergebung! Luther musste das Kloster verlassen und zurück in die Welt, nicht weil die Welt an sich gut und heilig wäre, sondern weil auch das Kloster nichts anderes war als Welt.

Luthers Weg aus dem Kloster zurück in die Welt bedeutete den schärfsten Angriff, der seit dem Urchristentum auf die Welt geführt worden war. Die Absage, die der Mönch der Welt gegeben hatte, war ein Kinderspiel gegenüber der Absage, die die Welt durch den in sie Zurückgekehrten erfuhr. Nun kam der Angriff frontal. Nachfolge Jesu musste nun mitten in der Welt gelebt werden. Was unter den besonderen Umständen und Erleichterungen des klösterlichen Lebens als Sonderleistung geübt wurde, war nun das Notwendige und Gebotene für jeden Christen in der Welt geworden. Der vollkommene Gehorsam gegen das Gebot Jesu musste im täglichen Berufsleben geleistet werden. Damit vertiefte sich der Konflikt zwischen dem Leben des Christen und dem Leben der Welt in unabsehbarer Weise. Der Christ war der Welt auf den Leib gerückt. Es war Nahkampf.

Man kann die Tat Luthers nicht verhängnisvoller missverstehen als mit der Meinung, Luther habe mit der Entdeckung des Evangeliums der reinen Gnade einen Dispens für den Gehorsam gegen das Gebot Jesu in der Welt proklamiert; die reformatorische Entdeckung sei die Heiligsprechung, die Rechtfertigung der Welt durch die vergebende Gnade gewesen. Der weltliche Beruf des Christen erfährt vielmehr seine Rechtfertigung für Luther allein dadurch, dass in ihm der Protest gegen die Welt in letzter Schärfe angemeldet wird. Nur sofern der weltliche Beruf des Christen in der Nachfolge Jesu ausgeübt wird, hat er vom Evangelium her neues Recht empfangen. Nicht Rechtfertigung der Sünde, sondern Rechtfertigung des Sünders war der Grund für Luthers Rückkehr aus dem Kloster. Teure Gnade war Luther geschenkt worden. Gnade war es, weil sie Wasser auf das durstige Land, Trost für die Angst, Befreiung von der Knechtschaft des selbstgewählten Weges, Vergebung aller Sünden war. Teuer war die Gnade, weil sie nicht dispensierte vom Werk, sondern den Ruf in die Nachfolge unendlich verschärfte. Aber gerade worin sie teuer war, darin war sie Gnade, und worin sie Gnade war, darin war sie teuer. Das war das Geheimnis des reformatorischen Evangeliums, das Geheimnis der Rechtfertigung des Sünders.

Und dennoch bleibt der Sieger der Reformationsgeschichte nicht Luthers Erkenntnis von der reinen, teuren Gnade, sondern der wachsame religiöse Instinkt des Menschen für den Ort, an dem die Gnade am billigsten zu haben ist. Es bedurfte nur einer ganz leichten, kaum merklichen Verschiebung des Akzentes, und das gefährlichste und verderblichste Werk war getan. Luther hatte gelehrt, dass der Mensch auch in seinen frömmsten Wegen und Werken vor Gott nicht bestehen kann, weil er im Grund immer sich selbst sucht. Er hatte in dieser Not die Gnade der freien und bedingungslosen Vergebung aller Sünden im Glauben ergriffen. Luther wusste dabei, dass ihm diese Gnade ein Leben gekostet hatte und noch täglich kostete; denn er war ja durch die Gnade nicht dispensiert von der Nachfolge, sondern erst recht in sie hineingestoßen. Wenn Luther von der Gnade sprach, so meinte er sein eigenes Leben immer mit, das durch die Gnade erst in den vollen Gehorsam Christi gestellt worden war. Er konnte gar nicht anders von der Gnade reden als ebenso. Dass die Gnade allein es tut, hatte Luther gesagt, und wörtlich so wiederholten es seine Schüler mit dem einzigen Unterschied, dass sie sehr bald das ausließen und nicht mitdachten und sagten, was Luther immer selbstverständlich mitgedacht hatte, nämlich die Nachfolge, ja, was er nicht mehr zu sagen brauchte, weil er ja immer selbst als einer redete, den die Gnade in die schwerste Nachfolge Jesu geführt hatte. Die Lehre der Schüler war also unanfechtbar von der Lehre Luthers her, und doch wurde diese Lehre das Ende und die Vernichtung der Reformation als der Offenbarung der teuren Gnade Gottes auf Erden. Aus der Rechtfertigung des Sünders in der Welt wurde die Rechtfertigung der Sünde und der Welt. Aus der teuren Gnade wurde die billige Gnade ohne Nachfolge.

Sagte Luther, dass unser Tun umsonst ist, auch in dem besten Leben, und dass darum bei Gott nichts gilt »denn Gnad und Gunst, die Sünden zu vergeben«, so sagte er es als einer, der sich bis zu diesem Augenblick und schon im selben Augenblick wieder neu in die Nachfolge Jesu, zum Verlassen von allem, was er hatte, berufen wusste. Die Erkenntnis der Gnade war für ihn der letzte radikale Bruch mit der Sünde seines Lebens, niemals aber ihre Rechtfertigung. Sie war im Ergreifen der Vergebung die letzte radikale Absage an das eigenwillige Leben, sie war darin selbst erst eigentlich ernster Ruf zur Nachfolge. Sie war ihm jeweils »Resultat«, freilich göttliches, nicht menschliches Resultat. Dieses Resultat aber wurde von den Nachfahren zur prinzipiellen Voraussetzung einer Kalkulation gemacht. Darin lag das ganze Unheil. Ist Gnade das von Christus selbst geschenkte »Resultat« christlichen Lebens, so ist dieses Leben keinen Augenblick dispensiert von der Nachfolge. Ist aber Gnade prinzipielle Voraussetzung meines christlichen Lebens, so habe ich damit im Voraus die Rechtfertigung meiner Sünden, die ich im Leben in der Welt tue. Ich kann nun auf diese Gnade hin sündigen, die Welt ist ja im Prinzip durch Gnade gerechtfertigt. Ich bleibe daher in meiner bürgerlich-weltlichen Existenz wie bisher, es bleibt alles beim alten, und ich darf sicher sein, dass mich die Gnade Gottes bedeckt. Die ganze Welt ist unter dieser Gnade »christlich« geworden, das Christentum aber ist unter dieser Gnade in nie dagewesener Weise zur Welt geworden. Der Konflikt zwischen christlichem und bürgerlich-weltlichem Berufsleben ist aufgehoben. Das christliche Leben besteht eben darin, dass ich in der Welt und wie die Welt lebe, mich in nichts von ihr unterscheide, ja, mich auch gar nicht – um der Gnade willen! – von ihr unterscheiden darf, dass ich mich aber zu gegebener Zeit aus dem Raum der Welt in den Raum der Kirche begebe, um mich dort der Vergebung meiner Sünden vergewissern zu lassen. Ich bin von der Nachfolge Jesu befreit – durch die billige Gnade, die der bitterste Feind der

Nachfolge sein muss, die die wahre Nachfolge hassen und schmähen muss. Gnade als Voraussetzung ist billigste Gnade; Gnade als Resultat teure Gnade. Es ist erschreckend zu erkennen, was daran liegt, in welcher Weise eine evangelische Wahrheit ausgesprochen und gebraucht wird. Es ist dasselbe Wort von der Rechtfertigung aus Gnaden allein; und doch führt der falsche Gebrauch desselben Satzes zur vollkommenen Zerstörung seines Wesens.

Wenn Faust am Ende seines Lebens in der Arbeit an der Erkenntnis sagt: »Ich sehe, dass wir nichts wissen können«, so ist das Resultat und etwas durchaus anderes, als wenn dieser Satz von einem Studenten im ersten Semester übernommen wird, um damit seine Faulheit zu rechtfertigen (Kierkegaard). Als Resultat ist der Satz wahr, als Voraussetzung ist er Selbstbetrug. Das bedeutet, dass eine Erkenntnis nicht getrennt werden kann von der Existenz, in der sie gewonnen ist. Nur wer in der Nachfolge Jesu im Verzicht auf alles, was er hatte, steht, darf sagen, dass er allein aus Gnaden gerecht werde. Er erkennt den Ruf in die Nachfolge selbst als Gnade und die Gnade als diesen Ruf. Wer sich aber mit dieser Gnade von der Nachfolge dispensieren will, betrügt sich selbst.

Aber geriet nicht Luther selbst in die gefährlichste Nähe dieser völligen Verkehrung im Verständnis der Gnade? Was bedeutet es, wenn Luther sagen kann: »Pecca fortiter, sed fortius fide et gaude in Christo« – »Sündige tapfer, aber glaube und freue dich in Christo umso tapferer!«. Also, du bist nun einmal ein Sünder und kommst doch nie aus der Sünde heraus; ob du ein Mönch bist oder ein Weltlicher, ob du fromm sein willst oder böse, du entfliehst dem Stricke der Welt nicht, du sündigst. So sündige denn tapfer – und zwar gerade auf die geschehene Gnade hin! Ist das die unverhüllte Proklamation der billigen Gnade, der Freibrief für die Sünde, die Aufhebung der Nachfolge? Ist das die lästerliche Aufforderung zum mutwilligen Sündigen auf Gnade hin? Gibt es eine teuflischere Schmähung der Gnade, als auf die geschenkte Gnade Gottes hin zu sündigen? Hat der katholische Katechismus nicht recht, wenn er hierin die Sünde wider den Heiligen Geist erkennt?

Es kommt hier zum Verständnis alles darauf an, die Unterscheidung von Resultat und Voraussetzung in Anwendung zu bringen. Wird Luthers Satz zur Voraussetzung einer Gnadentheologie, so ist die billige Gnade ausgerufen. Aber eben nicht als Anfang, sondern ganz ausschließlich als Ende, als Resultat, als Schlussstein, als allerletztes Wort ist Luthers Satz recht zu verstehen. Als Voraussetzung verstanden, wird das pecca fortiter zum ethischen Prinzip; einem Prinzip der Gnade muss ja das Prinzip des pecca fortiter entsprechen. Das ist Rechtfertigung der Sünde. So wird Luthers Satz in sein Gegenteil verkehrt. »Sündige tapfer« – das konnte für Luther nur die allerletzte Auskunft, der Zuspruch für den sein, der auf seinem Wege der Nachfolge erkennt, dass er nicht sündlos werden kann, der in der Furcht vor der Sünde verzweifelt an Gottes Gnade. Für ihn ist das »Sündige tapfer« nicht etwa eine grundsätzliche Bestätigung seines ungehorsamen Lebens, sondern es ist das Evangelium von der Gnade Gottes, vor dem wir immer und in jedem Stande Sünder sind und das uns gerade als Sünder sucht und rechtfertigt. Bekenne dich tapfer zu deiner Sünde, versuche ihr nicht zu entfliehen, aber »glaube noch viel tapferer«. Du bist ein Sünder, so sei nun auch ein Sünder, wolle nicht etwas anderes sein, als was du bist, ja, werde täglich wieder ein Sünder und sei tapfer darin. Zu wem aber darf das gesagt sein als zu dem, der täglich von Herzen der Sünde absagt, der täglich allem absagt, was ihn an der Nachfolge Jesu hindert, und der doch ungetröstet ist über seine tägliche Untreue und Sünde? Wer anders kann das ohne Gefahr für seinen Glauben hören als der, der sich durch solchen Trost erneut in die Nachfolge Christi gerufen weiß? So wird Luthers Satz, als Resultat verstanden, zur teuren Gnade, die allein Gnade ist.

Gnade als Prinzip, pecca fortiter als Prinzip, billige Gnade ist zuletzt nur ein neues Gesetz, das nicht hilft und nicht befreit. Gnade als lebendiges Wort, pecca fortiter als Trost in der Anfechtung und Ruf in die Nachfolge, teure Gnade ist allein reine Gnade, die wirklich Sünden vergibt und den Sünder befreit.

Wie die Raben haben wir uns um den Leichnam der billigen Gnade gesammelt, von ihr empfingen wir das Gift, an dem die Nachfolge Jesu unter uns starb. Die Lehre von der reinen Gnade erfuhr zwar eine Apotheose ohnegleichen, die reine Lehre von der Gnade wurde Gott selbst, die Gnade selbst. Überall Luthers Worte und doch aus der Wahrheit in Selbstbetrug verkehrt. Hat unsere Kirche nur die Lehre von der Rechtfertigung, dann ist sie gewiss auch eine gerechtfertigte Kirche!, so hieß es. Darin sollte also das rechte Erbe Luthers erkennbar werden, dass man die Gnade so billig wie möglich machte. Das sollte lutherisch heißen, dass man die Nachfolge Jesu den Gesetzlichen, den Reformierten oder den Schwärmern überließ, alles um der Gnade willen; dass man die Welt rechtfertigte und die Christen in der Nachfolge zu Ketzern machte. Ein Volk war christlich, war lutherisch geworden, aber auf Kosten der Nachfolge, zu einem allzu billigen Preis. Die billige Gnade hatte gesiegt.

Aber wissen wir auch, dass diese billige Gnade in höchstem Maße unbarmherzig gegen uns gewesen ist? Ist der Preis, den wir heute mit dem Zusammenbruch der organisierten Kirchen zu zahlen haben, etwas anderes als eine notwendige Folge der zu billig erworbenen Gnade? Man gab die Verkündigung und die Sakramente billig, man taufte, man konfirmierte, man absolvierte ein ganzes Volk, ungefragt und bedingungslos, man gab das Heiligtum aus menschlicher Liebe den Spöttern und Ungläubigen, man spendete Gnadenströme ohne Ende, aber der Ruf in die strenge Nachfolge Christi wurde seltener gehört. Wo blieben die Erkenntnisse der alten Kirche, die im Taufkatechumenat so sorgsam über der Grenze zwischen Kirche und Welt, über der teuren Gnade wachte? Wo blieben die Warnungen Luthers vor einer Verkündung des Evangeliums, die die Menschen sicher machte in ihrem gottlosen Leben? Wann wurde die Welt grauenvoller und heilloser christianisiert als hier? Was sind die 3000 von Karl dem Großen am Leibe getöteten Sachsen gegenüber den Millionen getöteter Seelen heute? Es ist an uns wahr geworden, dass die Sünde der Väter an den Kindern heimgesucht wird bis ins dritte und vierte Glied [Ex. 20,5; Dtn. 5,9] Die billige Gnade war unserer evangelischen Kirche sehr unbarmherzig.

Unbarmherzig ist die billige Gnade gewiss auch den meisten von uns ganz persönlich gewesen. Sie hat uns den Weg zu Christus nicht geöffnet, sondern verschlossen. Sie hat uns nicht in die Nachfolge gerufen, sondern in Ungehorsam hart gemacht. Oder war es nicht unbarmherzig und hart, wenn wir dort, wo wir den Ruf in die Nachfolge Jesu wohl einmal gehört hatten als den Gnadenruf Christi, wo wir vielleicht einmal die ersten Schritte der Nachfolge in der Zucht des Gehorsams gegen das Gebot gewagt hatten, überfallen wurden mit dem Wort von der billigen Gnade? Konnten wir dieses Wort anders hören, als dass es unseren Weg aufhalten wollte mit dem Ruf zu einer höchst weltlichen Nüchternheit, dass es die Freudigkeit zur Nachfolge in uns erstickte mit dem Hinweis, das alles sei ja nur unser selbstgewählter Weg, ein Aufwand an Kraft, Anstrengung und Zucht, der unnötig, ja, höchst gefährlich sei? Denn es sei ja eben in der Gnade schon alles bereit und vollbracht! Der glimmende Docht wurde unbarmherzig ausgelöscht. Es war unbarmherzig, zu einem Menschen so zu reden, weil er, durch solches billiges Angebot verwirrt, seinen Weg verlassen musste, auf den ihn Christus rief, weil er nun nach der billigen Gnade griff, die ihm die Erkenntnis der teuren Gnade für immer versperrte. Es konnte ja auch nicht anders kommen, als dass der betrogene schwache Mensch sich im Besitz der billigen Gnade auf einmal stark fühlte und in Wirklichkeit die Kraft zum Gehorsam, zur Nachfolge verloren hatte. Das Wort von der billigen Gnade hat mehr Christen zugrunde gerichtet als irgendein Gebot der Werke.

Wir wollen nun in allem Folgenden das Wort für diejenigen ergreifen, die eben darin angefochten sind, denen das Wort der Gnade erschreckend leer geworden ist. Es muss um der Wahrhaftigkeit willen für die unter uns gesprochen werden, die bekennen, dass sie mit der billigen Gnade die Nachfolge Christi verloren haben und mit der Nachfolge Christi wiederum das Verständnis der teuren Gnade. Einfach, weil wir es nicht leugnen wollen, dass wir nicht mehr in der rechten Nachfolge Christi stehen, dass wir wohl Glieder einer rechtgläubigen Kirche der reinen Lehre von der Gnade, aber nicht mehr ebenso Glieder einer nachfolgenden Kirche sind, muss der Versuch gemacht werden, Gnade und Nachfolge wieder in ihrem rechten Verhältnis zueinander zu verstehen. Hier dürfen wir heute nicht mehr ausweichen. Immer deutlicher erweist sich die Not unserer Kirche als die eine Frage, wie wir heute als Christen leben können.

Wohl denen, die schon am Ende des Weges, den wir gehen wollen, stehen und staunend begreifen, was wahrhaftig nicht begreiflich erscheint, dass Gnade teuer ist, gerade weil sie reine Gnade, weil sie Gnade Gottes in Jesus Christus ist. Wohl denen, die in einfältiger Nachfolge Jesu Christi von dieser Gnade überwunden sind, dass sie mit demütigem Geist die alleinwirksame Gnade Christi loben dürfen. Wohl denen, die in der Erkenntnis solcher Gnade in der Welt leben können, ohne sich an sie zu verlieren, denen in der Nachfolge Jesu Christi das himmlische Vaterland so gewiss geworden ist, dass sie wahrhaft frei sind für das Leben in dieser Welt. Wohl ihnen, für die Nachfolge Jesu Christi nichts heißt als Leben aus der Gnade und für die Gnade nichts heißt als Nachfolge. Wohl ihnen, die in diesem Sinne Christen geworden sind, denen das Wort der Gnade barmherzig war.

2. Der Ruf in die Nachfolge
»Und da Jesus vorüberging, sah er Levi, den Sohn des Alphäus, am Zoll sitzen und sprach zu ihm: Folge mir nach! Und er stand auf und folgte ihm nach« (Mk. 2,14).

Der Ruf ergeht, und ohne jede weitere Vermittlung folgt die gehorsame Tat des Gerufenen. Die Antwort des Jüngers ist nicht ein gesprochenes Bekenntnis des Glaubens an Jesus, sondern das gehorsame Tun. Wie ist dieses unmittelbare Gegenüber von Ruf und Gehorsam möglich? Es ist der natürlichen Vernunft überaus anstößig, sie muss sich bemühen, dieses harte Aufeinander zu trennen, es muss etwas dazwischentreten, es muss etwas erklärt werden. Es muss unter allen Umständen eine Vermittlung gefunden werden, eine psychologische, eine historische. Man stellt die törichte Frage, ob nicht der Zöllner Jesus schon vorher gekannt habe und daher bereit gewesen sei, auf seinen Ruf hin zu folgen. Eben hierüber aber schweigt der Text hartnäckig, es liegt ihm ja gerade alles an dem gänzlich unvermittelten Gegenüber von Ruf und Tat. Psychologische Begründungen für die frommen Entscheidungen eines Menschen interessieren ihn nicht. Warum nicht? Weil es nur eine einzige gültige Begründung für dieses Gegenüber von Ruf und Tat gibt: Jesus Christus selbst. Er ist es, der ruft. Darum folgt der Zöllner. Die unbedingte, unvermittelte und unbegründbare Autorität Jesu wird in dieser Begegnung bezeugt. Nichts geht hier voraus, und es folgt nichts anderes als der Gehorsam des Gerufenen. Dass Jesus der Christus ist, gibt ihm Vollmacht zu rufen und auf sein Wort Gehorsam zu fordern. Jesus ruft in die Nachfolge, nicht als Lehrer und Vorbild, sondern als der Christus, der Sohn Gottes. So wird in diesem kurzen Text Jesus Christus und sein Anspruch auf den Menschen verkündigt, sonst nichts. Kein Lob fällt auf den Jünger, auf sein entschiedenes Christentum. Der Blick soll nicht auf ihn fallen, sondern allein auf den, der ruft, auf seine Vollmacht. Auch nicht ein Weg zum Glauben, zur Nachfolge ist gewiesen, es gibt keinen anderen Weg zum Glauben als den Gehorsam gegen den Ruf Jesu.

Was wird über den Inhalt der Nachfolge gesagt? Folge mir nach, laufe hinter mir her! Das ist alles. Hinter ihm hergehen, das ist etwas schlechthin Inhaltloses. Es ist wahrhaftig kein Lebensprogramm, dessen Verwirklichung sinnvoll erscheinen könnte, kein Ziel, kein Ideal, dem nachgestrebt werden sollte. Es ist gar keine Sache, für die es sich nach menschlicher Meinung verlohnte, irgendetwas oder gar sich selbst einzusetzen. Und was geschieht? Der Gerufene verlässt alles, was er hat, nicht, um damit etwas besonders Wertvolles zu tun, sondern einfach um des Rufes willen, weil er sonst nicht hinter Jesus hergehen kann. Diesem Tun ist an sich nicht der geringste Wert beigemessen. Es bleibt in sich selbst etwas völlig Bedeutungsloses, Unbeachtliches. Die Brücken werden abgebrochen, und es wird einfach vorwärtsgegangen. Man ist herausgerufen und soll »heraustreten« aus der bisherigen Existenz, man soll »existieren« im strengen Sinne des Wortes. Das Alte bleibt zurück, es wird ganz hingegeben. Aus den relativen Sicherungen des Lebens heraus in die völlige Unsicherheit (d. h. in Wahrheit in die absolute Sicherheit und Geborgenheit der Gemeinschaft Jesu); aus dem Übersehbaren und Berechenbaren (d. h. dem in Wahrheit ganz Unberechenbaren) in das gänzlich Unübersehbare, Zufällige (d. h. in Wahrheit in das einzig Notwendige und Berechenbare); aus dem Bereich der endlichen Möglichkeiten (d. h. in Wahrheit der unendlichen Möglichkeiten) in den Bereich der unendlichen Möglichkeiten (d. h. in Wahrheit in die einzige befreiende Wirklichkeit) ist der Jünger geworden. Das ist wiederum kein allgemeines Gesetz; vielmehr das genaue Gegenteil von aller Gesetzlichkeit. Es ist abermals nichts anderes als die Bindung an Jesus Christus allein, d. h. gerade die vollkommene Durchbrechung jeder Programmatik, jeder Idealität, jeder Gesetzlichkeit. Darum ist kein weiterer Inhalt möglich, weil Jesus der einzige Inhalt ist. Neben Jesus gibt es hier keine Inhalte mehr. Er selbst ist es.

Der Ruf in die Nachfolge ist also Bindung an die Person Jesu Christi allein, Durchbrechung aller Gesetzlichkeiten durch die Gnade dessen, der ruft. Er ist gnädiger Ruf, gnädiges Gebot. Er ist jenseits der Feindschaft von Gesetz und Evangelium. Christus ruft, der Jünger folgt. Das ist Gnade und Gebot in einem. »Ich wandle fröhlich, denn ich suche deine Befehle« (Psalm 119,45).

Nachfolge ist Bindung an Christus; weil Christus ist, darum muss Nachfolge sein. Eine Idee von Christus, ein Lehrsystem, eine allgemeine religiöse Erkenntnis von der Gnade oder Sündenvergebung macht Nachfolge nicht notwendig, ja, schließt sie in Wahrheit aus, ist der Nachfolge feindlich. Zu einer Idee tritt man in ein Verhältnis der Erkenntnis, der Begeisterung, vielleicht auch der Verwirklichung, aber niemals der persönlichen gehorsamen Nachfolge. Ein Christentum ohne den lebendigen Jesus Christus bleibt notwendig ein Christentum ohne Nachfolge, und ein Christentum ohne Nachfolge ist immer ein Christentum ohne Jesus Christus; es ist Idee, Mythos. Ein Christentum, in dem es nur den Vatergott, aber nicht Christus als lebendigen Sohn gibt, hebt die Nachfolge geradezu auf. Hier gibt es Gottvertrauen, aber nicht Nachfolge. Allein weil der Sohn Gottes Mensch wurde, weil er Mittler ist, ist Nachfolge das rechte Verhältnis zu ihm. Nachfolge ist gebunden an den Mittler, und wo von Nachfolge recht gesprochen wird, dort wird von dem Mittler Jesus Christus, dem Sohn Gottes gesprochen. Nur der Mittler, der Gottmensch kann in die Nachfolge rufen.

Nachfolge ohne Jesus Christus ist Eigenwahl eines vielleicht idealen Weges, vielleicht eines Märtyrerweges, aber sie ist ohne Verheißung. Jesus muss sie verwerfen.

»Und sie gingen in einen anderen Markt. Es begab sich aber, da sie auf dem Wege waren, sprach einer zu ihm: Ich will dir folgen, wo du hingehst. Und Jesus sprach zu ihm: Die Füchse haben Gruben, und die Vögel unter dem Himmel haben Nester; aber des Menschen Sohn hat nicht, da er sein Haupt hinlege. Und er sprach zu einem anderen: Folge mir nach! Der sprach aber: Herr, erlaube mir, dass ich zuvor hingehe und meinen Vater begrabe. Aber Jesus sprach zu ihm: Lass die Toten ihre Toten begraben; gehe du aber hin und verkündige das Reich Gottes! Und ein anderer sprach: Herr, ich will dir nachfolgen; aber erlaube mir zuvor, dass ich einen Abschied mache mit denen, die in meinem Hause sind. Jesus aber sprach zu ihm: Wer seine Hand an den Pflug legt und sieht zurück, der ist nicht geschickt zum Reiche Gottes« (Lk. 9,57–62).

Der erste Jünger trägt Jesus die Nachfolge selbst an, er ist nicht gerufen, die Antwort Jesu verweist den Begeisterten darauf, dass er nicht weiß, was er tut. Er kann es gar nicht wissen. Das ist der Sinn der Antwort, in der dem Jünger das Leben mit Jesus in seiner Wirklichkeit gezeigt wird. Hier spricht der, der zum Kreuz geht, dessen ganzes Leben im Apostolikum mit dem einen Wort »gelitten« bezeichnet wird. Das kann kein Mensch aus eigner Wahl wollen. Es kann sich keiner selbst rufen, sagt Jesus, und sein Wort bleibt ohne Antwort. Die Kluft zwischen dem freien Angebot der Nachfolge und der wirklichen Nachfolge bleibt aufgerissen.

Wo aber Jesus selbst ruft, da überwindet er auch die tiefste Kluft. Der zweite will seinen Vater begraben, bevor er nachfolgt. Das Gesetz bindet ihn. Er weiß, was er tun will und tun muss. Erst soll das Gesetz erfüllt werden, dann will er folgen. Ein klares Gebot des Gesetzes steht hier zwischen dem Gerufenen und Jesus. Dem tritt der Ruf Jesu mächtig entgegen, gerade jetzt unter keinen Umständen irgendetwas zwischen Jesus und den Gerufenen treten zu lassen und sei es das Größte und Heiligste, sei es das Gesetz. Gerade jetzt muss es geschehen, dass um Jesu willen das Gesetz, das sich dazwischen stellen wollte, durchbrochen wird; denn es hat zwischen Jesus und dem Gerufenen kein Recht mehr. So stellt sich Jesus hier gegen das Gesetz und gebietet Nachfolge. So redet allein der Christus. Er behält das letzte Wort. Der Andere kann nicht widerstreben. Dieser Ruf, diese Gnade ist unwiderstehlich.

Der dritte versteht die Nachfolge wie der erste als allein von ihm zu leistendes Angebot, als eigenes, selbstgewähltes Lebensprogramm. Er fühlt sich aber im Unterschied zu jenem berechtigt, auch seinerseits Bedingungen zu stellen. Damit verwickelt er sich in einen vollkommenen Widerspruch. Er will sich zu Jesus stellen, aber zugleich stellt er etwas zwischen sich und Jesus: »Erlaube mir zuvor.« Er will nachfolgen, aber er will sich selbst die Bedingungen für die Nachfolge schaffen. Die Nachfolge ist ihm eine Möglichkeit, zu deren Verwirklichung die Erfüllung von Bedingungen und Voraussetzungen gehört. So wird die Nachfolge etwas menschlich Einsichtiges und Verständliches. Erst tut man das Eine, und dann das Andere. Es hat alles sein Recht und seine Zeit. Der Jünger selbst stellt sich zur Verfügung, hat aber damit auch das Recht, seine Bedingungen zu stellen. Es ist offenbar, dass in diesem Augenblick Nachfolge aufhört, Nachfolge zu sein. Sie wird zum menschlichen Programm, das ich mir einteile nach meinem Urteil, das ich rational und ethisch rechtfertigen kann. Dieser dritte also will nachfolgen, aber schon indem er es ausspricht, will er nicht mehr nachfolgen. Er hebt durch sein Angebot selbst die Nachfolge auf; denn Nachfolge verträgt keine Bedingungen, die zwischen Jesus und den Gehorsam treten könnten. Dieser dritte gerät also nicht nur mit Jesus, sondern schon mit sich selbst in Widerspruch. Er will nicht, was Jesus will, und er will auch nicht, was er selbst will. Er richtet sich selbst, zerfällt mit sich selbst, und dies alles durch das: »Erlaube mir zuvor.« Die Antwort Jesu bestätigt ihm im Bilde diesen Zerfall mit sich selbst, der die Nachfolge ausschließt: »Wer die Hand an den Pflug legt und sieht zurück, der ist nicht geschickt zum Reiche Gottes.«

Nachfolgen heißt bestimmte Schritte tun. Bereits der erste Schritt, der auf den Ruf hin erfolgt, trennt den Nachfolgenden von seiner bisherigen Existenz. So schafft sich der Ruf in die Nachfolge sofort eine neue Situation. In der alten Situation bleiben und nachfolgen schließt sich aus. Das war zunächst ganz sichtbar so. Der Zöllner musste den Zoll, Petrus die Netze verlassen, um hinter Jesus herzugehen [Mk. 2,14; 1,16–18]. Es hätte ja nach unserm Verständnis auch damals schon durchaus anders sein können. Jesus hätte dem Zöllner eine neue Gotteserkenntnis vermitteln und ihn in seiner alten Situation lassen können. Wäre Jesus nicht der menschgewordene Sohn Gottes gewesen, so wäre das möglich. Weil aber Jesus der Christus ist, darum musste es von vornherein deutlich werden, dass sein Wort nicht eine Lehre, sondern eine Neuschöpfung der Existenz ist. Es galt, mit Jesus wirklich zu gehen. Wen er rief, dem war damit gesagt, dass für ihn nur noch eine einzige Möglichkeit des Glaubens an Jesus besteht, nämlich die, dass er alles verlässt und mit dem menschgewordenen Sohn Gottes geht.

Mit dem ersten Schritt ist der Nachfolgende in die Situation gestellt, glauben zu können. Folgt er nicht, bleibt er zurück, so lernt er nicht glauben. Der Gerufene muss aus seiner Situation, in der er nicht glauben kann, in die Situation, in der allererst geglaubt werden kann. In sich hat dieser Schritt keinerlei programmatischen Wert, er ist gerechtfertigt allein durch die Gemeinschaft mit Jesus Christus, die gewonnen wird. Solange Levi am Zoll sitzt oder Petrus bei den Netzen, so lange mögen sie ihren Beruf redlich und treu tun, solange mögen sie alte oder neue Gotteserkenntnisse haben, aber wenn sie Gott glauben lernen wollen, so müssen sie dem menschgewordenen Sohn Gottes folgen, mit ihm gehen.

Vorher war das anders. Da konnten sie als die Stillen im Lande unerkannt in ihrer Arbeit leben, sie hielten das Gesetz und warteten auf den Messias. Jetzt aber war er da, jetzt erging sein Ruf. Jetzt hieß glauben nicht mehr stille sein und warten, sondern mit ihm gehen in der Nachfolge. Jetzt löste sein Ruf in die Nachfolge alle Bindungen um der einzigen

Bindung an Jesus Christus willen. Jetzt müssten alle Brücken abgebrochen werden, der Schritt in die unendliche Unsicherheit musste getan werden, um zu erkennen, was Jesus fordert und was Jesus gibt. Levi am Zoll hätte Jesus wohl haben können als einen Helfer in allerlei Not, aber er hätte ihn nicht erkannt als den einen Herrn, dem er sein ganzes Leben in die Hand legen soll, er hätte nicht glauben gelernt. Es muss die Situation geschaffen werden, in der Jesus der menschgewordene Gott geglaubt werden kann, die unmögliche Situation, in der alles auf eines gesetzt wird, nämlich auf das Wort Jesu. Petrus muss aus dem Schiff heraustreten auf das schwankende Wasser [Mt. 14,29], um seine Ohnmacht und die Allmacht seines Herrn zu erfahren. Wäre er nicht herausgetreten, so hätte er nicht glauben gelernt. Die völlig unmögliche, ethisch schlechthin unverantwortliche Lage auf dem schwankenden Meer muss herausgestellt werden, damit geglaubt werden kann. Der Weg zum Glauben geht durch den Gehorsam gegen den Ruf Christi. Der Schritt wird gefordert, sonst geht der Ruf Jesu ins Leere, und alle vermeintliche Nachfolge ohne diesen Schritt, zu dem Jesus ruft, wird zur unwahren Schwärmerei.

Die Gefahr der Unterscheidung einer Situation, in der geglaubt werden kann, von einer solchen, in der nicht geglaubt werden kann, ist groß. Es muss dabei ganz klar sein, dass es erstens niemals in der Situation als solcher liegt oder erkennbar ist, welcher Art sie ist. Allein der Ruf Jesu Christi qualifiziert sie als Situation, in der geglaubt werden kann. Zweitens ist die Situation, in der geglaubt werden kann, niemals vom Menschen aus herauszustellen. Nachfolge ist kein Angebot des Menschen. Allein der Ruf schafft die Situation. Drittens enthält diese Situation niemals in sich selbst einen eigenen Wert. Allein durch den Ruf ist sie gerechtfertigt. Schließlich und hauptsächlich ist auch die Situation, in der geglaubt werden kann, bereits selbst immer nur im Glauben ermöglicht.

Der Begriff einer Situation, in der geglaubt werden kann, ist nur die Umschreibung des Sachverhalts, in dem die folgenden zwei Sätze gelten, die in gleicher Weise wahr sind: Nur der Glaubende ist gehorsam, und nur der Gehorsame glaubt.

Es ist eine schwere Einbuße an biblischer Treue, wenn wir den ersten Satz ohne den zweiten lassen. Nur der Glaubende ist gehorsam, das meinen wir zu verstehen. Der Gehorsam folge ja dem Glauben wie die gute Frucht dem guten Baum, sagen wir dann. Erst ist der Glaube, dann erst Gehorsam. Soll damit nur dies bezeugt sein, dass allein der Glaube rechtfertigt und nicht das Tun des Gehorsams, so ist das allerdings die notwendige und unumstößliche Voraussetzung für alles weitere. Sollte aber damit irgendeine zeitliche Bestimmung gegeben sein, dass erst geglaubt werden müsse und später der Gehorsam folge, so werden Glaube und Gehorsam auseinandergerissen, und es bleibt dann die höchst praktische Frage offen, wann der Gehorsam anzufangen habe. Der Gehorsam bleibt vom Glauben getrennt. Um der Rechtfertigung willen müssen ja Glaube und Gehorsam getrennt werden, aber diese Trennung darf niemals die Einheit beider aufheben, die darin liegt, dass Glaube nur im Gehorsam existiert, niemals ohne Gehorsam ist, dass Glaube nur in der Tat des Gehorsams Glaube ist.

Um der Uneigentlichkeit der Rede vom Gehorsam als einer Folge des Glaubens willen, um des Hinweises auf die unauflösliche Einheit von Glauben und Gehorsam willen muss nun dem Satz, dass nur der Glaubende gehorsam sei, der andere gegenübergestellt werden: Nur der Gehorsame glaubt. Ist dort der Glaube die Voraussetzung des Gehorsams, so ist hier der Gehorsam die Voraussetzung des Glaubens. In genau derselben Weise, in der der Gehorsam Folge des Glaubens genannt wird, ist er auch Voraussetzung des Glaubens zu nennen.

Nur der Gehorsame glaubt. Es muss Gehorsam geleistet werden gegen einen konkreten Befehl, damit geglaubt werden kann. Es muss ein erster Schritt des Gehorsams gegangen werden, damit Glaube nicht frommer Selbstbetrug, billige Gnade werde. Es liegt an dem ersten Schritt. Er ist von allen folgenden qualitativ unterschieden. Der erste Schritt des Gehorsams muss den Petrus fort von den Netzen, aus dem Schiff heraus, muss den Jüngling aus dem Reichtum führen [Mk. 1,16–18]. Nur in dieser neuen, durch den Gehorsam geschaffenen Existenz kann geglaubt werden.

Dieser erste Schritt ist nun zuerst zu betrachten als das äußerliche Werk, das im Vertauschen einer Existenzweise mit einer anderen besteht. Diesen Schritt kann jeder tun. Der Mensch hat Freiheit dazu. Es ist ein Tun innerhalb der iustitia civilis, in der der Mensch frei ist. Petrus kann sich nicht bekehren, aber er kann seine Netze verlassen. Inhaltlich ist in den Evangelien mit dem ersten Schritt bereits ein Tun gefordert, das das Lebensganze betrifft. Die römische Kirche verlangte einen solchen Schritt nur als die außerordentliche Möglichkeit des Mönchtums, während für die anderen Gläubigen die Bereitschaft genügte, sich der Kirche und ihren Geboten bedingungslos zu unterwerfen. Auch in den lutherischen Bekenntnisschriften ist in bedeutsamer Weise die Wichtigkeit eines ersten Schrittes erkannt: Nachdem die Gefahr des synergistischen Missverständnisses grundsätzlich beseitigt ist, kann und muss ein Raum gelassen werden für jenes erste äußere Tun, das zum Glauben gefordert wird: Es ist hier der Schritt zur Kirche, in der das Wort des Heils gepredigt wird. Dieser Schritt kann in voller Freiheit getan werden. Komm zur Kirche! Das kannst du kraft deiner menschlichen Freiheit. Du kannst am Sonntag dein Haus verlassen und zur Predigt gehen. Tust du es nicht, so schließt du dich willkürlich von dem Ort aus, an dem geglaubt werden kann. Damit bezeugen die lutherischen Bekenntnisschriften, dass sie von einer Situation wissen, in der geglaubt werden kann, und von einer solchen, in der Glaube nicht möglich ist. Zwar bleibt diese Erkenntnis hier sehr im Versteck, fast als schäme man sich ihrer, aber sie ist vorhanden als ein und dieselbe Erkenntnis von der Bedeutung des ersten Schrittes als eines äußeren Tuns.

Ist diese Erkenntnis gesichert, dann muss als zweites gesagt werden, dass dieser erste Schritt als rein äußerliches Tun ein totes Werk des Gesetzes ist und bleibt, das durch sich selbst niemals zu Christus führt. Als äußeres Tun bleibt die neue Existenz durchaus die alte; es wird bestenfalls ein neues Lebensgesetz, ein neuer Lebensstil erreicht, der aber nichts mit dem neuen Leben mit Christus zu tun hat. Der Trinker, der den Alkohol lässt, der Reiche, der sein Geld weggibt, wird dadurch wohl vom Alkohol und vom Gelde frei, aber nicht von sich selbst. Er bleibt also ganz bei sich selbst, möglicherweise näher bei sich selbst als vorher, er bleibt unter der Forderung des Werkes ganz im Tode des alten Lebens. Zwar muss das Werk getan werden, aber es führt durch sich selbst aus dem Tod, dem Ungehorsam und der Gottlosigkeit nicht heraus. Verstehen wir selbst etwa unsern ersten Schritt als Voraussetzung für die Gnade, für den Glauben, so sind wir darin durch unser Werk schon gerichtet und von der Gnade gänzlich abgeschnitten. Dabei ist in das äußere Werk alles eingeschlossen, was wir Gesinnung, guten Vorsatz zu nennen pflegen, alles was die römische Kirche facere quod in se est [Anm.: tun, was an einem selbst liegt] nennt. Tun wir den ersten Schritt in der Absicht, uns damit in die Situation des Glaubenkönnens zu versetzen, so ist auch dieses Glaubenkönnen wieder nichts als ein Werk, als eine neue Lebensmöglichkeit innerhalb unserer alten Existenz und damit völlig missverstanden, wir bleiben im Unglauben.

Und doch muss das äußere Werk geschehen, doch müssen wir in die Situation des Glaubenkönnens hinein. Wir müssen den Schritt tun. Was heißt das? Es heißt, dass dieser Schritt nur recht geschieht, wenn wir ihn nicht im Blick auf unser Werk, das getan werden muss, sondern allein im Blick auf das Wort Jesu Christi hin tun, das uns dazu ruft. Petrus weiß, er darf nicht eigenmächtig aus dem Schiff steigen, der erste Schritt wäre schon sein Untergang, darum ruft er: »Heiße mich zu dir kommen auf dem Wasser« und Christus antwortet: »Komm her« [Mt. 14,28f]. Also Christus muss gerufen haben, allein auf sein Wort hin kann der Schritt getan werden. Dieser Ruf ist seine Gnade, die aus dem Tod in das neue Leben des Gehorsams ruft. Jetzt aber, da Christus gerufen hat, muss Petrus aus dem Schiff heraus, um zu Christus zu kommen. So ist in der Tat der erste Schritt des Gehorsams schon selbst ein Tun des Glaubens an das Wort Christi. Es würde aber den Glauben als Glauben völlig verkennen, wenn nun daraus wieder geschlossen würde, es sei also der erste Schritt doch nicht mehr nötig, weil doch der Glaube schon da sei. Demgegenüber muss dann geradezu der Satz gewagt werden: Erst muss der Schritt des Gehorsams getan sein, ehe geglaubt werden kann. Der Ungehorsame kann nicht glauben.

Du beklagst dich darüber, dass du nicht glauben kannst? Es darf sich keiner wundern, wenn er nicht zum Glauben kommt, solange er sich an irgendeiner Stelle in wissentlichem Ungehorsam dem Gebot Jesu widersetzt oder entzieht. Du willst irgendeine sündige Leidenschaft, eine Feindschaft, eine Hoffnung, deine Lebenspläne, deine Vernunft nicht dem Gebot Jesu unterwerfen? Wundere dich nicht, dass du den Heiligen Geist nicht empfängst, dass du nicht beten kannst, dass dein Gebet um den Glauben leer bleibt! Gehe vielmehr hin und versöhne dich mit deinem Bruder [Mt. 5,24], lass von der Sünde, die dich gefangenhält, und du wirst wieder glauben können! Willst du Gottes gebietendes Wort ausschlagen, so wirst du auch sein gnädiges Wort nicht empfangen. Wie solltest du die Gemeinschaft dessen finden, dem du dich wissentlich an irgendeiner Stelle entziehst? Der Ungehorsame kann nicht glauben, nur der Gehorsame glaubt.

Hier wird der gnädige Ruf Jesu Christi in die Nachfolge zum harten Gesetz: Tue dies! Lass jenes! Komm heraus aus dem Schiff zu Jesus! Wer mit seinem Glauben oder seinem Unglauben seinen tatsächlichen Ungehorsam gegen den Ruf Jesu entschuldigt, zu dem sagt Jesus: Erst sei gehorsam, tue das äußere Werk, lass, was dich bindet, gib auf, was dich vom Willen Gottes scheidet! Sage nicht: Ich habe den Glauben dazu nicht. Du hast ihn solange nicht, als du in Ungehorsam bleibst, solange du den ersten Schritt nicht tun willst. Sage nicht: Ich habe ja den Glauben, ich brauche den ersten Schritt nicht mehr zu tun. Du hast ihn nicht, solange und weil du den Schritt nicht tun willst, sondern dich im Unglauben unter dem Schein des demütigen Glaubens verstockst. Es ist eine böse Ausflucht, vom mangelnden Gehorsam auf den mangelnden Glauben und vom mangelnden Glauben wieder auf den mangelnden Gehorsam zurückzuverweisen. Es ist der Ungehorsam der »Glaubenden«, dort wo ihr Gehorsam gefordert wird, ihren Unglauben zu bekennen und mit diesem Bekenntnis (Mk. 9,24) Spiel zu treiben. Glaubst du – so tu den ersten Schritt! Er führt zu Jesus Christus. Glaubst du nicht – so tu eben denselben Schritt, er ist dir geboten! Die Frage nach deinem Glauben oder deinem Unglauben ist dir nicht aufgetragen, sondern die Tat des Gehorsams ist dir befohlen und sofort zu tun. In ihr wird die Situation gegeben, in der Glaube möglich wird und wirklich existiert.

Also nicht es gibt, sondern Er gibt dir eine Situation, in der du glauben kannst. In jene Situation gilt es zu kommen, damit der Glaube rechter Glaube und nicht Selbstbetrug sei. Gerade weil es allein um das rechte Glauben an Jesus Christus geht, weil der Glaube allein das Ziel ist und bleibt (»aus Glauben in Glauben«, Römer 1,17), ist diese Situation unerlässlich. Wer hier allzu schnell und allzu protestantisch protestiert, der muss sich fragen lassen, ob es nicht die billige Gnade sei, für die er spricht. Denn in der Tat können die beiden Sätze, wenn sie nur nebeneinander stehen bleiben, dem rechten Glauben nicht zum Anstoß werden, während freilich jeder für sich allein ein großes Ärgernis sein muss. Nur der Glaubende ist gehorsam – das ist dem Gehorsamen im Glaubenden gesagt; nur der Gehorsame glaubt – das ist dem Glaubenden im Gehorsamen gesagt. Bleibt der erste Satz allein, so wird der Glaubende der billigen Gnade, d. h. der Verdammnis ausgeliefert; bleibt der zweite Satz allein, so wird der Glaubende dem Werk, d. h. der Verdammnis ausgeliefert.

Von hier aus dürfen wir nun einen Blick tun in die christliche Seelsorge. Es ist für den Seelsorger von großer Wichtigkeit, dass er aus der Kenntnis beider Sätze spricht. Er muss wissen, dass die Klage über den Mangel an Glauben immer wieder aus bewusstem oder schon nicht mehr bewusstem Ungehorsam kommt, und dass dieser Klage allzu leicht der Trost der billigen Gnade entspricht. Dabei bleibt aber der Ungehorsam ungebrochen, und das Wort von der Gnade wird zu dem Trost, den sich der Ungehorsame selbst zuspricht, zu der Sündenvergebung, die er sich selbst erteilt. Damit aber wird ihm die Verkündigung leer, er hört sie nicht mehr. Und ob er sich tausendmal die Sünden selbst vergibt, vermag er doch nicht an die wirkliche Vergebung zu glauben, eben weil sie ihm in Wahrheit auch gar nicht geschenkt worden ist. Der Unglaube nährt sich an der billigen Gnade, weil er im Ungehorsam beharren will. Das ist eine häufige Situation in der heutigen christlichen Seelsorge. Es muss nun dahin kommen, dass sich der Mensch durch selbsterteilte Sündenvergebung in seinem Ungehorsam verstockt, dass er vorgibt, das Gute und das Gebot Gottes nicht erkennen zu können. Es sei zweideutig und lasse mancherlei Auslegungen zu. Das anfänglich noch klare Wissen um den Ungehorsam verdunkelt sich mehr und mehr und wird zur Verstockung. Hier hat sich der Ungehorsame selbst so verfangen und verstrickt, dass er das Wort nicht mehr hören kann. Hier kann in der Tat nicht mehr geglaubt werden. Es wird sich dann zwischen dem Verstockten und dem Seelsorger etwa folgendes Gespräch ergeben: »Ich kann nicht mehr glauben.« – »Höre das Wort, es wird dir gepredigt!« – »Ich höre es, aber es sagt mir nichts, es bleibt mir leer, es geht an mir vorbei.« – »Du willst nicht hören.« – »Doch, ich will.« – Jetzt ist der Punkt erreicht, an dem das seelsorgerliche Gespräch meist abbricht, weil der Seelsorger nicht weiß, woran er ist. Er kennt nur den einen Satz: Nur der Glaubende ist gehorsam. Mit diesem Satz vermag er dem Verstockten nicht mehr zu helfen, der eben diesen Glauben nicht hat und nicht haben kann. Der Seelsorger meint also schon hier vor dem letzten Rätsel zu stehen, dass Gott dem einen den Glauben schenkt, den er dem anderen versagt. Mit diesem Satz wird dann kapituliert. Der Verstockte bleibt allein und beklagt resigniert weiter seine Not. Aber gerade hier liegt der Wendepunkt des Gesprächs. Die Wendung ist eine totale. Es wird nicht mehr argumentiert, die Fragen und die Nöte des Anderen werden nicht mehr letztlich ernstgenommen, dafür umso mehr der Andere selbst, der sich hinter ihnen verbergen will. Jetzt geschieht der Einbruch in die Festung, die dieser sich gebaut hat, mit dem Satz: Nur der Gehorsame glaubt. Also, das Gespräch wird abgebrochen, und der nächste Satz des Seelsorgers heißt: »Du bist ungehorsam, du verweigerst Christus den Gehorsam, du willst ein Stück eigener Herrschaft für dich behalten. Du kannst Christus nicht hören, weil du ungehorsam bist, du kannst die Gnade nicht glauben, weil du nicht gehorchen willst. Du verstockst dich an irgendeiner Stelle deines Herzens gegen den Ruf Christi. Deine Not ist deine Sünde.« Jetzt ist Christus selbst wieder auf dem Plan, jetzt greift er den Teufel im Anderen an, der sich bisher hinter der billigen Gnade versteckt hielt. Jetzt wird alles darauf ankommen, dass der Seelsorger die beiden Sätze bereit hat: Nur der Gehorsame glaubt, und nur der Glaubende gehorcht. Er muss im Namen Jesu zum Gehorsam, zur Tat, zum ersten Schritt aufrufen. Verlasse, was dich bindet und folge ihm nach! In diesem Augenblick hängt alles an diesem Schritt. Die Stellung, die der Ungehorsame bezogen hatte, muss durchbrochen werden; denn in ihr konnte Christus nicht mehr gehört werden. Der Flüchtling muss heraus aus seinem Versteck, das er sich gebaut hat. Erst draußen kann er wieder frei sehen, hören, glauben. Zwar ist vor Christus nichts damit gewonnen, dass das Werk getan ist, es bleibt an sich ein totes Werk. Dennoch muss Petrus auf das schwankende Meer [Mt. 14,29], damit er glauben kann.

Der Tatbestand ist also kurz der: Der Mensch hat sich durch den Satz, dass der Glaubende allein gehorsam sei, vergiftet mit der billigen Gnade. Er bleibt im Ungehorsam und tröstet sich einer Vergebung, die er sich selbst zuspricht, und verschließt sich damit dem Wort Gottes. Der Einbruch in die Festung misslingt, solange ihm allein der Satz wiederholt wird, hinter dem er sich versteckte. Es muss die Wendung eintreten, der Andere muss zum Gehorsam gerufen werden: Nur der Gehorsame glaubt!

Wird einer damit auf den Weg der eigenen Werke verführt? Nein, vielmehr wird er darauf verwiesen, dass sein Glaube kein Glaube ist, er wird aus der Verstrickung in sich selbst befreit. Er muss in die freie Luft der Entscheidung. So wird ihm der Ruf Jesu zum Glauben und zur Nachfolge neu hörbar gemacht.

Damit stehen wir bereits mitten in der Geschichte vom reichen Jüngling.

»Und siehe, einer trat zu ihm und sprach: Guter Meister, was soll ich Gutes tun, dass ich das ewige Leben möge haben? Er aber sprach zu ihm: Was heißest du mich gut? Niemand ist gut denn der einige Gott. Willst du aber zum Leben eingehen, so halte die Gebote. Da sprach er zu ihm: Welche? Jesus aber sprach: ›Du sollst nicht töten; du sollst nicht ehebrechen; du sollst nicht stehlen; du sollst nicht falsch Zeugnis geben; ehre Vater und Mutter!‹ und: ›du sollst deinen Nächsten lieben wie dich selbst.‹ Da sprach der Jüngling zu ihm: Das habe ich alles gehalten von meiner Jugend auf; was fehlt mir noch? Jesus sprach zu ihm: Willst du vollkommen sein, so gehe hin, verkaufe, was du hast, und gib's den Armen, so wirst du einen Schatz im Himmel haben; und komm und folge mir nach! Da der Jüngling das Wort hörte, ging er betrübt von ihm; denn er hatte viele Güter« (Mt. 19,16–22).

Die Frage des Jünglings nach dem ewigen Leben ist die Frage nach dem Heil, sie ist die einzig ernste Frage schlechthin. Aber es ist nicht leicht, diese Frage recht zu stellen. Das zeigt sich daran, dass der Jüngling, der doch offenbar diese Frage meint, im Grunde schon eine ganz andere Frage stellt, ja dass er tatsächlich der Frage ausweicht. Er richtet nämlich seine Frage an den »guten Meister«. Er will die Meinung, den Rat, das Urteil des guten Meisters, des großen Lehrers zu dieser Frage hören. Er gibt damit zweierlei zu erkennen: Erstens, ihm ist seine Frage von größter Wichtigkeit, Jesus muss zu ihr etwas Bedeutungsvolles zu sagen haben. Zweitens aber erwartet er von dem guten Meister, dem großen Lehrer wohl eine wesentliche Äußerung, aber doch nicht eine unbedingt verbindliche göttliche Weisung. Die Frage nach dem ewigen Leben ist dem Jüngling eine Frage, über die er mit einem »guten Meister« zu sprechen und zu diskutieren wünscht. Aber schon hier stellt sich ihm das Wort Jesu in den Weg: »Was heißest du mich gut? Niemand ist gut denn der einige Gott.« Die Frage hat schon sein Herz verraten. Er wollte mit einem guten Rabbi über das ewige Leben reden, jetzt bekommt er zu hören, dass er in Wahrheit mit dieser Frage nicht vor einem guten Meister, sondern vor Gott selbst steht. Er wird also keine Antwort vom Sohne Gottes empfangen, die etwas anderes wäre als der klare Hinweis auf das Gebot des einigen Gottes. Er wird keine Antwort eines »guten Meisters« empfangen, die zu dem offenbaren Willen Gottes noch eine eigene Meinung hinzufügte. Jesus weist auf den allein guten Gott von sich weg und bewährt sich gerade darin als der vollkommene gehorsame Sohn Gottes. Steht aber der Frager vor Gott selbst, so ist er zugleich ertappt als einer, der auf der Flucht war vor dem offenbaren Gebot Gottes, das er ja selbst kennt. Der Jüngling weiß ja die Gebote. Aber dies eben ist seine Lage, dass er sich nicht mit ihnen zufriedengeben kann, dass er über sie hinaus will. Seine Frage ist durchschaut als die Frage einer selbsterdachten und selbsterwählten Frömmigkeit. Warum hat der Jüngling nicht genug an dem offenbaren Gebot? Warum tut er, als wüsste er nicht längst die Antwort auf seine Frage? Warum will er Gott beschuldigen, er habe ihn in dieser entscheidenden Frage des Lebens in Unwissenheit gelassen? So ist der Jüngling bereits gefangen und vor Gericht gezogen. Er wird von der unverbindlichen Frage nach dem Heil zurückgerufen zum schlichten Gehorsam gegen die offenbaren Gebote.

Es folgt ein zweiter Fluchtversuch. Der Jüngling antwortet mit einer weiteren Frage: »Welche«? [Mt. 19,18] In dieser einen Frage steckt der Satan selbst. Hier war ja der einzig mögliche Ausweg für den, der sich gefangen sah. Natürlich weiß der Jüngling die Gebote; aber wer will denn aus der Fülle der Gebote wissen, welches Gebot gerade ihm, gerade jetzt gilt? Die Offenbarung des Gebotes ist vieldeutig, ist unklar, sagt der Jüngling. Er sieht nicht die Gebote, sondern er sieht wiederum nur sich selbst, seine Probleme, seine Konflikte. Vom klaren Gebot Gottes zieht er sich zurück auf die interessante unbestreitbar menschliche Situation des »ethischen Konflikts«. Nicht dies ist daran falsch, dass er diesen Konflikt kennt, sondern dass dieser Konflikt ausgespielt wird gegen die Gebote Gottes. Vielmehr sind die Gebote gerade dazu gegeben, um den ethischen Konflikt zu Ende zu bringen. Der ethische Konflikt als das ethische Urphänomen des Menschen nach dem Fall ist selbst der Widerspruch des Menschen gegen Gott. Die Schlange im Paradies legte diesen Konflikt in das Herz des ersten Menschen. »Sollte Gott gesagt haben?« [Gen. 3,1] Vom klaren Gebot und vom einfältigen kindlichen Gehorsam wird der Mensch losgerissen durch den ethischen Zweifel, durch den Hinweis darauf, dass das Gebot ja noch durchaus der Auslegung und Deutung bedarf. »Sollte Gott gesagt haben?« Der Mensch selbst soll darüber entscheiden in der Kraft seines Wissens um Gut und Böse, in Kraft seines Gewissens, was das Gute sei. Das Gebot ist vieldeutig, Gott will, dass der Mensch es deute und auslege und sich in Freiheit entscheide.

Damit ist der Gehorsam gegen das Gebot schon verweigert. An die Stelle des einfältigen Tuns ist ein zwiefältiges Denken getreten. Der Mensch des freien Gewissens rühmt sich gegen das Kind des Gehorsams. Die Berufung auf den ethischen Konflikt ist die Aufsage des Gehorsams. Es ist der Rückzug von der Wirklichkeit Gottes auf das Mögliche des Menschen, vom Glauben auf den Zweifel. So geschieht nun das Unerwartete, dass dieselbe Frage, in der der Jüngling seinen Ungehorsam zu verhüllen sucht, ihn enthüllt als den, der er ist, nämlich als den Menschen unter der Sünde. Diese Enthüllung vollzieht sich durch die Antwort Jesu. Die offenbaren Gebote Gottes werden genannt. Indem Jesus sie nennt, bestätigt er sie aufs Neue als Gottes Gebote. Abermals ist der Jüngling gestellt. Er hoffte noch einmal in die Unverbindlichkeit eines Gespräches über ewige Fragen durchbrechen zu können. Er hoffte, Jesus werde ihm eine Lösung des ethischen Konflikts bieten. Stattdessen wird nicht die Frage, sondern er selbst angepackt. Die einzige Antwort auf die Not des ethischen Konflikts ist das Gebot Gottes selbst und damit die Forderung, jetzt nicht mehr zu diskutieren, sondern endlich zu gehorchen. Nur der Teufel hat eine Lösung des ethischen Konflikts anzubieten, und die heißt: Bleibe im Fragen, so bist du frei vom Gehorchen. Jesus zielt nicht auf das Problem des Jünglings, sondern auf den Jüngling selbst. Er nimmt den von dem Jüngling so todernst genommenen ethischen Konflikt gar nicht ernst. Ernst ist ihm nur eines, nämlich dass der Jüngling endlich das Gebot hört und gehorcht. Gerade dort, wo der ethische Konflikt so ernst genommen sein will, wo er den Menschen quält und knechtet, weil er ihn nicht zur befreienden Tat des Gehorsams kommen lässt, gerade dort enthüllt sich seine ganze Gottlosigkeit, dort muss er in seiner ganzen ungöttlichen Unernsthaftigkeit als definitiver Ungehorsam offenbar werden. Ernst ist allein die gehorsame Tat, die den Konflikt beendet und zerstört, in der wir befreit sind zum Kinde Gottes. Das ist die göttliche Diagnose, die dem Jüngling gestellt wird.

Zweimal ist der Jüngling nun unter die Wahrheit des Wortes Gottes gestellt. Er kommt um das Gebot Gottes nicht mehr herum. Jawohl, das Gebot ist klar, und man muss ihm gehorchen! Aber – es genügt nicht! »Das habe ich alles gehalten von meiner Jugend auf, was fehlt mir noch?« Der Jüngling wird bei dieser Antwort von der Aufrichtigkeit seines Anliegens ebenso überzeugt gewesen sein wie in allem Vorangegangenen. Eben darin liegt ja sein Trotz gegen Jesus. Er kennt das Gebot, er hat es gehalten, aber er meint, das könne nicht der ganze Wille Gottes sein, es müsse noch etwas dazukommen, etwas Außerordentliches, Einzigartiges. Das will er tun. Das offenbare Gebot Gottes ist unvollkommen, sagt der Jüngling in seiner letzten Flucht vor dem wahren Gebot, in seinem letzten Versuch, bei sich selbst zu bleiben, selbst zu entscheiden über Gut und Böse. Das Gebot wird jetzt bejaht, aber es wird zugleich frontal angegriffen. »Das habe ich alles gehalten; was fehlt mir noch?« Markus fügt an dieser Stelle ein: »Und Jesus sah ihn an und liebte ihn« (10,21). Jesus erkennt, wie hoffnungslos sich der Jüngling verschlossen hat gegen das lebendige Wort Gottes, wie er mit ganzem Ernst, mit seinem ganzen Wesen wütet gegen das lebendige Gebot, gegen den schlichten Gehorsam. Er will dem Jüngling helfen, er liebte ihn. Darum gibt er ihm die letzte Antwort: »Willst du vollkommen sein, so gehe hin, verkaufe, was du hast, und gib's den Armen, so wirst du einen Schatz im Himmel haben; und komm und folge mir nach!« – Dreierlei ist in diesen Worten an den Jüngling zu beachten: Erstens, es ist jetzt Jesus selbst, der gebietet. Jesus, der eben noch den Jüngling von dem guten Meister an den allein guten Gott gewiesen hatte, nimmt nun selbst die Vollmacht in Anspruch, das letzte Wort und Gebot zu sagen. Der Jüngling muss erkennen, dass vor ihm der Sohn Gottes selbst steht. Es war die dem Jüngling verborgene Sohnschaft Jesu, die ihn von sich weg auf den Vater weisen ließ, womit er sich vollkommen mit seinem Vater einte. Es ist die selbe Einheit, die Jesus jetzt das Gebot des Vaters selbst sprechen lässt. Unmissverständlich klar muss das dem Jüngling werden, als er den Ruf Jesu in die Nachfolge vernimmt. Das ist die Summe aller Gebote, der Jüngling soll in der Gemeinschaft des Christus leben, Christus ist das Ziel der Gebote. Dieser Christus steht ihm jetzt gegenüber und ruft ihn. Es gibt keine Ausflucht mehr in die Unwahrheit des ethischen Konflikts. Das Gebot ist eindeutig: Folge mir nach. Das zweite ist dies: Auch dieser Ruf in die Nachfolge bedarf noch einer Klärung, um unmissverständlich zu sein. Es muss dem Jüngling unmöglich gemacht werden, die Nachfolge selbst wiederum als ethisches Abenteuer, als absonderlichen interessanten, aber gegebenenfalls doch noch revozierbaren Weg und Lebensstil misszuverstehen. Die Nachfolge wäre auch dann noch missverstanden, wenn der Jüngling sie als einen letzten Abschluss seines bisherigen Tuns und Fragens ansehen könnte, als eine Addition des Vorangegangenen, als Ergänzung, Vervollständigung, Vervollkommnung des Bisherigen. Es muss darum zur unmissverständlichen Klärung eine Situation geschaffen werden, die es nicht zulässt, dass man hinter sie wieder zurück kann, eine unrevozierbare Situation, und zugleich muss in ihr deutlich werden, dass sie keineswegs nur eine Ergänzung des Bisherigen ist. Diese erforderte Situation wird geschaffen durch die Aufforderung Jesu zur freiwilligen Armut. Sie ist die existentielle, die seelsorgerliche Seite der Sache. Sie will dem Jüngling helfen, endlich recht zu verstehen und recht gehorsam zu sein. Sie entspringt der Liebe Jesu zu dem Jüngling. Sie ist nur das Zwischenglied zwischen dem bisherigen Weg des Jünglings und der Nachfolge. Aber sie ist – wohlgemerkt – nicht identisch mit der Nachfolge selbst, sie ist nicht einmal der erste Schritt in der Nachfolge, sondern der Gehorsam, in dem Nachfolge erst wirklich werden kann. Erst soll der Jüngling hingehen, alles verkaufen und den Armen geben und dann kommen und nachfolgen. Das Ziel ist die Nachfolge, der Weg in diesem Falle die freiwillige Armut. Und das dritte: Jesus nimmt die Frage des Jünglings, was ihm noch fehle, auf: »Willst du vollkommen sein, ...« das könnte den Anschein erwecken, als werde hier tatsächlich von einer Hinzufügung zum Bisherigen geredet. Es ist auch eine Hinzufügung, in deren Inhalt aber bereits die Aufhebung alles Bisherigen beschlossen ist. Der Jüngling ist eben bisher nicht vollkommen; denn er hat das Gebot falsch verstanden und falsch getan. Er kann es jetzt nur recht verstehen und recht tun in der Nachfolge, aber eben auch hier nur, weil Jesus Christus ihn dazu beruft. Indem er die Frage des Jünglings aufnimmt, entwindet er sie ihm. Der Jüngling fragte nach seinem Weg zum ewigen Leben, Jesus antwortet: Ich rufe dich, das ist alles.

Der Jüngling suchte eine Antwort auf seine Frage. Die Antwort heißt: Jesus Christus. Der Jüngling wollte das Wort des guten Meisters hören, nun erkennt er, dass dieses Wort – der Mann, den er fragte, selbst ist. Der Jüngling steht vor Jesus, dem Sohne Gottes, die volle Begegnung ist da. Es gibt nur noch Ja oder Nein, Gehorsam oder Ungehorsam. Die Antwort des Jünglings ist Nein. Traurig ging der Jüngling davon, er sah sich enttäuscht, betrogen um seine Hoffnung, und er kann doch von seiner Vergangenheit nicht lassen. Er hatte viele Güter. Der Ruf in die Nachfolge bekommt auch hier keinen anderen Inhalt als Jesus Christus selbst, die Bindung an ihn, die Gemeinschaft mit ihm. Aber nicht schwärmerische Verehrung eines guten Meisters, sondern Gehorsam gegen den Sohn Gottes ist die Existenz des Nachfolgenden.

Gemeinsames Leben

Die Gemeinde der Nachfolge durfte von der „Welt" nicht korrumpiert werden. Sie musste sich in der Heiligung von ihr klar distanzieren. Die Bekennende Kirche war nur in ihrer radikalen Formation der Dahlemiten, zu denen Bonhoeffer gehörte, zum Bruch mit aller kompromisshaften Verbindung bereit, den etwa der Lutherrat in seinem Kontakt zum Reichskirchenausschuss suchte. Wo waren die Kräfte, die die Kirche Jesu Christi so erneuern konnten, dass sie sich zum klaren Zeugnis in der Nachfolge verpflichtete? Sie mussten neu gefunden und gestärkt werden. Bonhoeffer hatte dazu klare Vorstellungen, wenn er an seinen Bruder Karl-Friedrich schrieb: „Die Restauration der Kirche kommt gewiss aus einer Art neuen Mönchtum, das mit dem alten nur die Kompromisslosigkeit eines Lebens nach der Bergpredigt in der Nachfolge Christi gemeinsam hat. Ich glaube, es ist an der Zeit, hierfür die Menschen zu sammeln."[43]

Diese Gelegenheit sollte sich Bonhoeffer bald ganz konkret bieten, als ihm die Leitung eines Predigerseminars der Bekennenden Kirche angeboten wurde. Auch die Reichskirche verfüg-

---

[43] DBW 13, 273.

te über solche Einrichtungen, in denen angehende Pfarrer nach ihrer universitären Ausbildung in Fragen der praktisch-pastoralen Tätigkeit geschult wurden. Im Vollzug der Beschlüsse von Dahlem gab sich die BK nun mit fünf eigenen Seminaren auch hier eine parallele Struktur. Dabei waren die Seminare staatlicherseits von Anfang an illegal. Das führte auch dazu, dass der zunächst ins Auge gefasste Ausbildungsort Düsseldorf zugunsten einer weniger zentralen Lage, etwas „abseits vom Schuss", fallengelassen wurde. Bonhoeffer hatte in seiner Londoner Zeit noch die Gelegenheit genutzt, drei anglikanische Kommunitäten kennenzulernen, die alle ungefähr im letzten Drittel des 19. Jahrhunderts gegründet worden waren. Ihre Schwerpunkte waren die Ausbildung angehender Pfarrer sowie die Tätigkeit im Feld der Pädagogik.

Nachdem sich zunächst kein Ausbildungsort fand, kam der erste Vikarskurs in einem Ferienheim in Zingst an der Ostsee unter, bevor man dann in einem leeren Gutshaus in Finkenwalde bei Stettin, das vorher als Internat gedient hatte, eine endgültige Unterkunft fand. Ab Juni 1935 lebte hier der erste der jeweils halbjährigen Kurse. Mit breiter Unterstützung von Gemeinden der Bekennenden Kirche und ortsansässiger pommerscher Gutsbesitzer konnte das Haus eingerichtet und die Lebensmittelversorgung sichergestellt werden. Die ehemalige Turnhalle wurde in eine schöne Kapelle umgestaltet. Zum ersten Vikarskurs gehörte auch Eberhard Bethge. Er sollte der Freund seines Lebens für Bonhoeffer werden. Bethge wurde in Warchau bei Magdeburg geboren. Da er sich der Bekennenden Kirche unterstellte, mussten er und andere das reichskirchliche Predigerseminar verlassen. Nun fanden sie Aufnahme bei Bonhoeffer. Bethge wurde bald zu dessen engstem Gesprächspartner und erwies sich als guter Organisator. Er brachte die Praxis der Singebewegung ein, die die Kirchenmusik erneuern wollte. Als Bonhoeffer ein Bruderhaus als Kern des Predigerseminars schuf, gehörte er dazu. Später wurde er Studieninspektor in einem Sammelvikariat (siehe unten). Fünf Jahre konnte er Bonhoeffers Wirken aus nächster Nähe miterleben. Es entstanden auch Kontakte zur Familie Bonhoeffer, und 1943 heiratete er Bonhoeffers Nichte Renate Schleicher. Nach dem Krieg hat er sich unermüdlich um das Andenken Bonhoeffers verdient gemacht. Dessen noch unveröffentlichte Ethik publizierte er 1949. Sein Briefwechsel mit Bonhoeffer im Gefängnis wurde 1951 unter dem Titel „Widerstand und Ergebung" bekannt. 1966 schloss er seine rund 1.000-seitige Bonhoeffer-Biografie ab, die eine weltweite Bonhoeffer-Rezeption anstieß.

Auch Albrecht Schönherr gehörte zum Kurs. Er hatte schon zum Studierendenkreis um Bonhoeffer an der Berliner Universität gehört. Der in Katscher in Oberschlesien geborene Schönherr sollte später in der evangelischen Kirche der DDR eine bedeutende Rolle spielen. Nachdem der Berliner Bischof Kurt Scharf von den DDR-Behörden in seiner Wirksamkeit auf Westberlin beschränkt wurde, war er jahrelang Verwalter des Bischofamtes in Ostberlin und Brandenburg. Als sich 1969 der Bund der Evangelischen Kirchen in der DDR gründete, wurde er als Bischof von Ostberlin und Brandenburg bis 1981 dessen Vorsitzender.

Noch eine weitere Bekanntschaft Bonhoeffers fällt in diese Zeit. Ruth von Kleist-Retzow wurde Bonhoeffer zu einer angeregten Gesprächspartnerin und mütterlichen Freundin. Nach dem frühen Tod ihres Mannes hatte die Dreißigjährige ihre fünf Kinder allein großgezogen und das Familiengut in Kieckow bewirtschaftet. Jetzt lebte sie auf ihrem Witwensitz in Klein-Krösin oder in Stettin, wo sie eine Art Pension für ihre schulpflichtigen Enkel hatte. Zu den Enkeln zählte auch Maria von Wedemeyer, Bonhoeffers spätere Verlobte. Ruth von

Kleist-Retzow war tiefgläubig und engagierte sich für eine Erneuerung der Kirche aus der Liturgie heraus in der „Berneuchener Bewegung". Ferner hatte sie ein waches soziales Empfinden. 1926 hatte sie das Buch „Die soziale Krisis und die Verantwortung des Gutsbesitzers" geschrieben. Ruth von Kleist-Retzow lud Bonhoeffer oft zu sich ein und besuchte mit ihren Enkelkindern die Gottesdienste in Finkenwalde.

Der gemeinsame Tag in Finkenwalde war durch die jeweils morgens und abends um acht Uhr stattfindenden Andachten geprägt. Man begann mit einem im Wechsel gesprochenen Psalm, danach folgte ein Lied. Daran schloss sich die Lesung eines Kapitels aus dem Alten Testament an, dann ein Liedvers sowie die Lesung eines Kapitels aus dem Neuen Testament. Bonhoeffer endete mit einem freien Gebet und Vaterunser, auf das noch ein Liedvers folgte. Zusätzlich zu den gemeinsamen Andachten waren die Kandidaten verpflichtet, in persönlicher Meditation jeden Morgen eine halbe Stunde einen Bibelabschnitt, der wöchentlich gleichblieb, zu bedenken. Für viele war das keine einfache Konzentrationsaufgabe. Hinzu kamen dann die praktisch-theologischen Aufgaben. Unterrichtsstunden und Predigten wurden entworfen und in gemeinsamer Runde besprochen. Um bei den wechselnden Kursen eine festbleibende Struktur zu schaffen, gründete Bonhoeffer zusammen mit sechs Brüdern eine feste Gemeinschaft, die unabhängig von den Kursen bestehen blieb. Die Brüder übernahmen verschiedene Aufgaben, etwa die Leitung der Bekenntnisgemeinde von Finkenwalde oder die Studierendenseelsorge an der Universität Greifswald. Bonhoeffer hielt zudem an seinen Vorlesungen an der Universität fest. Die wöchentlichen Fahrten nach Berlin dienten zudem dazu, sich im Kirchenkampf durch verschiedene Begegnungen weiter einzubringen. Zu den besonderen Erlebnissen gehörte im Februar und März 1936 eine Kursfahrt nach Dänemark und Schweden.

Die Vikare wurden in Schweden von Erzbischof Eidem empfangen, und der Besuch fand überhaupt große öffentliche Resonanz. Doch er zeitigte unerfreuliche Folgen. Weil Bonhoeffer ordnungswidrig versäumt hatte, seine Reise als Dozent an der Berliner Universität anzuzeigen, nutzte man die Gelegenheit und entzog ihm im August 1937 die Lehrbefugnis.

Natürlich blieben die Kursteilnehmer von den Ereignissen des Kirchenkampfes nicht unberührt, sie betrafen sie ja unmittelbar. Wo konnten sie später als „Illegale" eine Stelle finden? Lag es da nicht nahe, wie auch andere Teile der Bekennenden Kirche den Anschluss an den Reichskirchenausschuss zu suchen, sich „legalisieren" zu lassen und so in Brot und Stelle zu kommen? Manche Kandidaten sind diesem Angebot gefolgt.

Ende September 1937 schloss die Polizei das Predigerseminar in Finkenwalde, doch man konnte die Arbeit des Seminars unter allerdings erheblich erschwerten Bedingungen fortsetzen. Es wurden die sogenannten Sammelvikariate geschaffen. An zwei Orten, in Köslin und Groß-Schlönwitz, später Sigurdshof, alle in Hinterpommern, kamen die Vikare unter. Formal waren sie in den Kreisen Köslin und Schlawe dortigen Pfarrern als Lehrvikare zugeteilt, aber konkret konnten sie das gemeinsame Leben fortsetzen. Bonhoeffer war jeweils eine halbe Woche an den beiden Orten. Fünf solche halbjährigen Sammelvikariate konnte er noch durchführen, bevor die Gestapo am 18. März 1940 den Sigurdshof schloss.

Bonhoeffer hatte im September 1938 einen vierzehntägigen Aufenthalt im Haus seiner nach England emigrierten Zwillingsschwester Sabine genutzt und in einem Zug das Buch „Gemeinsames Leben" niedergeschrieben, das seine Erfahrungen im Predigerseminar reflektierte (vgl. den folgenden Text). Dabei unterschied er hier streng zwischen der pneumatischen und der psychischen Wirklichkeit einer Gemeinschaft. Während letztere auf gemeinsamen Anschauungen, Sympathie oder Antipathie basiert und zum Scheitern verurteilt ist, besteht erstere in der strengen Vermittlung durch Christus. Sie ist nicht unmittelbar, sondern eben mittelbar durch Christus geschaffen und bekommt von ihm her ihre Bedeutung. 1940 kam ein zweites Buch hinzu: „Die Psalmen. Das Gebetbuch der Bibel". Es bot eine Psalmenauslegung, die aus den Erfahrungen des gemeinsamen Lebens heraus erwachsen war. Schon in „Gemeinsamens Leben" hatte Bonhoeffer über die Bedeutung des Psalmengebetes vertieft nachgedacht und dessen Verlust in der Kirche beklagt. Dabei verstand er den Psalter streng christologisch. „Der Psalter ist das Gebetbuch Jesu Christi im eigentlichen Sinne. Er hat den Psalter gebetet, nun ist er sein Gebet geworden für alle Zeiten."[44] So ist für Bonhoeffer das Gebet zu Gott in den Psalmen im Munde Christi zugleich auch Wort Gottes. Wenn wir also den Psalter mit seinen ganz unterschiedlichen Situationen, die er widerspiegelt, beten, bringen wir nicht unsere eigenen Anliegen vor Gott, sondern als Glied der christlichen Gemeinde beten wir ihn in Christus: „Der Leib Christi betet, und als Einzelner erkenne ich, wie mein Gebet nur ein kleinster Bruchteil des ganzen Gebetes der Gemeinde ist. Ich lerne das Gebet des Leibes Christi mitbeten. Das hebt mich über meine persönlichen Anliegen hinaus und lässt mich selbstlos beten."[45]

---

44 DBA 3, 194.
45 DBA 3, 196f.

Gemeinsames Leben (Auszug)

Gemeinschaft
»Siehe, wie fein und lieblich ist es, dass Brüder einträchtig beieinander wohnen« (Psalm 133,1). Wir wollen im Folgenden einige Weisungen und Regeln betrachten, die uns die Heilige Schrift für das gemeinsame Leben unter dem Wort gibt.

Es ist nichts Selbstverständliches für den Christen, dass er unter Christen leben darf. Jesus Christus lebte mitten unter seinen Feinden. Zuletzt verließen ihn alle Jünger. Am Kreuz war er ganz allein, umgeben von Übeltätern und Spöttern. Dazu war er gekommen, dass er den Feinden Gottes den Frieden brächte. So gehört auch der Christ nicht in die Abgeschiedenheit eines klösterlichen Lebens, sondern mitten unter die Feinde. Dort hat er seinen Auftrag, seine Arbeit. »Die Herrschaft soll sein inmitten deiner Feinde. Und wer das nicht leiden will, der will nicht sein von der Herrschaft Christi, sondern er will inmitten von Freunden sein, in den Rosen und Lilien sitzen, nicht bei bösen, sondern bei frommen Leuten sein. O ihr Gotteslästerer und Christi Verräter! Wenn Christus getan hätte als ihr tut, wer wäre immer selig geworden?« (Luther) [Anm.: WA 1; 696f.].

»Ich will sie unter die Völker säen, dass sie in fernen Landen mein gedenken« (Sach. 10,9). Ein zerstreutes Volk ist die Christenheit nach Gottes Willen, ausgestreut wie ein Same »unter alle Reiche auf Erden« (5. Mose 28,25). Das ist ihr Fluch und ihre Verheißung. In fernen Landen, unter den Ungläubigen muss Gottes Volk leben, aber es wird der Same des Reiches Gottes in aller Welt sein.

»Und ich will sie sammeln, denn ich will sie erlösen«, »sie sollen wiederkommen« (Sach. 10,8.9). Wann wird das geschehen? Es ist geschehen in Jesus Christus, der starb, dass »er zusammenbrächte die Kinder Gottes, die zerstreut waren« (Joh. 11,52), und es wird zuletzt sichtbar geschehen am Ende der Zeit, wenn die Engel Gottes die Auserwählten sammeln werden von den vier Winden, von einem Ende des Himmels bis zum andern (Mt. 24,31). Bis dahin bleibt Gottes Volk in der Zerstreuung, zusammengehalten allein in Jesus Christus, eins geworden darin, dass sie, ausgesät unter die Ungläubigen, in fernen Landen Seiner gedenken.

So ist es in der Zeit zwischen dem Tod Christi und dem jüngsten Tag nur wie eine gnädige Vorwegnahme der letzten Dinge, wenn Christen schon hier in sichtbarer Gemeinschaft mit andern Christen leben dürfen. Es ist Gottes Gnade, dass sich eine Gemeinde in dieser Welt sichtbar um Gottes Wort und Sakrament versammeln darf. Nicht alle Christen haben an dieser Gnade teil. Die Gefangenen, die Kranken, die Einsamen in der Zerstreuung, die Verkündiger des Evangeliums in heidnischem Lande stehen allein. Sie wissen, dass sichtbare Gemeinschaft Gnade ist. Sie beten mit dem Psalmsänger: »Denn ich wollte gern hingehen mit dem Haufen und mit ihnen wallen zum Hause Gottes mit Frohlocken und Danken unter dem Haufen derer, die da feiern« (Psalm 42,5). Aber sie bleiben, allein, in fernen Landen ein ausgestreuter Same nach Gottes Willen. Doch was ihnen als sichtbare Erfahrung versagt bleibt, das ergreifen sie umso sehnlicher im Glauben. So feiert der verbannte Jünger des Herrn, Johannes der Apokalyptiker, in der Einsamkeit der Insel Patmos »im Geiste am Tage des Herrn« (Offb. 1,10) den himmlischen Gottesdienst mit seinen Gemeinden. Er sieht die sieben Leuchter, das sind seine Gemeinden, die sieben Sterne, das sind die Engel der Gemeinden, und in der Mitte und über dem allen den Menschensohn, Jesus Christus, in der großen Herrlichkeit des Auferstandenen. Der stärkt und tröstet ihn durch sein Wort. Das ist die himmlische Gemeinschaft, an der der Verbannte am Auferstehungstage seines Herrn teilnimmt.

Die leibliche Gegenwart anderer Christen ist dem Gläubigen eine Quelle unvergleichlicher Freude und Stärkung. In großem Verlangen ruft der gefangene Apostel Paulus »seinen lieben Sohn im Glauben« [1. Tim. 1,2] Timotheus in den letzten Tagen seines Lebens zu sich ins Gefängnis, er will ihn wiedersehen und bei sich haben. Die Tränen des Timotheus, die beim letzten Abschied geflossen waren, hat Paulus nicht vergessen (2. Tim. 1,4). Im Gedanken an die Gemeinde in Thessalonich betet Paulus »Tag und Nacht gar sehr darum, dass ich sehen möge euer Angesicht« (1. Thess. 3,10), und der alte Johannes weiß, dass seine Freude an den Seinen erst vollkommen sein wird, wenn er zu ihnen kommen kann und mündlich mit ihnen reden statt mit Briefen und Tinte (2. Joh. 12). Es bedeutet keine Beschämung für den Gläubigen, als sei er noch gar zu sehr im Fleische, wenn es ihn nach dem leiblichen Antlitz anderer Christen verlangt. Als Leib ist der Mensch erschaffen, im Leibe erschien der Sohn Gottes um unsertwillen auf Erden, im Leibe wurde er auferweckt, im Leibe empfängt der Gläubige den Herrn Christus im Sakrament, und die Auferstehung der Toten wird die vollendete Gemeinschaft der geistleiblichen Geschöpfe Gottes herbeiführen. Über der leiblichen Gegenwart des Bruders preist darum der Gläubige den Schöpfer, den Versöhner und den Erlöser, Gott Vater, Sohn und Heiligen Geist. Der Gefangene, der Kranke, der Christ in der Zerstreuung erkennt in der Nähe des christlichen Bruders ein leibliches Gnadenzeichen der Gegenwart des dreieinigen Gottes. Besucher und Besuchter erkennen in der Einsamkeit aneinander den Christus, der im Leibe gegenwärtig ist, sie empfangen und begegnen einander, wie man dem Herrn begegnet, in Ehrfurcht, in Demut und Freude. Sie nehmen voneinander den Segen als den Segen des Herrn Jesus Christus. Liegt aber schon so viel Seligkeit in einer einzigen Begegnung des Bruders mit dem Bruder, welch unerschöpflicher Reichtum muss sich dann für die auftun, die nach Gottes Willen in täglicher Gemeinschaft des Lebens mit andern Christen zu leben gewürdigt sind! Freilich, was für den Einsamen unaussprechliche Gnade Gottes ist, wird von dem täglich Beschenkten leicht missachtet und zertreten. Es wird leicht vergessen, dass die Gemeinschaft christlicher Brüder ein Gnadengeschenk aus dem Reiche Gottes ist, das uns täglich genommen werden kann, dass es nur eine kurze Zeit sein mag, die uns noch von der tiefsten Einsamkeit trennt. Darum, wer bis zur Stunde ein gemeinsames christliches Leben mit andern Christen führen darf, der preise Gottes Gnade aus tiefstem Herzen, der danke Gott auf Knien und erkenne: Es ist Gnade, nichts als Gnade, dass wir heute noch in der Gemeinschaft christlicher Brüder leben dürfen.

Das Maß, in dem Gott die Gabe der sichtbaren Gemeinschaft schenkt, ist verschieden. Den Christen in der Zerstreuung tröstet ein kurzer Besuch des christlichen Bruders, ein gemeinsames Gebet und der brüderliche Segen, ja, ihn stärkt der Brief, den die Hand eines Christen schrieb. Der eigenhändig geschriebene Gruß des Paulus in seinen Briefen war doch wohl auch ein Zeichen solcher Gemeinschaft. Andern ist die sonntägliche Gemeinschaft des Gottesdienstes geschenkt. Wieder andere dürfen ein christliches Leben in der Gemeinschaft ihrer Familie leben. Junge Theologen empfangen vor ihrer Ordination das Geschenk gemeinsamen Lebens mit ihren Brüdern für eine bestimmte Zeit. Unter ernsten Christen der Gemeinde erwacht heute das Verlangen, sich in den Ruhepausen ihrer Arbeit für einige Zeit mit andern Christen zu gemeinsamem Leben unter dem Wort zusammenzufinden. Gemeinsames Leben wird von den heutigen Christen wieder als die Gnade begriffen, die es ist, als das Außerordentliche, als die »Rosen und Lilien« des christlichen Lebens (Luther).

Christliche Gemeinschaft heißt Gemeinschaft durch Jesus Christus und in Jesus Christus. Es gibt keine christliche Gemeinschaft, die mehr, und keine, die weniger wäre als dieses. Von der kurzen einmaligen Begegnung bis zur langjährigen täglichen Gemeinschaft ist christliche Gemeinschaft nur dieses. Wir gehören einander allein durch und in Jesus Christus.

Was heißt das? Es heißt erstens, dass ein Christ den andern braucht um Jesu Christi willen. Es heißt zweitens, dass ein Christ zum andern nur durch Jesus Christus kommt. Es heißt drittens, dass wir in Jesus Christus von Ewigkeit her erwählt, in der Zeit angenommen und für die Ewigkeit vereinigt sind.

Zum ersten: Christ ist der Mensch, der sein Heil, seine Rettung, seine Gerechtigkeit nicht mehr bei sich selbst sucht, sondern bei Jesus Christus allein. Er weiß, Gottes Wort in Jesus Christus spricht ihn schuldig, auch wenn er nichts von eigener Schuld spürt, und Gottes Wort in Jesus Christus spricht ihn frei und gerecht, auch wenn er nichts von eigener Gerechtigkeit fühlt. Der Christ lebt nicht mehr aus sich selbst, aus seiner eigenen Anklage und seiner eigenen Rechtfertigung, sondern aus Gottes Anklage und Gottes Rechtfertigung. Er lebt ganz aus Gottes Wort über ihn, in der gläubigen Unterwerfung unter Gottes Urteil, ob es ihn schuldig oder ob es ihn gerecht spricht. Tod und Leben des Christen liegen nicht in ihm selbst beschlossen, sondern er findet beides allein in dem Wort, das von außen auf ihn zukommt, in Gottes Wort an ihn. Die Reformatoren haben es so ausgedrückt: Unsere Gerechtigkeit ist eine »fremde Gerechtigkeit«, eine Gerechtigkeit von außen her (extra nos). Damit haben sie gesagt, dass der Christ angewiesen ist auf das Wort Gottes, das ihm gesagt wird. Er ist nach außen, auf das auf ihn zukommende Wort ausgerichtet. Der Christ lebt ganz von der Wahrheit des Wortes Gottes in Jesus Christus. Wird er gefragt: wo ist dein Heil, deine Seligkeit, deine Gerechtigkeit? so kann er niemals auf sich selbst zeigen, sondern er weist auf das Wort Gottes in Jesus Christus, das ihm Heil, Seligkeit, Gerechtigkeit zuspricht. Nach diesem Worte hält er Ausschau, wo er nur kann. Weil es ihn täglich hungert und dürstet nach der Gerechtigkeit [vgl. Mt. 5,6], darum verlangt er immer wieder nach dem erlösenden Worte. Nur von außen kann es kommen. In sich selbst ist er arm und tot. Von außen muss die Hilfe kommen, und sie ist gekommen und kommt täglich neu in dem Wort von Jesus Christus, das uns Erlösung, Gerechtigkeit, Unschuld und Seligkeit bringt. Dieses Wort aber hat Gott in den Mund von Menschen gegeben, damit es weitergesagt werde unter den Menschen. Wo einer von ihm getroffen ist, da sagt er es dem andern. Gott hat gewollt, dass wir sein lebendiges Wort suchen und finden sollen im Zeugnis des Bruders, in Menschenmund. Darum braucht der Christ den Christen, der ihm Gottes Wort sagt, er braucht ihn immer wieder, wenn er ungewiss und verzagt wird; denn aus sich selbst kann er sich nicht helfen, ohne sich um die Wahrheit zu betrügen. Er braucht den Bruder als Träger und Verkündiger des göttlichen Heilswortes. Er braucht den Bruder allein um Jesu Christi willen. Der Christus im eigenen Herzen ist schwächer als der Christus im Worte des Bruders; jener ist ungewiss, dieser ist gewiss. Damit ist zugleich das Ziel aller Gemeinschaft der Christen deutlich: Sie begegnen einander als Bringer der Heilsbotschaft. Als solche lässt Gott sie zusammenkommen und schenkt ihnen Gemeinschaft.

Allein durch Jesus Christus und die »fremde Gerechtigkeit« ist ihre Gemeinschaft begründet. Wir dürfen nun also sagen: Aus der biblischen und reformatorischen Botschaft von der Rechtfertigung des Menschen aus Gnaden allein entspringt die Gemeinschaft der Christen, in ihr allein liegt das Verlangen der Christen nacheinander begründet.

Zum zweiten: Ein Christ kommt zum andern nur durch Jesus Christus. Unter den Menschen ist Streit. »Er ist unser Friede« (Eph. 2,14), sagt Paulus von Jesus Christus, in dem die alte zerrissene Menschheit eins geworden ist. Ohne Christus ist Unfriede zwischen Gott und den Menschen und zwischen Mensch und Mensch. Christus ist der Mittler geworden und hat Frieden gemacht mit Gott und unter den Menschen. Ohne Christus kennten wir Gott nicht, könnten wir ihn nicht anrufen, nicht zu ihm kommen. Ohne Christus aber kennten wir auch den Bruder nicht und könnten nicht zu ihm kommen. Der Weg ist versperrt durch das eigene Ich. Christus hat den Weg zu Gott und zum Bruder freigemacht. Nun können Christen miteinander in Frieden leben, sie können einander lieben und dienen, sie können eins werden. Aber sie können es auch fortan nur durch Jesus Christus hindurch. Nur in Jesus Christus sind wir eins, nur durch ihn sind wir miteinander verbunden. Er bleibt in Ewigkeit der einzige Mittler.

Zum dritten: Als Gottes Sohn Fleisch annahm, da hat er aus lauter Gnade unser Wesen, unsere Natur, uns selbst wahrhaftig und leibhaftig angenommen. So war es der ewige Ratschluss des dreieinigen Gottes. Nun sind wir in ihm. Wo er ist, trägt er unser Fleisch, trägt er uns. Wo er ist, dort sind wir auch, in der Menschwerdung, im Kreuz und in seiner Auferstehung. Wir gehören zu ihm, weil wir in ihm sind. Darum nennt uns die Schrift den Leib Christi. Sind wir aber, ehe wir es wissen und wollen konnten, mit der ganzen Gemeinde in Jesus Christus erwählt und angenommen, so gehören wir auch miteinander in Ewigkeit zu ihm. Die wir hier in seiner Gemeinschaft leben, werden einst in ewiger Gemeinschaft bei ihm sein. Wer seinen Bruder ansieht, soll wissen, dass er ewig mit ihm vereinigt sein wird in Jesus Christus. Christliche Gemeinschaft heißt Gemeinschaft durch und in Jesus Christus. Auf dieser Voraussetzung ruht alles, was die Schrift an Weisungen und Regeln für das gemeinsame Leben der Christen gibt.

»Von der brüderlichen Liebe aber ist nicht not, euch zu schreiben; denn ihr seid selbst von Gott gelehrt, euch untereinander zu lieben ... wir ermahnen euch aber, liebe Brüder, dass ihr noch völliger werdet« (1. Thess. 4,9f). Den Unterricht in der brüderlichen Liebe hat Gott selbst übernommen; alles, was hier noch von Menschen hinzugefügt werden kann, ist die Erinnerung an jene göttliche Unterweisung und die Ermahnung, noch völliger darin zu bestehen. Als Gott uns barmherzig wurde, als er uns Jesus Christus als den Bruder offenbarte, als er uns das Herz durch seine Liebe abgewann, da begann zu gleicher Zeit der Unterricht in der brüderlichen Liebe. War Gott uns barmherzig, so lernten wir zugleich die Barmherzigkeit mit unsern Brüdern. Empfingen wir Vergebung statt Gericht, so waren wir zur brüderlichen Vergebung bereit gemacht. Was Gott an uns tat, das waren wir nun unserm Bruder schuldig. Je mehr wir empfangen hatten, desto mehr konnten wir geben, und je ärmer unsere Bruderliebe, desto weniger lebten wir offenbar aus Gottes Barmherzigkeit und Liebe. So lehrte uns Gott selbst, einander so zu begegnen, wie Gott uns in Christus begegnet ist. »Nehmet euch untereinander auf, gleich wie euch Christus aufgenommen hat zu Gottes Lobe« (Röm. 15,7).

Von hier aus lernt nun der, den Gott in ein gemeinsames Leben mit andern Christen hineingestellt hat, was es heißt,

Brüder zu haben. »Brüder im Herrn« nennt Paulus seine Gemeinde (Phil. 1,14). Bruder ist einer dem andern allein durch Jesus Christus. Ich bin dem andern ein Bruder durch das, was Jesus Christus für mich und an mir getan hat; der andere ist mir zum Bruder geworden durch das, was Jesus Christus für ihn und an ihm getan hat. Dass wir allein durch Jesus Christus Brüder sind, das ist eine Tatsache von unermesslicher Bedeutung. Also nicht der ernste, nach Bruderschaft verlangende, fromme Andere, der mir gegenübertritt, ist der Bruder, mit dem ich es in der Gemeinschaft zu tun bekomme; sondern Bruder ist der von Christus erlöste, von seiner Sünde freigesprochene, zum Glauben und zum ewigen Leben berufene Andere. Was einer als Christ in sich ist, in aller Innerlichkeit und Frömmigkeit, vermag unsere Gemeinschaft nicht zu begründen, sondern was einer von Christus her ist, ist für unsere Bruderschaft bestimmend. Unsere Gemeinschaft besteht allein in dem, was Christus an uns beiden getan hat, und das ist nicht nur im Anfang so, so dass im Laufe der Zeit noch etwas anderes zu dieser unserer Gemeinschaft hinzukäme, sondern es bleibt so in alle Zukunft und in alle Ewigkeit. Gemeinschaft mit dem Andern habe ich und werde ich haben allein durch Jesus Christus. Je echter und tiefer unsere Gemeinschaft wird, desto mehr wird alles andere zwischen uns zurücktreten, desto klarer und reiner wird zwischen uns einzig und allein Jesus Christus und sein Werk lebendig werden. Wir haben einander nur durch Christus, aber durch Christus haben wir einander auch wirklich, haben wir uns ganz für alle Ewigkeit.

Das gibt allem trüben Verlangen nach Mehr von vornherein den Abschied. Wer mehr haben will als das, was Christus zwischen uns gestiftet hat, der will nicht christliche Bruderschaft, der sucht irgendwelche außerordentlichen Gemeinschaftserlebnisse, die ihm anderswo versagt blieben, der trägt in die christliche Bruderschaft unklare und unreine Wünsche hinein. An eben dieser Stelle droht der christlichen Bruderschaft meist schon ganz am Anfang die allerschwerste Gefahr, die innerste Vergiftung, nämlich durch die Verwechslung von christlicher Bruderschaft mit einem Wunschbild frommer Gemeinschaft, durch Vermischung des natürlichen Verlangens des frommen Herzens nach Gemeinschaft mit der geistlichen Wirklichkeit der christlichen Bruderschaft. Es liegt für die christliche Bruderschaft alles daran, dass es vom ersten Anfang an deutlich werde: Erstens, christliche Bruderschaft ist kein Ideal, sondern eine göttliche Wirklichkeit. Zweitens, christliche Bruderschaft ist eine pneumatische und nicht eine psychische Wirklichkeit.

Unzählige Male ist eine ganze christliche Gemeinschaft daran zerbrochen, dass sie aus einem Wunschbild heraus lebte. Gerade der ernsthafte Christ, der zum ersten Male in eine christliche Lebensgemeinschaft gestellt ist, wird oft ein sehr bestimmtes Bild von der Art des christlichen Zusammenlebens mitbringen und zu verwirklichen bestrebt sein. Es ist aber Gottes Gnade, die alle derartigen Träume rasch zum Scheitern bringt. Die große Enttäuschung über die Andern, über die Christen im Allgemeinen und, wenn es gut geht, auch über uns selbst, muss uns überwältigen, so gewiss Gott uns zur Erkenntnis echter christlicher Gemeinschaft führen will. Gott lässt es aus lauter Gnade nicht zu, dass wir auch nur wenige Wochen in einem Traumbild leben, uns jenen beseligenden Erfahrungen und jener beglückenden Hochgestimmtheit hingeben, die wie ein Rausch über uns kommt. Denn Gott ist nicht ein Gott der Gemütserregungen, sondern der Wahrheit. Erst die Gemeinschaft, die in die große Enttäuschung hineingerät mit all ihren unerfreulichen und bösen Erscheinungen, fängt an zu sein, was sie vor Gott sein soll, fängt an, die ihr gegebene Verheißung im Glauben zu ergreifen. Je bälder die Stunde dieser Enttäuschung über den Einzelnen und über die Gemeinschaft kommt, desto besser für beide. Eine Gemeinschaft aber, die eine solche Enttäuschung nicht ertragen und nicht überleben würde, die also an dem Wunschbild festhält, wenn es ihr zerschlagen werden soll, verliert zur selben Stunde die Verheißung christlicher Gemeinschaft auf Bestand, sie muss früher oder später zerbrechen. Jedes menschliche Wunschbild, das in die christliche Gemeinschaft mit eingebracht wird, hindert die echte Gemeinschaft und muss zerbrochen werden, damit die echte Gemeinschaft leben kann. Wer seinen Traum von einer christlichen Gemeinschaft mehr liebt als die christliche Gemeinschaft selbst, der wird zum Zerstörer jeder christlichen Gemeinschaft, und ob er es persönlich noch so ehrlich, noch so ernsthaft und hingebend meinte.

Gott hasst die Träumerei; denn sie macht stolz und anspruchsvoll. Wer sich das Bild einer Gemeinschaft erträumt, der fordert von Gott, von dem Andern und von sich selbst die Erfüllung. Er tritt als Fordernder in die Gemeinschaft der Christen, richtet ein eigenes Gesetz auf und richtet danach die Brüder und Gott selbst. Er steht hart und wie ein lebendiger Vorwurf für alle anderen im Kreis der Brüder. Er tut, als habe er erst die christliche Gemeinschaft zu schaffen, als solle sein Traumbild die Menschen verbinden. Was nicht nach seinem Willen geht, nennt er Versagen. Wo sein Bild zunichte wird, sieht er die Gemeinschaft zerbrechen. So wird er erst zum Verkläger seiner Brüder, dann zum Verkläger Gottes und zuletzt zu dem verzweifelten Verkläger seiner selbst. Weil Gott den einzigen Grund unserer Gemeinschaft schon gelegt hat, weil Gott uns längst, bevor wir in das gemeinsame Leben mit andern Christen eintraten, mit diesen zu einem Leibe zusammengeschlossen hat in Jesus Christus, darum treten wir nicht als die Fordernden, sondern als die Dankenden und Empfangenden in das gemeinsame Leben mit andern Christen ein. Wir danken Gott für das, was er an uns getan hat. Wir danken Gott, dass er uns Brüder gibt, die unter seinem Ruf, unter seiner Vergebung, unter seiner Verheißung leben. Wir beschweren uns nicht über das, was Gott uns nicht gibt, sondern wir danken Gott für das, was er uns täglich gibt. Und ist es nicht genug, was uns gegeben ist: Brüder, die in Sünde und Not mit uns unter dem Segen seiner Gnade dahingehen und leben sollen? Ist denn die Gabe Gottes an irgendeinem Tage, auch in den schwierigen, notvollen Tagen einer christlichen Bruderschaft weniger als dies unbegreiflich Große? Ist denn nicht auch dort, wo Sünde und Missverstehen das gemeinsame Leben belasten, ist nicht auch der sündigende Bruder doch immer noch der Bruder, mit dem ich gemeinsam unter dem Wort Christi stehe, und wird seine Sünde mir nicht zu immer neuem Anlass, dafür zu danken, dass wir beide unter der einen vergebenden Liebe Gottes in Jesus Christus leben dürfen? Wird so nicht gerade die Stunde der großen Enttäuschung über den Bruder mir unvergleichlich heilsam sein, weil sie mich gründlich darüber belehrt, dass wir beide doch niemals von eigenen Worten und Taten, sondern allein von dem einen Wort und der einen Tat leben können, die uns in Wahrheit verbindet, nämlich von der Vergebung der Sünden in Jesus Christus? Wo die Frühnebel der Traumbilder fallen, dort bricht der helle Tag christlicher Gemeinschaft an.

Es geht in der christlichen Gemeinschaft mit dem Danken wie sonst im christlichen Leben. Nur wer für das Geringe dankt, empfängt auch das Große. Wir hindern Gott, uns die großen geistlichen Gaben, die er für uns bereit hat, zu schenken, weil wir für die täglichen Gaben nicht danken. Wir meinen, wir dürften uns mit dem kleinen Maß uns geschenkter geistlicher Erkenntnis, Erfahrung, Liebe nicht zufriedengeben und hätten immer nur begehrlich nach den großen Gaben auszuschauen. Wir beklagen uns dann darüber, dass es uns an der großen Gewissheit, an dem starken Glauben, an der reichen Erfahrung fehle, die Gott doch andern Christen geschenkt habe, und wir halten diese Beschwerden für fromm. Wir beten um die großen Dinge und vergessen, für die täglichen, kleinen (und doch wahrhaftig nicht kleinen!) Gaben zu danken. Wie kann aber Gott dem Großes anvertrauen, der das Geringe nicht dankbar aus seiner Hand nehmen will? Danken wir nicht täglich für die christliche Gemeinschaft, in die wir gestellt sind, auch dort, wo keine große Erfahrung, kein spürbarer Reichtum, sondern wo viel Schwäche, Kleinglauben, Schwierigkeit ist, beklagen wir uns vielmehr bei Gott immer nur darüber, dass alles noch so armselig, so gering ist, so gar nicht dem entspricht, was wir erwartet haben, so hindern wir Gott, unsere Gemeinschaft wachsen zu lassen nach dem Maß und Reichtum, der in Jesus Christus für uns alle bereit liegt. Das gilt in besonderer Weise auch für die oft gehörte Klage von Pastoren und eifrigen Gemeindegliedern über ihre Gemeinden. Ein Pastor soll nicht über seine Gemeinde klagen, schon gar nicht vor Menschen, aber auch nicht vor Gott; nicht dazu ist ihm eine Gemeinde anvertraut, dass er vor Gott und Menschen zu ihrem Verkläger werde. Wer an einer christlichen Gemeinschaft, in die er gestellt ist, irre wird und Anklage gegen sie erhebt, der prüfe sich zuerst, ob es nicht eben nur sein Wunschbild ist, das ihm hier von Gott zerschlagen werden soll, und findet er es so, dann danke er Gott, der ihn in diese Not geführt hat. Findet er es aber anders, dann hüte er sich doch, jemals zum Verklagenden der

Gemeinde Gottes zu werden; sondern er klage viel mehr sich selbst seines Unglaubens an, der bitte Gott um Erkenntnis seines eigenen Versagens und seiner besonderen Sünde, der bete darum, dass er nicht schuldig werde an seinen Brüdern, der tue in der Erkenntnis eigener Schuld Fürbitte für seine Brüder, der tue, was ihm aufgetragen ist und danke Gott.

Es ist mit der christlichen Gemeinschaft wie mit der Heiligung der Christen. Sie ist ein Geschenk Gottes, auf das wir keinen Anspruch haben. Wie es um unsere Gemeinschaft, wie es um unsere Heiligung wirklich bestellt ist, das weiß allein Gott. Was uns schwach und gering erscheint, das kann bei Gott groß und herrlich sein. Wie der Christ sich nicht dauernd den Puls seines geistlichen Lebens fühlen soll, so ist uns auch die christliche Gemeinschaft von Gott nicht dazu geschenkt, dass wir fortgesetzt ihre Temperatur messen. Je dankbarer wir täglich empfangen, was uns gegeben ist, desto gewisser und gleichmäßiger wird die Gemeinschaft von Tag zu Tag zunehmen und wachsen nach Gottes Wohlgefallen.

Christliche Bruderschaft ist nicht ein Ideal, das wir zu verwirklichen hätten, sondern es ist eine von Gott in Christus geschaffene Wirklichkeit, an der wir teilhaben dürfen. Je klarer wir den Grund und die Kraft und die Verheißung aller unserer Gemeinschaft allein an Jesus Christus erkennen lernen, desto ruhiger lernen wir auch über unsere Gemeinschaft denken und für sie beten und hoffen.

Weil christliche Gemeinschaft allein auf Jesus Christus begründet ist, darum ist sie eine pneumatische und nicht eine psychische Wirklichkeit. Sie unterscheidet sich darin von allen andern Gemeinschaften schlechthin. Pneumatisch = »geistlich« nennt die Heilige Schrift, was allein der Heilige Geist schafft, der uns Jesus Christus als Herrn und Heiland ins Herz gibt. Psychisch = »seelisch« nennt die Schrift, was aus den natürlichen Trieben, Kräften und Anlagen der menschlichen Seele kommt.

Der Grund aller pneumatischen Wirklichkeit ist das klare, offenbare Wort Gottes in Jesus Christus. Der Grund aller psychischen Wirklichkeit ist das dunkle, undurchsichtige Treiben und Verlangen der menschlichen Seele. Der Grund geistlicher Gemeinschaft ist die Wahrheit, der Grund seelischer Gemeinschaft ist das Begehren. Das Wesen geistlicher Gemeinschaft ist das Licht – »denn Gott ist Licht und in ihm ist keine Finsternis« (1. Joh. 1,5) und »so wir im Lichte wandeln, wie er im Lichte ist, so haben wir Gemeinschaft untereinander« (1,7). Das Wesen seelischer Gemeinschaft ist Finsternis- »denn von innen, aus dem Herzen des Menschen, gehen heraus böse Gedanken« (Mk. 7,21). Es ist die tiefe Nacht, die über die Ursprünge alles menschlichen Wirkens und gerade auch alle edlen und frommen Triebe gebreitet ist. Geistliche Gemeinschaft ist die Gemeinschaft der von Christus Berufenen, seelisch ist die Gemeinschaft der frommen Seelen. In der geistlichen Gemeinschaft lebt die helle Liebe des brüderlichen Dienstes, die Agape, in der seelischen Gemeinschaft glüht die dunkle Liebe des frommen-unfrommen Triebes, der Eros, dort ist geordneter, brüderlicher Dienst, hier das ungeordnete Verlangen nach Genuss, dort die demütige Unterwerfung unter den Bruder, hier die demütig-hochmütige Unterwerfung des Bruders unter das eigene Verlangen. In der geistlichen. Gemeinschaft regiert allein das Wort Gottes, in der seelischen Gemeinschaft regiert neben dem Wort noch der mit besonderen Kräften, Erfahrungen, suggestiv-magischen Anlagen ausgestattete Mensch. Dort bindet allein Gottes Wort, hier binden außerdem noch Menschen an sich selbst. Dort ist alle Macht, Ehre und Herrschaft dem heiligen Geist übergeben, hier werden Macht und Einflusssphären persönlicher Art gesucht und gepflegt, gewiss, sofern es sich um fromme Menschen handelt, in der Absicht, dem Höchsten und Besten zu dienen, aber in Wahrheit doch, um den Heiligen Geist zu entthronen, ihn in unwirkliche Ferne zu rücken. Wirklich bleibt eben hier nur das Seelische. So regiert dort der Geist, hier die Psychotechnik, die Methode, dort die naive, vorpsychologische, vormethodische, helfende Liebe zum Bruder, hier die psychologische Analyse und Konstruktion, dort der demütige, einfältige Dienst am Bruder, hier die erforschende, berechnende Behandlung des fremden Menschen.

Vielleicht wird der Gegensatz zwischen geistlicher und seelischer Wirklichkeit am deutlichsten durch folgende Beobachtung: Innerhalb der geistlichen Gemeinschaft gibt es niemals und in keiner Weise ein »unmittelbares« Verhältnis des Einen zum Andern, während in der seelischen Gemeinschaft ein tiefes, ursprüngliches seelisches Verlangen nach Gemeinschaft, nach unmittelbarer Berührung mit andern menschlichen Seelen lebt, so wie im Fleisch das Verlangen nach der unmittelbaren Vereinigung mit anderem Fleisch. Dies Begehren der menschlichen Seele sucht die völlige Verschmelzung von Ich und Du, sei es, dass dies in der Vereinigung der Liebe, sei es nun, was doch dasselbe ist, dass es in der Vergewaltigung des Andern unter die eigene Macht- und Einflusssphäre geschieht. Hier lebt der seelisch Starke sich aus und schafft sich die Bewunderung, die Liebe oder die Furcht des Schwachen. Menschliche Bindungen, Suggestionen, Hörigkeiten sind hier alles, und im Zerrbild erscheint in der unmittelbaren Gemeinschaft der Seelen alles wieder, was der durch Christus vermittelten Gemeinschaft ursprünglich und allein zu eigen ist.

So gibt es eine »seelische« Bekehrung. Sie tritt mit allen Erscheinungsformen echter Bekehrung dort auf, wo durch bewussten oder unbewussten Missbrauch der Übergewalt eines Menschen ein Einzelner oder eine ganze Gemeinschaft aufs Tiefste erschüttert und in seinen Bann gezogen wird. Hier hat Seele auf Seele unmittelbar gewirkt. Es ist zur Überwältigung des Schwachen durch den Starken gekommen, der Widerstand des Schwächeren ist zusammengebrochen unter dem Eindruck der Person des Andern. Er ist vergewaltigt, aber nicht von der Sache überwunden. Das wird in dem Augenblick offenbar, in dem ein Einsatz für die Sache gefordert wird, der unabhängig von der Person, an die ich gebunden bin, oder möglicherweise im Widerspruch zu ihr geschehen muss. Hier scheitert der seelisch Bekehrte und macht damit sichtbar, dass seine Bekehrung nicht vom Heiligen Geist, sondern von einem Menschen bewirkt wurde und darum keinen Bestand hat.

Ebenso gibt es eine »seelische« Nächstenliebe. Sie ist zu den unerhörtesten Opfern fähig, sie übertrifft die echte Christusliebe oft weit an brennender Hingabe und an sichtbaren Erfolgen, sie redet die christliche Sprache mit überwältigender, zündender Beredsamkeit. Aber sie ist es, von der der Apostel sagt: »Und wenn ich alle meine Habe den Armen gäbe und ließe meinen Leib verbrennen« [1. Kor. 13,3] – das heißt, wenn ich die äußersten Taten der Liebe mit der äußersten Hingabe verbände – »und hätte der Liebe nicht (nämlich die Christusliebe), so wäre ich nichts« (1. Kor. 13,2). Seelische Liebe liebt den Andern um seiner selbst willen, geistliche Liebe liebt den Andern um Christi willen. Darum sucht seelische Liebe die unmittelbare Berührung mit dem Andern, sie liebt ihn nicht in seiner Freiheit, sondern als den an sie Gebundenen, sie will mit allen Mitteln gewinnen, erobern, sie bedrängt den Andern, sie will unwiderstehlich sein, sie will herrschen. Seelische Liebe hält nicht viel von der Wahrheit, sie relativiert sie, weil nichts, auch nicht die Wahrheit, störend zwischen sie und den geliebten Menschen treten darf. Seelische Liebe begehrt den Andern, seine Gemeinschaft, seine Gegenliebe, aber sie dient ihm nicht. Vielmehr begehrt sie auch dort noch, wo sie zu dienen scheint. An zweierlei, das doch ein und dasselbe ist, wird der Unterschied zwischen geistlicher und seelischer Liebe offenbar: Seelische Liebe kann die Aufhebung unwahr gewordener Gemeinschaft um der wahren Gemeinschaft willen nicht ertragen, und seelische Liebe kann den Feind nicht lieben, den nämlich, der sich ihr ernstlich und hartnäckig widersetzt. Beides kommt aus derselben Quelle: Seelische Liebe ist ihrem Wesen nach Begehren und zwar Begehren nach seelischer Gemeinschaft. So lange sie dies Begehren noch irgendwie befriedigen kann, so lange wird sie es nicht aufgeben, auch um der Wahrheit willen nicht, auch um der wahren Liebe zum Andern willen nicht. Wo sie aber für ihr Begehren keine Erfüllung mehr erwarten kann, dort ist sie am Ende, nämlich beim Feind. Hier schlägt sie um in Hass, Verachtung und Verleumdung.

Eben hier aber ist der Ort, an dem die geistliche Liebe anfängt. Darum wird die seelische Liebe zum persönlichen Hass, wo sie der echten geistlichen Liebe begegnet, die nicht begehrt, sondern dient. Seelische Liebe macht sich selbst zum Selbstzweck, zum Werk, zum Götzen, den sie anbetet, dem sie alles unterwerfen muss. Sie pflegt, sie kultiviert, sie liebt sich selbst und sonst nichts auf der Welt. Geistliche Liebe aber kommt von Jesus Christus her, sie dient ihm allein, sie weiß, dass sie keinen unmittelbaren Zugang zum andern Menschen hat. Christus steht zwischen mir und dem Andern. Was Liebe zum Andern heißt, weiß ich nicht schon im Voraus aus dem allgemeinen Begriff von Liebe, der aus meinem seelischen Verlangen erwachsen ist, – das alles mag vielmehr vor Christus gerade Hass und böseste Selbstsucht sein, – was Liebe ist, wird mir allein Christus in seinem Wort sagen. Gegen alle eigenen Meinungen und Überzeugungen wird Jesus Christus mir sagen, wie Liebe zum Bruder in Wahrheit aussieht. Darum ist geistliche Liebe allein an das Wort Jesu Christi gebunden. Wo Christus mich um der Liebe willen Gemeinschaft halten heißt, will ich sie halten, wo seine Wahrheit um der Liebe willen mir Aufhebung der Gemeinschaft befiehlt, dort hebe ich sie auf, allen Protesten meiner seelischen Liebe zum Trotz. Weil geistliche Liebe nicht begehrt, sondern dient, darum liebt sie den Feind wie den Bruder. Sie entspringt ja weder am Bruder, noch am Feind, sondern an Christus und seinem Wort. Seelische Liebe vermag die geistliche Liebe niemals zu begreifen; denn geistliche Liebe ist von oben, sie ist aller irdischen Liebe etwas ganz Fremdes, Neues, Unbegreifliches.

Weil Christus zwischen mir und dem Andern steht, darum darf ich nicht nach unmittelbarer Gemeinschaft mit ihm verlangen. Wie nur Christus so zu mir sprechen konnte, dass mir geholfen war, so kann auch dem Andern nur von Christus selbst geholfen werden. Das bedeutet aber, dass ich den Andern freigeben muss von allen Versuchen, ihn mit meiner Liebe zu bestimmen, zu zwingen, zu beherrschen. In seiner Freiheit von mir will der Andere geliebt sein als der, der er ist, nämlich als der, für den Christus Mensch wurde, starb und auferstand, für den Christus die Vergebung der Sünde erwarb und ein ewiges Leben bereitet hat. Weil Christus an meinem Bruder schon längst entscheidend gehandelt hat, bevor ich anfangen konnte zu handeln, darum soll ich den Bruder freigeben für Christus, er soll mir nur noch als der begegnen, der er für Christus schon ist. Das ist der Sinn des Satzes, dass wir dem Andern nur in der Vermittlung durch Christus begegnen können. Seelische Liebe macht sich ein eigenes Bild vom Andern, von dem, was er ist und von dem, was er werden soll. Sie nimmt das Leben des Andern in die eigenen Hände. Geistliche Liebe erkennt das wahre Bild des Andern von Jesus Christus her, es ist das Bild, das Jesus Christus geprägt hat und prägen will.

Darum wird geistliche Liebe sich darin bewähren, dass sie den Andern in allem, was sie spricht und tut, Christus befiehlt. Sie wird nicht die seelische Erschütterung des Andern zu bewirken suchen durch allzu persönliche, unmittelbare Einwirkung, durch den unreinen Eingriff in das Leben des Andern, sie wird nicht Freude haben an frommer, seelischer Überhitzung und Erregung, sondern sie wird dem Andern mit dem klaren Worte Gottes begegnen und bereit sein, ihn mit diesem Wort lange Zeit allein zu lassen, ihn wieder frei zu geben, damit Christus mit ihm handle. Sie wird die Grenze des Andern achten, die durch Christus zwischen uns gesetzt ist, und sie wird die volle Gemeinschaft mit ihm finden in dem Christus, der uns allein verbindet und vereinigt. So wird sie mehr mit Christus von dem Bruder sprechen als mit dem Bruder von Christus. Sie weiß, dass der nächste Weg zum Andern immer durch das Gebet zu Christus führt und dass die Liebe zum Andern ganz an die Wahrheit in Christus gebunden ist. Aus dieser Liebe spricht Johannes, der Jünger: »Ich habe keine größere Freude, denn dass ich höre, dass meine Kinder in der Wahrheit wandeln« (3. Joh. 4).

Seelische Liebe lebt aus unkontrolliertem und unkontrollierbarem dunklen Begehren, geistliche Liebe lebt in der Klarheit des durch die Wahrheit geordneten Dienstes. Seelische Liebe bewirkt menschliche Knechtung, Bindung, Verkrampfung, geistliche Liebe schafft Freiheit der Brüder unter dem Wort. Seelische Liebe züchtet künstliche Treibhausblüten, geistliche Liebe schafft die Früchte, die unter dem freien Himmel Gottes in Regen, Sturm und Sonne in aller Gesundheit wachsen nach Gottes Wohlgefallen.

Es ist für jedes christliche Zusammenleben eine Daseinsfrage, dass es gelingt, rechtzeitig das Unterscheidungsvermögen zu Tage zu fördern zwischen menschlichem Ideal und Gottes Wirklichkeit und zwischen geistlicher und seelischer Gemeinschaft. Es entscheidet über Leben und Tod einer christlichen Gemeinschaft, dass sie in diesen Punkten so bald wie möglich zur Nüchternheit kommt. Mit andern Worten: Ein gemeinsames Leben unter dem Wort wird nur dort gesund bleiben, wo es sich nicht als Bewegung, als Orden, als Verein, als collegium pietatis auftut, sondern wo es sich als ein Stück der einen, heiligen, allgemeinen, christlichen Kirche versteht, wo es an Not, Kampf und Verheißung der ganzen Kirche handelnd und leidend teilnimmt. Jedes Ausleseprinzip und jede damit verbundene Absonderung, die nicht ganz sachlich durch gemeinsame Arbeit, durch örtliche Gegebenheiten oder durch familiäre Zusammenhänge bedingt ist, ist für eine christliche Gemeinschaft von größter Gefahr. Auf dem Wege der geistigen oder geistlichen Auslese schleicht sich immer das Seelische wieder ein und bringt die Gemeinschaft um ihre geistliche Kraft und Wirksamkeit für die Gemeinde, treibt sie in die Sektiererei. Der Ausschluss des Schwachen und Unansehnlichen, des scheinbar Unbrauchbaren aus einer christlichen Lebensgemeinschaft kann geradezu den Ausschluss Christi, der in dem armen Bruder an die Tür klopft, bedeuten. Darum sollen wir hier sehr auf der Hut sein.

Man könnte nun bei unscharfer Beobachtung meinen, dass die Vermischung von Ideal und Wirklichkeit, von Seelischem und Geistlichem dort am nächsten liege, wo eine Gemeinschaft in ihrer Struktur mehrschichtig, das heißt also, wo, wie in der Ehe, in der Familie, in der Freundschaft, das Seelische an sich schon eine zentrale Bedeutung für das Zustandekommen der Gemeinschaft überhaupt einnimmt und wo das Geistliche nur noch zu allem Leiblich-Seelischen hinzutritt. Es sei demnach eigentlich nur in diesen Gemeinschaften eine Gefahr der Verwechslung und Vermischung der beiden Sphären vorhanden, während eine solche bei einer Gemeinschaft rein geistlicher Art kaum eintreten könne. Mit diesen Gedanken befindet man sich jedoch in einer großen Täuschung. Es ist aller Erfahrung und, wie leicht ersichtlich, auch der Sache nach genau umgekehrt. Eine Ehe, Familie, Freundschaft kennt die Grenzen ihrer gemeinschaftbildenden Kräfte sehr genau; sie weiß, wenn sie gesund ist, sehr wohl, wo das Seelische seine Grenze hat und wo das Geistliche anfängt. Sie weiß um den Gegensatz leiblich-seelischer und geistlicher Gemeinschaft. Umgekehrt aber liegt gerade dort, wo eine Gemeinschaft rein geistlicher Art zusammentritt, die Gefahr unheimlich nahe, dass nun in diese Gemeinschaft alles Seelische mit hineingebracht und mit untermischt wird. Eine rein geistliche Lebensgemeinschaft ist nicht nur gefährlich, sondern auch durchaus eine unnormale Erscheinung. Wo nicht leiblich-familiäre Gemeinschaft oder die Gemeinschaft ernster Arbeit, wo nicht das alltägliche Leben mit allen Ansprüchen an den arbeitenden Menschen in die geistliche Gemeinschaft hineinragt, dort ist besondere Wachsamkeit und Nüchternheit am Platz. Darum breitet sich ja erfahrungsgemäß gerade auf kurzen Freizeiten am allerleichtesten das seelische Moment aus. Nichts ist leichter, als den Rausch der Gemeinschaft in wenigen Tagen gemeinsamen Lebens zu erwecken, und nichts ist verhängnisvoller für die gesunde, nüchterne brüderliche Lebensgemeinschaft im Alltag.

Es gibt wohl keinen Christen, dem Gott nicht einmal in seinem Leben die beseligende Erfahrung echter christlicher Gemeinschaft schenkt. Aber solche Erfahrung bleibt in dieser Welt nichts als gnädige Zugabe über das tägliche Brot christlichen Gemeinschaftslebens hinaus. Wir haben keinen Anspruch auf solche Erfahrungen, und wir leben nicht mit andern Christen zusammen um solcher Erfahrungen willen. Nicht die Erfahrung der christlichen Bruderschaft, sondern der feste und gewisse Glaube an die Bruderschaft hält uns zusammen. Dass Gott an uns allen gehandelt hat und an uns allen handeln will, das ergreifen wir im Glauben als Gottes größtes Geschenk, das macht uns froh und selig, das macht uns aber auch bereit, auf alle Erfahrungen zu verzichten, wenn Gott sie uns zu Zeiten nicht gewähren will. Im Glauben sind wir verbunden, nicht in der Erfahrung.

»Siehe, wie fein und lieblich ist es, wenn Brüder einträchtig beieinander wohnen«, das ist der Lobpreis der Heiligen Schrift auf ein gemeinsames Leben unter dem Wort. In rechter Auslegung des Wortes »einträchtig« aber darf es nun heißen: »wenn Brüder durch Christus beieinander wohnen«; denn Jesus Christus allein ist unsere Eintracht. »Er ist unser Friede.« Durch ihn allein haben wir Zugang zueinander, Freude aneinander, Gemeinschaft miteinander.

Christus finden .... in der Welt

Widerstandsbemühungen und Ethik

Bonhoeffers Schwager Hans von Dohnanyi hatte schon 1933 als Mitarbeiter des Reichsjustizministers Franz Gürtner begonnen, Unterlagen zu den Verbrechen der Nazis zu sammeln. 1938 kam er in Kontakt mit den ersten Ansätzen militärischen Widerstandes gegen Hitler. Anlass dazu war die sogenannte „Fritsch-Krise", in der der Oberbefehlshaber des Heeres Werner von Fritsch in einer Intrige der SS der Homosexualität beschuldigt wurde. Dohnanyi hatte den Fall zu bearbeiten, und dies führte ihn mit einer Reihe einflussreicher Militärs zusammen. Erste Umsturzpläne, die geschmiedet wurden, waren jedoch durch Hitlers großen Erfolg bei der Annexion Österreichs obsolet geworden. Durch Dohnanyi wurde Bonhoeffer in die Pläne eingeweiht. Ein zweiter Putschversuch scheiterte paradoxerweise daran, dass das „Münchner Abkommen" 1938, wie es schien, den Frieden rettete. Der Chef des Generalstabes Franz Halder wollte den Putsch auslösen, sobald Hitler den Befehl für den Angriff auf die Tschechoslowakei gäbe. Durch „München" wurde das hinfällig.

Für Bonhoeffer wurde angesichts der drohenden Kriegsgefahr die Frage der Wehrdienstverweigerung immer drängender. Wie sollte er sich verhalten, konnte die Verweigerung des Militärdienstes doch mit der Todesstrafe geahndet werden? Da bot sich ihm im Jahr 1939 die Möglichkeit an, in die USA zu gehen. Bonhoeffer ergriff sie. Er verließ das Sammelvikariat, und im Juni 1939 kam er in New York an. Damit stürzte er sich in eine schwere Lebenskrise. War das nicht eine Flucht? Die Brüder in Deutschland hatte er zurückgelassen! Andererseits war er aus existentieller Gefahr gerettet! Während die Freunde in Amerika Pläne für eine zukünftige Beschäftigung Bonhoeffers schmiedeten, wurde ihm immer schwerer ums Herz. Sein Tagebuch der Reise gibt davon bewegenden Ausdruck. Am 15. Juni 1939 notierte er: „Seit gestern Abend kommen meine Gedanken von Deutschland nicht los. ... Die ganze Wucht der Selbstvorwürfe wegen einer Fehlentscheidung kommt wieder auf und erdrückt einen fast."[46] Wenige Tage später entschied er sich zur Rückkehr nach Deutschland. Den erschreckten amerikanischen Freunden erklärte er seine Beweggründe. Er habe kein Recht, am Wiederaufbau nach dem Kriege teilzunehmen, wenn er in dieser schweren Zeit nicht solidarisch mit den anderen sei. Im Juli 1939 kehrte Bonhoeffer nach Deutschland zurück. Wenige Wochen später begann der Zweite Weltkrieg. Kurz vor Kriegsausbruch war Hans von Dohnanyi eingezogen und als Sonderführer dem „Amt Canaris" zugeteilt worden. Das Amt unter Leitung von Admiral Wilhelm Canaris war der militärische Nachrichtendienst der Wehrmacht und sollte eine wichtige Zelle des militärischen Widerstandes gegen Hitler sein. Rasch wurde Polen militärisch niedergeworfen. Das Land kapitulierte am 27. September 1939. Hitler wies den Generalstab an, zum Überfall auf Frankreich auch die Niederwerfung der Niederlande und Belgiens zu planen. Mit diesem Schritt

---

46 DBA 3, 219.

wäre ein Weltkrieg unvermeidlich gewesen. Wieder wurde ein Umsturzplan geschmiedet. Doch der Oberbefehlshaber des Heeres Werner von Brauchitsch lehnte das Vorhaben ab.

Bonhoeffer leitete im Winter 1939/1940 das letzte Sammelvikariat. Nachdem auch dieses von der Gestapo verboten worden war, nahm er Visitationsreisen auf, um die Bekenntnisgemeinden zu stärken. Bei solch einer Visitationsreise hörten er und Eberhard Bethge am 17. Juni 1940 in einem Kaffeegarten in Tilsit vom Sieg Deutschlands über Frankreich. Hitler stand auf dem Höhepunkt seiner Popularität. Ein Putsch war in weite Ferne gerückt. Doch Männer wie von Dohnanyi ließen sich nicht entmutigen. Sollte solch ein Putsch aber noch zu einem annehmbaren Frieden führen, musste mit den alliierten Mächten Kontakt aufgenommen werden, um ihre Friedensbedingungen zu erfahren. Wer konnte hier tätig werden? Dohnanyis Blick fiel auf seinen Schwager Bonhoeffer, der über internationale Kontakte verfügte. Am 30. Oktober 1940 wurde Bonhoeffer als Verbindungsmann (V-Mann) der Münchner Stelle der Abwehr zugeteilt. Gleichzeitig hatte er begonnen, an einer Ethik zu schreiben. Welche Existenz führte Bonhoeffer nun? Er war einerseits Bekenntnispfarrer und andererseits offiziell Mitarbeiter im militärischen Abwehrdienst des Dritten Reiches. Hinter seiner offiziellen Anstellung war er jedoch für den Widerstand gegen Hitler tätig. Das war eine völlig andere Situation als ein Jahr zuvor, als er in der winterlichen Zurückgezogenheit in den Wäldern Hinterpommerns an einer Psalmenauslegung gearbeitet hatte. Nun war er in gewisser Weise mitten im Geschehen der Hitler-Opposition. Der Bonhoeffer, der in der „Nachfolge" die christliche Gemeinde noch als einen „versiegelten Zug" in feindlichem Lande begriffen hatte, als eine Arche in der Sintflut der Welt, war nun mittendrin. Er war auf Männer getroffen, die ohne kirchlichen Hintergrund das taten, wozu die Kirche nicht fähig gewesen war: Widerstand zu leisten. War auch in dieser Welt Christus zu finden? Bonhoeffer fand ihn dort! Seine Ethik, die er jetzt schrieb, reflektiert das (vgl. den folgenden Text). Hier findet sich jetzt der programmatische Satz: „*In Jesus Christus ist die Wirklichkeit Gottes in die Wirklichkeit dieser Welt eingegangen.*"[47] Christus ist für ihn der Schlüssel zur Wahrnehmung der Wirklichkeit. „In Christus begegnet uns das Angebot, an der Gotteswirklichkeit und an der Weltwirklichkeit zugleich teil zu bekommen, eines nicht ohne das andere. Die Wirklichkeit Gottes erschließt sich nicht anders, als indem sie mich ganz in die Weltwirklichkeit hineinstellt, die Weltwirklichkeit aber finde ich immer schon getragen, angenommen, versöhnt in der Wirklichkeit Gottes vor."[48] Bonhoeffer macht ganz deutlich: „Es gibt keinen Rückzugsort des Christen von der Welt, weder äußerlich noch in der Sphäre der Innerlichkeit. ... Wer sich zu der Wirklichkeit Jesu Christi als der Offenbarung Gottes bekennt, der bekennt sich im selben Atemzug zu der Wirklichkeit Gottes und zu der Wirklichkeit der Welt; denn er findet in Christus Gott und die Welt versöhnt."[49] In dieser Weltwirklichkeit gewinnt Christus jetzt Gestalt. Das geschieht nach wie vor durch die Kirche. Doch damit will er Gestalt gewinnen im Menschen überhaupt: „Die Kirche trägt nun die Gestalt, die in Wahrheit der ganzen Menschheit gilt."[50] In diesem exemplarischen Menschen Christus war eine große Kultur lange Gestalt geworden. Das war für Bonhoeffer das christliche Abendland. „Jesus Christus hat das Abendland zu einer geschichtlichen Einheit gemacht"[51] (vgl. dazu den folgenden Text „Erbe und Verfall").

---

47 DBA 4, 72.
48 DBA 4, 73.
49 DBA 4, 78 f.
50 DBA 4, 96.
51 DBW 6, 99.

Dieses Abendland sieht er auf das Engste verbunden mit der Geschichte des Volkes Israel. Deshalb kann er sagen: „Eine Verstoßung der Juden aus dem Abendland muss die Verstoßung Christi nach sich ziehen; denn Jesus Christus war Jude."[52] Nach der Reformation setzt der „große Säkularisierungsprozess ein, an dessen Ende wir heute stehen."[53] Die abendländische Einheit in Christus zieht Bonhoeffer in der Französischen Revolution 1789 endgültig zu Ende gehen. Am Ende dieses Weges steht für Bonhoeffer der Nihilismus. Er kann sagen: „Mit dem Verlust seiner durch die Gestalt Jesu Christi geschaffenen Einheit steht das Abendland vor dem Nichts. ... Es ist das Nichts als Gott; niemand kennt sein Ziel und sein Maß; es herrscht absolut."[54] Er konstatiert: „Das Abendland wird christusfeindlich."[55] Was kann hier helfen? Für Bonhoeffer ist es einmal eine neue Erweckung des Glaubens in Europa und andererseits das Katechon aus 2. Thessalonicher 2,6 f., jene geheimnisvolle Macht, von der der Apostel Paulus spricht, die den Antichristen aufhält. Während der Staat für Bonhoeffer diese Ordnungsmacht darstellt, hat die Kirche einen anderen Auftrag: „Die Kirche ist heute die Gemeinschaft der Menschen, die, gefasst von der Gewalt der Gnade Christi, ihre eigene persönliche Sünde wie den Abfall der abendländischen Welt von Jesus Christus als Schuld an Jesus Christus erkennt und auf sich nimmt. Sie ist es, an der Jesus Christus seine Gestalt mitten in der Welt verwirklicht."[56] Bonhoeffer sieht die westliche Welt nicht als verloren an. In Christus, den die Kirche darstellt und verkündigt, kann es zu einer Erneuerung kommen.

---

52 DBW 6, 95.
53 DBW 6, 103 f.
54 DBW 6, 118 f.
55 DBW 6, 123.
56 DBW 6, 126.

Im Februar 1941 unternahm Bonhoeffer seine erste konspirative Reise in die Schweiz. Es sollte darum gehen, den Alliierten mitzuteilen, dass wieder ein Umsturz geplant werde. Ihre Friedensbedingungen in Erfahrung zu bringen, war wichtig, damit zu Hause die militärischen Führer für den Umsturz gewonnen werden konnten. Sein wichtigster Gesprächspartner und Vermittler wurde dabei in Genf Willem Visser't Hooft, der spätere erste Generalsekretär des Ökumenischen Weltrates der Kirchen. Im August 1941 war Bonhoeffer dann abermals in der Schweiz. Dazwischen lagen immer konzentrierte Zeiten der Arbeit an seiner „Ethik". Im September kam die Verordnung heraus, dass Juden in der Öffentlichkeit einen gelben Judenstern auf ihren Kleidern tragen mussten. Gleichzeitig begann ihre systematische Deportation. Bonhoeffer und der Justitiar der Bekennenden Kirche Friedrich Justus Perels arbeiteten sofort an einer Dokumentation für die Militäropposition. Darin heißt es unter anderem: „Ohne vorangegangene Benachrichtigung erschien in der Nacht vom 16. zum 17. Oktober Berliner Polizei oder Gestapo in den Wohnungen ... und führte die Betreffenden auf das Polizeirevier; von dort wurden sie in Gruppen in die Synagoge in der Levetzowstraße transportiert. ... Soweit überhaupt Ziele gerüchteweise genannt wurden, handelte es sich durchweg um Orte im Osten. ... Dass die Aktion weitergeführt wird, das beweisen die Tatsachen, dass am Abend des 17. und am Morgen des 18. Oktober erneut Räumungsbescheide und Listen in den Familien eingetroffen sind. Da diese neu betroffenen Familien nun schon wissen, was die Zuschriften bedeuten, ist die Verzweiflung grenzenlos."[57] Es ist eines der frühesten, wenn nicht das früheste Dokument seiner Art zur systematischen Judendeportation.

---

57 DBW 16, 215.

Im November 1941 zog Bonhoeffer sich eine schwere Lungenentzündung zu und brauchte einige Zeit, um sich zu erholen. Im April 1942 reiste er mit Hellmuth James Graf von Moltke nach Norwegen, um die Norweger in ihren Widerstandsaktivitäten zu bestärken, in denen der lutherische Bischof Eivind Berggrav eine wichtige Rolle spielte. Hellmuth James von Moltke ist neben Bonhoeffer heute vielleicht der prominenteste Vertreter des Widerstandes aus christlichem Glauben. Auf seinem Gut in Kreisau versammelte sich der sogenannte „Kreisauer Kreis", um in mehreren Tagungen konspirativ über die Zeit nach Hitler und dem Zusammenbruch nachzudenken. Anders als Bonhoeffer lehnte von Moltke die gewaltsame Beseitigung Hitlers ab. Bonhoeffer hatte sich dazu durchgerungen. Er stand damit innerhalb der evangelischen Theologenschaft, ja, überhaupt im Luthertum, allein auf weiter Flur. Politischer, gar gewaltsamer Widersand gegen einen Tyrannen hatte dort keine Tradition. Die Stellen bei Luther, die zu einem Erdulden der Obrigkeit rieten, waren bei weitem in der Überzahl. Nur einen ganz dünnen Faden gab es. Luther hatte in einer Zirkulardisputation vom 9. Mai 1539 im Blick auf den Papst und den mit ihm verbündeten Kaiser diese Möglichkeit gewaltsamen Widerstandes freigegeben. Eine Konzils- oder Richterentscheidung sei dazu nicht notwendig. Bonhoeffer hat diesen Text nachweislich gekannt.[58] Von hier aus gewinnt auch Bonhoeffers frühe Aussage von 1933 ein Profil, wenn er damals gewaltsamen Widerstand – „dem Rad in die Speichen fallen" – einem Konzilsbeschluss vorbehalten wollte. 1942 war ein solches Konzil nicht mehr möglich. Natürlich hat Bonhoeffer auch über

---

58 Jorgen Glenthoj, Dietrich Bonhoeffers Weg vom Pazifismus zum politischen Widerstand, in: Rainer Mayer/ Peter Zimmerling (Hgg.), Dietrich Bonhoeffer aktuell, Gießen 2. Aufl. 2013, 37–53; 48.

die Frage der Schuld in diesem Falle des Verstoßes gegen das Tötungsgebot nachgedacht. Bonhoeffer kam zu dem Ergebnis der Schuldübernahme aus Verantwortung: „Vor den anderen Menschen rechtfertigt den Mann der freien Verantwortung die Not, vor sich selbst spricht ihn sein Gewissen frei, aber vor Gott hofft er allein auf Gnade."[59] Wer konnte, wer wollte sich hier rein von aller Schuld halten, konstatierte Bonhoeffer gegenüber einem solchen Versuch. Der vermeintlich unschuldig Bleibende „stellt seine persönliche Unschuld über die Verantwortung für die Menschen und ist blind für die heillosere Schuld, die er gerade damit auf sich lädt, blind auch dafür, dass sich wirkliche Unschuld gerade darin erweist, dass sie um des anderen Menschen willen in die Gemeinschaft seiner Schuld eingeht"[60]. Bei alledem blieb sein Christusbezug gewahrt, wenn er als Urbild der Schuldübernahme Christus sah.

Im Mai 1942 unternahm Bonhoeffer seine dritte Reise in die Schweiz. Dort hörte er, Bischof Bell halte sich in Sigtuna im neutralen Schweden auf. Sofort leitete er es in die Wege, nach Schweden zu kommen, um mit Bell direkt zu sprechen. Bell seinerseits hatte als Mitglied des britischen Oberhauses direkten Zugang zur Regierung. Bonhoeffer war befugt, ihm die Namen der führenden Verschwörer zu nennen. Die Bitte an die Alliierten war es jetzt, im Moment des Umsturzes ruhig zu bleiben, um es einer neuen Regierung zu ermöglichen, sich zu konsolidieren. Einen solchen Putsch verstand Bonhoeffer jetzt schon als eine Art Gottesgericht über Deutschland. Bell setzte sich leidenschaftlich für die Anliegen der Opposition ein, er sprach bei Außenminister Anthony Eden vor, doch er blieb am Ende erfolglos.

---

59 DBW 6, 283.
60 DBW 6, 233.

Im Juni 1942 war Bonhoeffer wieder in Klein-Krössin bei Ruth von Kleist-Retzow. Jetzt lernte er Maria von Wedemeyer, ihre Enkelin, buchstäblich mit anderen Augen zu sehen. Zwischen beiden entwickelte sich Liebe. Marias Vater Hans von Wedemeyer und ihr Bruder Maximilian fielen beide in den nächsten Monaten an der Ostfront. Bonhoeffers Zuneigung zu Maria wurde von Ruth von Kleist-Retzow stark gefördert, während sich ihre Tochter Ruth von Wedemeyer, Marias Mutter, ein Trennungsjahr bei Bonhoeffer auserbat, damit Maria sich über ihre Haltung zu ihm klarer werden konnte. Bonhoeffer hatte den Eindruck, er müsse darauf eingehen. Im Januar 1943 beendete Maria diese Trennung und die beiden verlobten sich brieflich. Doch viel Zeit sollte den beiden vor der Inhaftierung Bonhoeffers im April nicht mehr bleiben.

Bischof Bell hatte Bonhoeffer darauf angesprochen, wie denn in den Augen der Bekennenden Kirche die Friedenspläne für eine Nachkriegsordnung aussehen sollten. Bell hielt diese Stellungnahme der BK für die Nachkriegsdiskussion in Europa für wichtig. Bonhoeffer nahm darauf Kontakt mit dem Freiburger Nationalökonomen Constantin von Dietze auf. Dort hatte sich schon seit längerem der „Freiburger Kreis" als konspirative Oppositionsrunde etabliert. Am 9. Oktober 1942 war Bonhoeffer bei von Dietze und dem Juristen Erik Wolf. Eine Denkschrift wurde ins Auge gefasst. Einen wesentlichen Teil steuerte der Historiker Gerhard Ritter bei. Besonders der Anhang Vier, der zur Wirtschafts- und Sozialordnung Stellung bezog, ist wichtig geworden. Die Nationalökonomen Constantin von Dietze, Walter Eucken und Adolf Lampe haben ihn erarbeitet. Dieser Text hat wesentliche Impulse für die Soziale Marktwirtschaft der Nachkriegszeit gegeben. Zweimal war von Dietze bei Bonhoeffer in Berlin, um den Text durchzusprechen. Dann kam es im November 1942 in Freiburg zu einer Geheimtagung. An ihr nahmen auch der ehemalige Oberbürgermeister von Leipzig Carl Friedrich Goerdeler als führender Kopf der Opposition sowie der frühere Generalsuperintendent Otto Dibelius und der Theologe Helmut Thielicke teil. Im Januar 1943 war die Schrift „Politische Gemeinschaftsordnung – Ein Versuch zur Selbstbesinnung des christlichen Gewissens in den politischen Nöten unserer Zeit" fertig. Bei der ersten Weltkirchenkonferenz 1948 in Amsterdam hat sie dann eine Rolle gespielt.

Politisch hatte sich das Geschehen seither grundlegend verwandelt. Im Oktober und November 1942 hatten die Briten unter Montgomery die Vorherrschaft der Deutschen in Nordafrika in der Schlacht von El Alamein beendet. Im November begann die Schlacht von Stalingrad, und im Januar 1943 konnten sich die Alliierten in Casablanca auf eine Politik des „unconditional surrender" verständigen. Um die Weihnachtszeit 1942 reflektierte Bonhoeffer in einem Essay für enge Freunde den Weg der letzten zehn Jahre unter der nationalsozialistischen Herrschaft. Er resümierte: „Wer hält stand? Allein der, dem nicht seine Vernunft, sein Prinzip, sein Gewissen, seine Freiheit, seine Tugend der letzte Maßstab ist, sondern der dies alles zu opfern bereit ist, wenn er im Glauben und alleiniger Bindung an Gott zu gehorsamer und verantwortlicher Tat gerufen ist ... ."[61]

Im März 1943 kam es zu zwei vergeblichen Attentatsversuchen. Bei einem Heeresbesuch Hitlers in Smolensk am 13. März 1943 wurde eine Bombe, die Dohnanyi zur Verfügung gestellt hatte, in seinem Flugzeug deponiert. Sie sollte auf dem Rückflug detonierten. Der Zünder funktionierte, doch der Sprengstoff explodierte nicht. Eine Woche später, am 21. März, wollte sich Oberst Rudolph von Gersdorff mit Hitler zusammen bei einer Besichtigung neuer Wehrmachtsuniformen in

---

61　DBW 8, 22.

die Luft sprengen. Hitler brach nach zwei Minuten den Rundgang ab. Zur Zündung kam es nicht mehr. Gespannt hatte man im Hause Bonhoeffer, wo gerade eine Geburtstagskantate zu Ehren des 75. Geburtstages von Karl Bonhoeffer einstudiert wurde, gewartet. Nichts geschah. Hitler schien unverwundbar.

Zwischenzeitlich schnürte sich der Knoten um das „Amt Canaris" zu. Das Unheil hatte sich schon seit längerem angekündigt. Durch Festnahme eines Devisenschiebers war man auf das Amt aufmerksam geworden. Die Spur führte zu dem der Abwehr zugeordneten Konsul Schmidhuber, mit dem Dohnanyi und Bonhoeffer im Juni 1942 in Italien zu Gesprächen im Vatikan gewesen waren. Kommissar Franz-Xaver Sonderegger übernahm Ermittlungen und belastete Bonhoeffer und Dohnanyi erheblich. Am 5. April 1943 wurden Dohnanyi und Bonhoeffer festgenommen.

Ethik (Auszüge)
Christus, Kirche und Welt

1. Wirklichkeit und Wirklich werden

[...] Der Ursprung der christlichen Ethik ist nicht die Wirklichkeit des eigenen Ich, nicht die Wirklichkeit der Welt, aber auch nicht die Wirklichkeit der Normen und Werte, sondern die Wirklichkeit Gottes in seiner Offenbarung in Jesus Christus. Das ist die Zumutung, die redlicherweise vor allem anderen an jeden gestellt werden muss, der sich das Problem einer christlichen Ethik angelegen sein lassen will. Sie stellt vor die letzte Entscheidungsfrage, nämlich mit welcher Wirklichkeit wir in unserem Leben rechnen wollen, mit der Wirklichkeit des Offenbarungswortes Gottes oder mit den sogenannten Realitäten des Lebens, mit der göttlichen Gnade oder mit den irdischen Unvollkommenheiten, mit der Auferstehung oder mit dem Tod. Diese Frage selbst, die kein Mensch von sich aus, aus eigener Wahl entscheiden kann, ohne sie falsch zu entscheiden, setzt schon die gegebene Antwort voraus, dass nämlich Gott, wie auch immer wir uns entscheiden, schon sein Offenbarungswort geredet hat und dass wir auch in der falschen Wirklichkeit gar nicht anders leben können als von der wahren Wirklichkeit des Wortes Gottes. Die Frage nach der letzten Wirklichkeit versetzt uns also bereits in eine solche Umklammerung durch ihre Antwort, dass wir uns gar nicht mehr entwinden können. Sie trägt uns selbst mitten hinein in die Wirklichkeit der Offenbarung Gottes in Jesus Christus, aus der sie herkommt.

Das Problem der christlichen Ethik ist das Wirklichwerden der Offenbarungswirklichkeit Gottes in Christus unter seinen Geschöpfen, wie das Problem der Dogmatik die Wahrheit der Offenbarungswirklichkeit Gottes in Christus ist. An die Stelle, die in aller anderen Ethik durch den Gegensatz von Sollen und Sein, von Idee und Realisierung, von Motiv und Werk bezeichnet ist, tritt in der christlichen Ethik die Beziehung von Wirklichkeit und Wirklichwerden, von Vergangenheit und Gegenwart, von Geschichte und Ereignis (Glaube) oder um anstelle des vieldeutigen Begriffes den eindeutigen Namen der Sache selbst auszusprechen: von Jesus Christus und Heiligem Geist. Die Frage nach dem Guten wird zur Frage nach dem Teilhaben an der in Christus offenbarten Gotteswirklichkeit. Das Gute ist nun nicht mehr eine Bewertung des Seienden, also etwa meines Wesens, meiner Gesinnung, meiner Handlungen oder auch eines Zustandes in der Welt, es ist nicht mehr ein Prädikat, das einem an sich Bestehenden, Seienden zugesprochen wird, sondern das Gute ist das Wirkliche selbst, das heißt nicht jenes abstrakte, von der Wirklichkeit Gottes gelöste Wirkliche, sondern das Wirkliche, so wie es in Gott allein Wirklichkeit hat. Das Gute ist nicht ohne dieses Wirkliche, ist also keine allgemeine Formel, und dieses Wirkliche ist nicht ohne das Gute. Gutseinwollen gibt es nur als Verlangen nach dem in Gott Wirklichen. Ein Gutseinwollen an sich, gewissermaßen als Selbstzweck, als Lebensberuf, verfällt der Ironie der Unwirklichkeit, aus dem echten Streben nach dem Guten wird hier die Streberei des Tugendboldes. Das Gute an sich ist kein selbstständiges Lebensthema, es wäre als solches die tollste Don Quijoterie. Nur an der Wirklichkeit teilnehmend haben wir teil am Guten.

Der alte Streit, ob allein der Wille beziehungsweise der geistige Akt beziehungsweise die Person gut sein könne oder ob auch die Leistung, das Werk, der Erfolg, der Zustand gut genannt werden dürfe, welches von beiden dem anderen vorangehe, welchem die größere Wichtigkeit zukomme, dieser Streit, der auch in die Theologie eingedrungen ist und hier wie anderswo schwere Verirrungen hervorgerufen hat, geht von einer gründlich verkehrten Fragestellung aus. Er zerreißt, was ursprünglich und wesentlich eins ist, nämlich das Gute und das Wirkliche, den Menschen und sein Werk. Der Einwand, auch Jesus habe in seinem Wort über den guten Baum, der gute Früchte bringe [Mt. 7,17], diese Unterscheidung von Person und Werk im Auge gehabt, entstellt den Sinn dieses Wortes Jesu in sein genaues Gegenteil. Nicht, dass erst die Person und dann das Werk gut sei, sondern dass nur beide zusammen gut oder schlecht, also beide zusammen nur als Einheit zu verstehen sind, ist hier gemeint. Dasselbe gilt von der Unterscheidung, die der amerikanische Religionsphilosoph Reinhold Niebuhr mit den beiden Begriffen moral man und immoral society bezeichnet hat. Die hier gemeinte Scheidung von Individuum und Gesellschaft ist ebenso abstrakt wie die zwischen Person und Werk. Hier wird Untrennbares auseinandergerissen und jedes Teil, das als solches tot ist, für sich betrachtet. Die Folge ist jene vollendete ethische Aporie, die heute unter dem Namen der »Sozialethik« figuriert. Wo freilich das Gute in der Konformität eines Seienden mit einem Gesollten gesehen wird, dort muss der massivere Widerstand, den die Gesellschaft dem Gesollten entgegensetzt, eine ethische Bevorzugung des Individuums vor der Gesellschaft mit sich führen. (Umgekehrt legt gerade dieses Ergebnis es nahe, in diesem Begriff des Ethischen seine soziologische Herkunft aus dem Zeitalter des Individualismus zu wittern.) Die Frage nach dem Guten darf nicht verengt werden zu der Untersuchung von Handlungen auf ihre Motive beziehungsweise auf ihre Erfolge durch Anlegen eines bereits fertigen ethischen Maßstabes. Eine Gesinnungsethik bleibt ebenso an der Oberfläche wie eine Erfolgsethik. Denn welches Recht hätten wir, bei der Gesinnung als letztem ethischen Phänomen stehen zu bleiben und uns der Erkenntnis zu entziehen, dass eine »gute« Gesinnung auf sehr dunklen Hintergründen des menschlichen Bewusstseins und Unterbewusstseins erwachsen kann und dass oft aus »guter Gesinnung« das Schlimmste geschieht? und wie die Frage nach dem Motiv des Handelns sich zuletzt im unentwirrbaren Vergangenen verliert, so entschwindet auch die Frage nach dem Erfolg schließlich immer im Nebel der Zukunft. Nach beiden Seiten hin gibt es keine feste Grenze und nichts berechtigt uns, an irgendeinem von uns selbst willkürlich gesetzten Punkt haltzumachen, um zu einem definitiven Urteil zu kommen. Es wird eine Bedürfnisfrage sein, die von den Zeitläuften abhängig ist, wenn man praktisch immer wieder zu solchen willkürlichen Festsetzungen kommt und ob diese dann auf der Linie der Motivethik oder der Erfolgsethik liegen. Grundsätzlich hat die eine vor der anderen nichts voraus, weil in beiden die Frage nach dem Guten abstrakt gestellt und von der Wirklichkeit gelöst wird. Das Gute ist nicht die Übereinstimmung zwischen einem uns – durch Natur oder Gnade – zur Verfügung gestellten Maßstab und dem von mir als Wirklichkeit bezeichneten Seienden, sondern das Gute ist die Wirklichkeit und zwar die in Gott gesehene, erkannte Wirklichkeit selbst. Der Mensch mitsamt seinen Motiven und Werken, mitsamt seinen Mitmenschen, mitsamt der ihn umgebenden Kreatur, das heißt die Wirklichkeit als Ganze, in Gott gehaltene, ist mit der Frage nach dem Guten umfasst. Das göttliche: siehe, es war sehr gut [Gen 1,31], meinte das Ganze der Schöpfung. Das Gute verlangt nach dem Ganzen, nicht nur nach der ganzen Gesinnung, sondern auch nach dem ganzen Werk, nach dem ganzen Menschen mitsamt den ihm gegebenen Mitmenschen. Was sollte es auch bedeuten, dass nur ein Teil gut genannt wird, also etwa das Motiv, während das Werk schlecht ist oder umgekehrt? Der Mensch ist ein unteilbares Ganzes nicht nur als Einzelner in seiner Person und seinem Werk, sondern auch als Glied der Gemeinschaft der Menschen und der Kreaturen, in der er steht. Dieses unteilbare Ganze, das heißt diese in Gott gegründete und erkannte Wirklichkeit, hat die Frage nach dem Guten im Auge. »Schöpfung« heißt dieses unteilbare Ganze seinem Ursprung nach, seinem Ziel nach heißt es Reich Gottes. Beides ist uns gleich entfernt und gleich nah, denn die Schöpfung Gottes und das Reich Gottes ist uns allein gegenwärtig in Gottes Selbstoffenbarung in Jesus Christus.

Teilbekommen an dem unteilbar Ganzen der Gotteswirklichkeit ist der Sinn der christlichen Frage nach dem Guten. An dieser Stelle bedarf es um der Vermeidung eines Missverständnisses willen der weiteren Klärung dessen, was hier unter Wirklichkeit verstanden ist.

Es gibt eine Begründung der Ethik auf dem Wirklichkeitsbegriff, die von der christlichen völlig verschieden ist, nämlich die positivistisch-empiristische. Sie versucht, den Normbegriff gänzlich aus der Ethik auszuschalten, weil sie in ihm nur die Idealisierung tatsächlicher und für das Leben zweckmäßiger Verhaltungsweisen sieht: Das Gute ist im Grunde nichts als das Zweckmäßige, Nützliche, der Wirklichkeit Dienliche. Es gibt infolgedessen kein allgemeingültiges, sondern nur ein unendlich mannigfaltiges jeweils von der »Wirklichkeit« her bestimmtes Gutes. Der Vorzug dieser Auffassung vor der idealistischen besteht in ihrer unzweifelhaft größeren »Wirklichkeitsnähe«. Das Gute besteht hier nicht in einer unmöglichen »Verwirklichung« von Unwirklichem, in der Realisierung ethischer Ideen, sondern die Wirklichkeit selbst lehrt, was gut ist. Die Frage ist nur, ob die hier gemeinte Wirklichkeit dazu imstande ist, diese Forderung zu erfüllen. Dabei zeigt es sich, dass der der positivistischen Ethik zugrunde liegende Wirklichkeitsbegriff der vulgäre Begriff des empirisch Feststellbaren ist, der die Leugnung jeder Begründung dieser Wirklichkeit in der letzten Wirklichkeit, in Gott, einschließt. Diese vulgär verstandene Wirklichkeit ist aber darum ungeeignet zum Ursprung des Guten zu werden, weil sie nichts als den völligen Verfall an das Jeweilige, Gegebene, Zufällige, augenblicklich Zweckmäßige verlangt, weil sie die letzte Wirklichkeit nicht erkennt und so die Einheit des Guten zerstört und preisgibt.

Anders spricht die christliche Ethik von der Wirklichkeit, die der Ursprung des Guten ist. Sie meint dabei die Wirklichkeit Gottes als letzte Wirklichkeit außer und in allem Bestehenden, sie meint damit auch die Wirklichkeit der bestehenden Welt, die allein durch die Wirklichkeit Gottes Wirklichkeit hat. Dass die Wirklichkeit Gottes nicht selbst wieder eine Idee ist, entnimmt der christliche Glaube aus der Tatsache, dass diese Wirklichkeit Gottes sich selbst bezeugt und offenbart hat mitten in der wirklichen Welt. In Jesus Christus ist die Wirklichkeit Gottes in die Wirklichkeit dieser Welt eingegangen. Der Ort, an dem die Frage nach der Wirklichkeit Gottes wie die nach der Wirklichkeit der Welt zugleich Beantwortung erfährt, ist allein bezeichnet durch den Namen: Jesus Christus. In diesen Namen ist Gott und die Welt beschlossen. In ihm hat alles seinen Bestand (Kol 1,16). Von nun an kann weder von Gott noch von der Welt recht geredet werden, ohne von Jesus Christus zu reden. Alle Wirklichkeitsbegriffe, die von ihm absehen, sind Abstraktionen. Alles Denken über das Gute, in dem das Gesollte gegen das Seiende oder das Seiende gegen das Gesollte ausgespielt wird, ist dort überwunden, wo das Gute Wirklichkeit geworden ist, in Jesus Christus. Jesus Christus lässt sich weder mit einem Ideal, einer Norm, noch mit dem Seienden identifizieren. Die Feindschaft des Ideals gegen das Seiende, die fanatische Durchführung einer Idee gegen ein sich sträubendes Seiendes kann dem Guten ebenso fern sein wie die Preisgabe des Gesollten an das Zweckdienliche. Sowohl das Gesollte als das Zweckdienliche empfängt in Christus einen ganz neuen Sinn. Die Unversöhnlichkeit des Gesollten und des Seienden gegeneinander findet in Christus, das heißt in der letzten Wirklichkeit, ihre Versöhnung. An dieser Wirklichkeit teilzunehmen, ist der echte Sinn der Frage nach dem Guten.

In Christus begegnet uns das Angebot, an der Gotteswirklichkeit und an der Weltwirklichkeit zugleich teil zu bekommen, eines nicht ohne das andere. Die Wirklichkeit Gottes erschließt sich nicht anders, als indem sie mich ganz in die

Weltwirklichkeit hineinstellt, die Weltwirklichkeit aber finde ich immer schon getragen, angenommen, versöhnt in der Wirklichkeit Gottes vor. Das ist das Geheimnis der Offenbarung Gottes in dem Menschen Jesus Christus. Die christliche Ethik fragt nun nach dem Wirklichwerden dieser Gottes- und Weltwirklichkeit, die in Christus gegeben ist, in unserer Welt. Nicht als wäre »unsere Welt« irgendetwas außerhalb der Gottes- und Weltwirklichkeit, die in Christus ist, als gehörte sie nicht auch schon zu der in ihm getragenen, angenommenen, versöhnten Welt, nicht also als müsste nun doch irgendein »Prinzip« auf unsere Verhältnisse und unsere Zeit erst noch angewendet werden. Es wird vielmehr danach gefragt, wie die – auch uns und unsere Welt längst in sich beschlossen haltende – Wirklichkeit in Christus als jetzt gegenwärtige wirke beziehungsweise wie in ihr zu leben sei. Es geht also darum, an der Wirklichkeit Gottes und der Welt in Jesus Christus heute teilzuhaben und das so, dass ich die Wirklichkeit Gottes nie ohne die Wirklichkeit der Welt und die Wirklichkeit der Welt nie ohne die Wirklichkeit Gottes erfahre.

2. Das Denken in zwei Räumen
Indem wir auf diesem Wege weiterschreiten wollen, stellt sich uns wie ein Koloss ein Großteil des traditionellen christlich-ethischen Denkens hindernd entgegen. Seit den Anfängen christlicher Ethik nach der neutestamentlichen Zeit ist die vorherrschende, bewusst oder unbewusst alles bestimmende Grundvorstellung des ethischen Denkens die des Aneinanderstoßens von zwei Räumen, von denen der eine göttlich, heilig, übernatürlich, christlich, der andere aber weltlich, profan, natürlich, unchristlich ist. Den ersten Gipfelpunkt erreicht diese Vorstellung im hohen Mittelalter, den zweiten in dem pseudoreformatorischen Denken der Nachreformati-

onszeit. Das Wirklichkeitsganze zerfällt in zwei Teile und das ethische Bemühen geht um die rechte Beziehung der beiden Teile zueinander. In der Hochscholastik wird das Reich des Natürlichen dem Reich der Gnade unterworfen, im Pseudoluthertum wird die Eigengesetzlichkeit der Ordnungen dieser Welt gegen das Gesetz Christi proklamiert, im Schwärmertum tritt die Gemeinde der Erwählten gegen die Feindschaft der Welt zum Kampf für die Errichtung des Reiches Gottes auf Erden an. Überall wird damit die Sache Christi zu einer partiellen, provinziellen Angelegenheit innerhalb des Wirklichkeitsganzen. Es wird mit Wirklichkeiten außer der Wirklichkeit in Christus gerechnet. Zu diesen Wirklichkeiten gibt es infolgedessen auch einen eigenen Zugang, neben Christus her. So wichtig man die Wirklichkeit in Christus auch nehmen mag, sie bleibt immer eine Teilwirklichkeit neben anderen Wirklichkeiten.

Durch diese Aufteilung des Wirklichkeitsganzen in einen sakralen und einen profanen, einen christlichen und einen weltlichen Bezirk wird nun die Möglichkeit der Existenz in nur einem dieser Bezirke geschaffen, einer geistlichen Existenz also, die nicht an der weltlichen Existenz teilhat, und einer weltlichen Existenz, die für sich eine Eigengesetzlichkeit in Anspruch nehmen kann und diese gegen den sakralen Bezirk zur Geltung bringt. Der Mönch und der Kulturprotestant des 19. Jahrhunderts repräsentieren diese beiden Möglichkeiten. Die gesamte mittelalterliche Geschichte kreist um das Thema der Herrschaft des geistlichen Raumes über den weltlichen, des regnum gratiae über das regnum naturae, wie die Neuzeit durch eine immer fortschreitende Verselbständigung des Weltlichen gegenüber dem Geistlichen charakterisiert ist. Solange Christus und die Welt als zwei aneinanderstoßende und einander abstoßende Räume gedacht werden, bleiben dem Menschen nur folgende Möglichkeiten: Unter dem Verzicht auf das Wirklichkeitsganze stellt er sich in einen der beiden Räume, er will Christus ohne die Welt oder die Welt ohne Christus. In beiden Fällen betrügt er sich selbst. Oder aber der Mensch will in beiden Räumen zugleich stehen und wird damit der Mensch des ewigen Konflikts, wie ihn die nachreformatorische Zeit hervorgebracht hat und wie er sich selbst immer wieder als die einzige der Wirklichkeit gemäße Gestalt christlicher Existenz ausgegeben hat.

So schwierig es nun sein mag, sich dem Bann dieses Raumdenkens zu entziehen, so gewiss ist es doch, dass es sowohl dem biblischen wie dem reformatorischen Denken zutiefst widerspricht, und dass es daher an der Wirklichkeit vorbeigeht. Es gibt nicht zwei Wirklichkeiten, sondern nur eine Wirklichkeit, und das ist die in Christus offenbargewordene Gotteswirklichkeit in der Weltwirklichkeit. An Christus teilhabend stehen wir zugleich in der Gotteswirklichkeit und in der Weltwirklichkeit. Die Wirklichkeit Christi fasst die Wirklichkeit der Welt in sich. Die Welt hat keine eigene von der Offenbarung Gottes in Christus unabhängige Wirklichkeit. Es ist eine Verleugnung der Offenbarung Gottes in Jesus Christus, »christlich« sein zu wollen, ohne »weltlich« zu sein, oder weltlich sein [zu] wollen, ohne die Welt in Christus zu sehen und zu erkennen. Es gibt daher nicht zwei Räume, sondern nur den einen Raum der Christuswirklichkeit, in dem Gottes- und Weltwirklichkeit miteinander vereinigt sind. So ist das Thema der zwei Räume, das die Geschichte der Kirche immer wieder beherrscht hat, dem Neuen Testament fremd. Hier geht es allein um das Wirklichwerden der Christuswirklichkeit in der von ihr schon umschlossenen, besessenen, innegehabten, gegenwärtigen Welt. Nicht zwei miteinander konkurrierende Räume stehen neben einander und machen sich gegenseitig die Grenzen streitig, sodass die Grenzfragen immer wieder die entscheidenden der Geschichte wären, sondern die ganze Weltwirklichkeit ist bereits in Christus hineingezogen, in ihm zusammengefasst und nur von dieser Mitte her und auf diese Mitte hin geht die Bewegung der Geschichte.

Das Raumdenken versteht die Begriffspaare weltlich – christlich, natürlich – übernatürlich, profan – sakral, vernünftig – offenbarungsgemäß als letzte statische Gegensätze, mit denen bestimmte einander ausschließende Gegebenheiten bezeichnet sind. Es verkennt die ursprüngliche Einheit dieser Gegensätze in der Christuswirklichkeit und setzt an ihre Stelle die nachträglich erzwungene Einheit eines die Gegensätze umspannenden sakralen oder profanen Systems. Dabei bleibt die statische Gegensätzlichkeit erhalten. Ganz anders kommen diese Dinge von der erkannten Gottes- und Weltwirklichkeit in Christus her zu stehen. Die Welt, das Natürliche, das Profane, die Vernunft ist hier von vornherein in Gott hineingenommen, all dies existiert nicht »an und für sich«, sondern es hat seine Wirklichkeit nirgends als in der Gotteswirklichkeit in Christus. Es gehört nun zum wirklichen Begriff des Weltlichen, dass es immer schon in der Bewegung des Angenommenseins und Angenommenwerdens von Gott in Christus gesehen wird. Wie in Christus die Gotteswirklichkeit in die Weltwirklichkeit einging, so gibt es das Christliche nicht anders als im Weltlichen, das »Übernatürliche« nur im Natürlichen, das Heilige nur im Profanen, das Offenbarungsmäßige nur im Vernünftigen. Die in Christus gesetzte Einheit von Gottes- und Weltwirklichkeit (wiederholt sich oder genauer) verwirklicht sich immer wieder an den Menschen. Dennoch ist das Christliche nicht identisch mit dem Weltlichen, das Natürliche mit dem Übernatürlichen, das Offenbarungsgemäße mit dem Vernünftigen, sondern besteht vielmehr zwischen beidem eine allein in der Christuswirklichkeit und das heißt im Glauben an diese letzte Wirklichkeit gegebene Einheit. Diese Einheit wird dadurch gewahrt, dass das Weltliche und das Christliche etc. sich gegenseitig jede statische Verselbständigung des einen gegen das andere verbieten, dass sie sich also polemisch zueinander verhalten und gerade darin ihre gemeinsame Wirklichkeit, ihre Einheit in der Christuswirklichkeit bezeugen. Wie Luther das Weltliche polemisch gegen die Sakralisierung der römischen Kirche ins Feld führte, so muss diesem Weltlichen in dem selben Augenblick, in dem es in Gefahr steht, sich zu verselbständigen wie es bald nach der Reformation geschah und im Kulturprotestantismus seinen Höhepunkt erreichte, vom Christlichen, vom »Sakralen« her polemisch widersprochen werden. Es handelt sich dann in beiden Fällen um genau denselben Vorgang, nämlich um den Hinweis auf die Gottes- und Weltwirklichkeit in Jesus Christus. Wie aber Luther gegen das sich verselbständigende, sich von der Wirklichkeit in Christus lösende Christliche mit Hilfe des Weltlichen im Namen einer besseren Christlichkeit protestierte, so muss auch der heutige polemische Gebrauch des Christlichen gegen das Weltliche im Namen einer besseren Weltlichkeit geschehen und darf gerade nicht wieder in eine selbstzweckliche statische Sakralität führen. Allein in diesem Sinn einer polemischen Einheit darf Luthers Lehre von den Zwei Reichen aufgenommen werden und ist sie wohl auch ursprünglich gemeint.

Das Raumdenken als statisches Denken ist – theologisch gesprochen – gesetzliches Denken. Das ist leicht zu zeigen. Wo das Weltliche als selbständiger Bezirk für sich zu stehen kommt, dort ist die Tatsache des Angenommenseins der Welt in Christus und also die Begründung der Weltwirklichkeit in der Offenbarungswirklichkeit und damit das aller Welt geltende Evangelium geleugnet. Die Welt wird nicht als in Christus von Gott versöhnte erkannt, sondern sie ist ein Bereich, der noch ganz unter der Forderung des Christlichen steht beziehungsweise der mit einem eigenen Gesetz dem Gesetze Christi entgegentritt. Wo andererseits das Christliche als selbständiger Bezirk auftritt, dort verweigert man der Welt die Gemeinschaft, die Gott in Jesus Christus mit ihr eingegangen ist. Ein christliches Gesetz, das das Gesetz der Welt verurteilt, wird hier aufgerichtet und gegen die Welt, die Gott mit sich versöhnt hat, unversöhnlich zu Felde geführt. Wie aber jede Gesetzlichkeit in Gesetzlosigkeit, Nomismus in Antinomismus, Perfektionismus in Libertinismus mündet, so auch hier. Eine Welt, die für sich bestehend dem Gesetz Christi entnommen ist, verfällt der Bindungslosigkeit und Willkür. Eine Christlichkeit, die sich der Welt entzieht, verfällt der Unnatur, der Unvernunft, dem Übermut und der Willkür.

Wird somit von dem Glauben an die Offenbarung der letzten Wirklichkeit in Jesus Christus her das ethische Raumdenken überwunden, so bedeutet das, dass es kein wirkliches Christsein außerhalb der Wirklichkeit der Welt und keine wirkliche Weltlichkeit außerhalb der Wirklichkeit Jesu Christi gibt. Es gibt keinen Rückzugsort des Christen von der Welt, weder äußerlich noch in der Sphäre der Innerlichkeit. Jeder Versuch der Welt auszuweichen muss früher oder später mit einem sündigen Verfall an die Welt bezahlt werden. (Es ist dabei eine Erfahrungstatsache, dass dort, wo die groben Sünden der Sexualität überwunden sind, die ebenso grobe ‚aber von der Welt weniger verpönte Sünde der Habsucht, der Geldgier in Blüte steht.) Die Pflege einer von der Welt unberührten christlichen Innerlichkeit wird für die Augen des weltlichen Beobachters meist etwas Tragikomisches haben; denn die scharfsichtige Welt erkennt sich dort selber am deutlichsten wieder, wo die christliche Innerlichkeit sie im Selbstbetrug am fernsten wähnt. Wer sich zu der Wirklichkeit Jesu Christi als der Offenbarung Gottes bekennt, der bekennt sich im selben Atemzug zu der Wirklichkeit Gottes und zu der Wirklichkeit der Welt; denn er findet in Christus Gott und die Welt versöhnt. Eben darum aber ist der Christ auch nicht mehr der Mensch des ewigen Konflikts, sondern wie die Wirklichkeit in Christus eine ist, so ist er, der zu dieser Christuswirklichkeit gehört, auch selbst ein Ganzer. Seine Weltlichkeit trennt ihn nicht von Christus, und seine Christlichkeit trennt ihn nicht von der Welt. Ganz Christus angehörend steht er zugleich ganz in der Welt. [...]

Es gehört zur Offenbarung Gottes in Jesus Christus, dass sie Raum in der Welt einnimmt. Aber es wäre allerdings grundverkehrt, diesen Raum nun einfach empirisch zu deuten. Wenn Gott in Jesus Christus Raum in der Welt beansprucht, – und sei es nur in einem Stalle, weil »sonst kein Raum in der Herberge« war – so fasst er in diesem engen Raum zugleich die ganze Wirklichkeit der Welt zusammen und offenbart ihren letzten Grund. So ist auch die Kirche Jesu Christi der Ort – das heißt der Raum – in der Welt, an dem die Herrschaft Jesu Christi über die ganze Welt bezeugt und verkündigt wird. Dieser Raum der Kirche ist also nichts für sich selbst Bestehendes, sondern etwas immer schon weit über sich Hinausgreifendes, eben weil es nicht der Raum eines Kultvereins ist, der um seinen eigenen Bestand in der Welt zu kämpfen hätte, sondern weil es der Ort ist, an dem von Begründung aller Wirklichkeit in Jesus Christus Zeugnis gegeben wird. Die Kirche ist der Ort, wo bezeugt und ernstgenommen wird, dass Gott die Welt in Christus mit sich selbst versöhnt hat, dass Gott die Welt so geliebt hat, dass er seinen Sohn für sie hingab. Der Raum der Kirche ist nicht dazu da, um der Welt ein Stück ihres Bereiches streitig zu machen, sondern gerade um der Welt zu bezeugen, dass sie Welt bleibe, nämlich die von Gott geliebte und versöhnte Welt. Es ist also nicht so, dass die Kirche ihren Raum über den Raum der Welt ausdehnen wollte oder müsste, sie begehrt nicht mehr Raum, als sie braucht, um der Welt mit dem Zeugnis von Jesus Christus und von ihrer Versöhnung mit Gott durch ihn zu dienen. Die Kirche kann ihren eigenen Raum auch nur dadurch verteidigen, dass sie nicht um ihn, sondern um das Heil der Welt kämpft. Andernfalls wird die Kirche zur »Religionsgesellschaft«, die in eigener Sache kämpft, und damit aufgehört hat, Kirche Gottes in der Welt zu sein. [...]

Ethik als Gestaltung

1. Der theoretische Ethiker und die Wirklichkeit

Nur selten mag eine Generation jeder theoretischen und programmatischen Ethik so uninteressiert gegenübergestanden haben wie die unsere. Die akademische Frage eines ethischen Systems erscheint als die überflüssigste aller Fragen. Das hat seinen Grund nicht etwa in einer ethischen Indifferenz unserer Zeit, sondern gerade umgekehrt in einer bisher in der abendländischen Geschichte nie dagewesenen Bedrängnis durch die Fülle der Wirklichkeit konkreter ethischer Fragen. In einer Zeit, in der die Festigkeit der bestehenden Lebensordnungen höchstens die kleinen, meist nicht aufgedeckten Sünden menschlicher Schwäche zuließ und der Verbrecher als der Unnormale den entsetzten oder mitleidigen Blicken der Gesellschaft entzogen wurde, konnte das Ethische als theoretisches Problem interessant sein. Heute gibt es wieder Bösewichter und Heilige und zwar in aller Öffentlichkeit. Aus dem Grau in Grau des schwülen Regentages ist die schwarze Wolke und der helle Blitz des Gewitters geworden. Die Konturen sind überscharf. Die Wirklichkeit enthüllt sich. Die Gestalten Shakespeares gehen um. Der Bösewicht und der Heilige aber haben wenig oder nichts mit ethischen Programmen zu tun, sie steigen aus Urgründen empor, sie reißen mit ihrem Erscheinen den höllischen und den göttlichen Abgrund auf, aus dem sie kommen und lassen uns in nie geahnte Geheimnisse kurze Blicke tun. Schlimmer als die böse Tat ist das Bösesein. Schlimmer ist es, wenn ein Lügner die Wahrheit sagt, als wenn ein Liebhaber der Wahrheit lügt, schlimmer, wenn ein Menschenhasser Bruderliebe übt, als wenn ein Liebhaber der Menschen einmal vom Hass überwältigt wird. Besser als die Wahrheit im Munde des Lügners ist noch die Lüge, besser als die Tat der Bruderliebe gegenüber erweist Gott im Kreuz Christi die Heiligung des Schmerzes, der Niedrigkeit, des Scheiterns, der Armut, der Einsamkeit, der Verzweiflung. Nicht als hätte dies alles einen Wert in sich selbst. Aber es empfängt seine Heiligung durch die Liebe Gottes, die dies alles als Gericht auf sich nimmt. Das Ja Gottes zum Kreuz ist das Gericht über den Erfolgreichen. Der Erfolglose aber muss erkennen, dass nicht seine Erfolglosigkeit, nicht seine Pariastellung als solche, sondern allein die Annahme des Gerichtes der göttlichen Liebe ihn vor Gott bestehen lässt. Dass dann gerade das Kreuz Christi, also sein Scheitern an der Welt, wiederum zum geschichtlichen Erfolg führt, ist ein Geheimnis des göttlichen Weltregiments, aus dem keine Regel gemacht werden kann, das sich aber in dem Leiden seiner Gemeinde hier und dort wiederholt.

Allein im Kreuz Christi und das heißt als gerichtete kommt die Menschheit zu ihrer wahren Gestalt.

[...]

4. Gleichgestaltung

Das Wort »Gestaltung« erregt unseren Argwohn. Wir sind der christlichen Programme überdrüssig, überdrüssig auch der gedankenlosen, oberflächlichen Parole eines sogenannten praktischen Christentums anstelle eines sogenannten dogmatischen Christentums. Wir haben gesehen, dass die gestaltenden Kräfte in der Welt von ganz anderer Seite herkommen als vom Christentum, und dass das sogenannte praktische Christentum in der Welt mindestens ebenso versagt wie das sogenannte dogmatische. Es muss also unter »Gestaltung« etwas ganz anderes verstanden werden, als wir gewöhnt sind darunter zu verstehen, und in der Tat spricht die Heilige Schrift in einem uns zunächst ganz fremden Sinne von Gestaltung. Nicht um Weltgestaltung durch Planung und Programme geht es ihr in erster Linie, sondern es geht ihr bei aller Gestaltung allein um die eine Gestalt, die die Welt überwunden hat, um die Gestalt Jesu Christi. Gestaltung gibt es nur von ihr aus, und nun wiederum nicht so, dass die Lehre Christi oder die sogenannten christlichen Prinzipien in direkter Weise auf die Welt angewendet und die Welt nach ihnen gestaltet werden sollte. Gestaltung gibt es vielmehr allein als Hineingezogenwerden in die Gestalt Jesu Christi, als Gleichgestaltung mit der einzigen Gestalt des Menschgewordenen, Gekreuzigten und Auferstandenen. Das geschieht nicht durch Anstrengungen, »Jesus ähnlich zu werden«, wie wir es auszudrücken pflegen, sondern dadurch, dass die Gestalt Jesu Christi von sich aus so auf uns einwirkt, dass sie unsere Gestalt nach ihrer eigenen prägt (Gal 4,[1]9). Christus bleibt der einzige Gestalter. Nicht christliche Menschen gestalten mit ihren Ideen die Welt, sondern Christus gestaltet die Menschen zur Gleichgestalt mit ihm. Wie aber die Gestalt Christi dort verkannt wird, wo er wesentlich als der Lehrer für ein frommes und gutes Leben verstanden wird, so wäre auch die Gestaltung des Menschen falsch verstanden, wo man in ihr nur die Anweisung zu einem frommen und guten Leben sähe. Christus ist der Menschgewordene, der Gekreuzigte und der Auferstandene, als den ihn der christliche Glaube bekennt. In seine Gestalt verwandelt zu werden, ist der Sinn der Gestaltung, von der die Bibel spricht.

Gleichgestaltet mit dem Menschgewordenen – das heißt wirklicher Mensch sein. Der Mensch soll und darf Mensch sein. Alles Übermenschentum, alles Bemühen über den Menschen in sich hinauszuwachsen, alles Heroentum, alles halbgöttliche Wesen fällt hier vom Menschen ab; denn es ist unwahr. Der wirkliche Mensch ist weder ein Gegenstand der Verachtung noch der Vergötterung, sondern ein Gegenstand der Liebe Gottes. Die Mannigfaltigkeit des Schöpferreichtums Gottes wird hier nicht durch falsche Uniformität, durch Zwingen des Menschen unter ein Ideal, einen Typus, unter ein bestimmtes Menschenbild, vergewaltigt. Der wirkliche Mensch darf in Freiheit das Geschöpf seines Schöpfers sein. Gleichgestaltet mit dem Menschgewordenen sein bedeutet der Mensch sein dürfen, der man in Wirklichkeit ist. Schein, Heuchelei, Krampf, Zwang etwas Anderes, Besseres, Idealeres zu sein als man ist, ist hier abgetan. Gott liebt den wirklichen Menschen. Gott wurde wirklicher Mensch.

Gleichgestaltet mit dem Gekreuzigten – das heißt von Gott gerichteter Mensch sein. Der Mensch trägt das Todesurteil Gottes, das Sterbenmüssen vor Gott um der Sünde willen täglich mit sich herum. Er bezeugt es mit seinem Leben, dass vor Gott nichts bestehen kann, es sei denn im Gericht und in der Gnade. Der Mensch stirbt täglich den Tod des Sünders. Er trägt die Narben, die Wundmale, die die Sünde ihm schlägt, demütig an Leib und Seele. Er kann sich über keinen anderen

Menschen erheben oder sich ihm zum Vorbild setzen; denn er erkennt sich als den größten aller Sünder. Die Sünde der anderen vermag er zu entschuldigen, seine eigene nie. Alles ihm auferlegte Leiden trägt er in der Erkenntnis, dass es ihm dazu dient, mit seinem eigenen Willen zu sterben und Gott über sich rechthaben zu lassen. Allein indem er Gott über sich und gegen sich Recht gibt, ist er vor Gott recht. »Unter Leiden prägt der Meister in die Herzen, in die Geister sein allgeltend Bildnis ein.« [Anm.: Aus dem Kirchenlied „Endlich bricht der heiße Tiegel"]

Gleichgestaltet mit dem Auferstandenen – das heißt vor Gott ein neuer Mensch sein. Er lebt mitten im Tode, er ist gerecht mitten in der Sünde, er ist neu mitten im Alten. Sein Geheimnis bleibt der Welt verborgen. Er lebt, weil Christus lebt, und allein in Christus. »Christus ist mein Leben« [Phil. 1,21]. Solange die Herrlichkeit Christi verborgen ist, ist auch die Herrlichkeit seines neuen Lebens »mit Christus verborgen in Gott« (Kol. 3,2). Aber der Wissende schaut hier und da schon einen Schimmer des Zukünftigen. Der neue Mensch lebt in der Welt wie jeder andere; er unterscheidet sich oft nur in wenigem von den anderen Menschen. Er legt es auch nicht darauf an, sich herauszuheben, sondern allein Christus herauszuheben um seiner Brüder willen. Verklärt in die Gestalt des Auferstandenen trägt er hier nur das Zeichen des Kreuzes und des Gerichtes. Indem er es willig trägt, erweist er sich als der, der den Heiligen Geist empfangen hat und mit Jesus Christus in unvergleichlicher Liebe und Gemeinschaft geeint ist.

Die Gestalt Jesu Christi gewinnt Gestalt im Menschen. Der Mensch gewinnt keine eigene, selbstständige Gestalt, sondern was ihm Gestalt gibt und in der neuen Gestalt erhält ist immer nur die Gestalt Jesu Christi selbst. Es ist also keine Nachäffung, keine Wiederholung seiner Gestalt, sondern seine eigene Gestalt, die im Menschen Gestalt gewinnt. Wiederum wird der Mensch nicht in eine ihm fremde Gestalt, in die Gestalt Gottes, sondern in seine eigene, ihm zugehörige und wesentliche umgestaltet. Der Mensch wird Mensch, weil Gott Mensch wurde. Aber der Mensch wird nicht Gott. Nicht er also konnte und kann den Wandel seiner Gestalt vollbringen, sondern Gott selbst verwandelt seine Gestalt in die Gestalt des Menschen, damit der Mensch zwar nicht Gott, aber Mensch vor Gott werde.

In Christus war die Gestalt des Menschen vor Gott neugeschaffen. Es war keine Sache des Ortes, der Zeit, des Klimas, der Rasse, des Einzelnen, der Gesellschaft, der Religion oder des Geschmacks, sondern die Sache des Lebens der Menschheit schlechthin, dass sie hier ihr Bild und ihre Hoffnung erkannte. Was an Christus geschah, war an der Menschheit geschehen. Es ist ein Geheimnis, für das es keine Erklärung gibt, dass nur ein Teil der Menschheit die Gestalt ihres Erlösers erkennt. Das Verlangen des Menschgewordenen, in allen Menschen Gestalt zu gewinnen, bleibt bis zur Stunde ungestillt. Er, der die Gestalt des Menschen trug, kann nur in einer kleinen Schar Gestalt gewinnen: Das ist seine Kirche.

»Gestaltung« heißt daher in erster Linie Gestaltgewinnen Jesu Christi in seiner Kirche. Es ist die Gestalt Jesu Christi selbst, die hier Gestalt gewinnt. In tiefer und klarer Bezeichnung der Sache selbst nennt das Neue Testament die Kirche den Leib Christi. Der Leib ist die Gestalt. So ist die Kirche nicht eine Religionsgemeinschaft von Christusverehrern, sondern der unter Menschen gestaltgewordene Christus. Leib Christi aber darf die Kirche heißen, weil im Leibe Jesu Christi wirklich der Mensch und also alle Menschen angenommen sind. Die Kirche trägt nun die Gestalt, die in Wahrheit der ganzen

Menschheit gilt. Das Bild, nach dem sie gestaltet wird, ist das Bild der Menschheit. Was sich in ihr ereignet, geschieht vorbildlich und stellvertretend für alle Menschen. Es kann aber nicht deutlich genug gesagt werden, dass auch die Kirche nicht eine eigene, selbständige Gestalt neben der Gestalt Jesu Christi ist, dass sie also nie in eigener, selbstständiger Weise Recht, Autorität, Würde für sich in Anspruch nehmen kann neben Jesus Christus. Die Kirche ist nichts als das Stück der Menschheit, in dem Christus Gestalt wirklich gewonnen hat. Es geht ganz und gar um die Gestalt Jesu Christi und um keine Gestalt neben ihm. Die Kirche ist der menschgewordene, gerichtete, zu neuem Leben erweckte Mensch in Christus. Sie hat es also zunächst gar nicht wesentlich mit den sogenannten religiösen Funktionen des Menschen zu tun, sondern mit dem ganzen Menschen in seinem Dasein in der Welt mit allen seinen Beziehungen. Es geht in der Kirche nicht um Religion, sondern um die Gestalt Christi und ihr Gestaltwerden unter einer Schar von Menschen. Lassen wir uns auch nur um das Geringste von dieser Sicht abbringen, so fallen wir unvermeidlich zurück in jene Programmatik ethischer oder religiöser Weltgestaltung, von der wir ausgingen.

Wir haben erkannt: Von Gestaltung kann in einer christlich-ethischen Besinnung immer nur im Blick auf die Gestalt gesprochen werden. Gestaltung ist nicht ein von dieser Gestalt irgendwie zu lösender selbständiger Prozess oder Zustand. Es gibt nur eine Gestaltung von und zu dieser Gestalt Jesu Christi. Der Ausgangspunkt christlicher Ethik ist der Leib Christi, die Gestalt Christi in der Gestalt der Kirche, die Gestaltung der Kirche nach der Gestalt Christi. Nur indem das, was an der Kirche geschieht, in Wahrheit der ganzen Menschheit gilt, gewinnt der Begriff der Gestaltung – indirekt – seine Bedeutung für alle Menschen. Nun aber wiederum nicht so, als würde die Kirche sozusagen als Vorbild für die Welt hingestellt, sondern nur so kann von Gestaltung der Welt gesprochen werden, dass die Menschheit auf ihre wahre Gestalt, die ihr zugehört, die sie schon empfangen hat, die sie nur nicht begreift und annimmt, nämlich auf die Gestalt Jesu Christi hin, die ihr gehört, angesprochen und so – gewissermaßen vorwegnehmend – in die Kirche hineingezogen wird. Es bleibt dabei, dass auch dort, wo weltgestaltend geredet wird, allein die Gestalt Jesu Christi gemeint ist.

Die Gestalt Christi ist eine und dieselbe zu allen Zeiten und an allen Orten. Auch die Kirche Christi ist eine über alle Menschengeschlechter hinweg. Dennoch ist Christus nicht ein Prinzip, demgemäß alle Welt gestaltet werden müsste. Christus ist nicht der Verkündiger eines Systems dessen, was heute, hier und zu allen Zeiten gut wäre. Christus lehrt keine abstrakte Ethik, die, koste es, was es wolle, durchgesetzt werden müsste. Christus war nicht wesentlich Lehrer, Gesetzgeber, sondern Mensch, wirklicher Mensch wie wir. Er will darum auch nicht, dass wir in erster Linie Schüler, Vertreter und Verfechter einer bestimmten Lehre seien, sondern Menschen, wirkliche Menschen vor Gott. Christus liebte nicht wie ein Ethiker eine Theorie über das Gute, sondern er liebte den wirklichen Menschen. Er hatte nicht wie ein Philosoph Interesse an dem »Allgemeingültigen«, sondern an dem, was dem konkreten wirklichen Menschen dient. Nicht ob »die Maxime eines Handelns zum Prinzip einer allgemeinen Gesetzgebung« [Anm.: nach Immanuel Kant] werden könnte, kümmerte ihn, sondern ob mein Handeln jetzt dem Nächsten dazu half, ein Mensch vor Gott zu sein. Es heißt ja nicht: Gott wurde eine Idee, ein Prinzip, ein Programm, eine Allgemeingültigkeit, ein Gesetz, sondern Gott wurde Mensch. Das bedeutet, dass die Gestalt Christi, so gewiss sie eine und dieselbe ist und bleibt, doch in wirklichen Menschen und das heißt in ganz verschiedener Weise Gestalt gewinnen will. Christus hebt die menschliche Wirklichkeit nicht auf zugunsten einer Idee, die Verwirklichung gegen alles Wirkliche forderte, sondern Christus setzt die Wirklichkeit gerade in Kraft, er bejaht sie, ja, er selbst ist ja der wirkliche Mensch und so der Grund aller menschlichen Wirklichkeit. Gestaltung nach der Gestalt Christi schließt also das Doppelte ein: dass die Gestalt Christi ein und dieselbe bleibe, nicht als allgemeine Idee, sondern als die sie einmalig ist, der menschgewordene, gekreuzigte und auferstandene Gott, und dass gerade um der Gestalt Christi willen die Gestalt des wirklichen Menschen gewahrt bleibe und dass so der wirkliche Mensch die Gestalt Christi empfange.

5. Der konkrete Ort
Wir werden damit von jeder abstrakten Ethik weg, und auf eine konkrete Ethik hinverwiesen. Nicht was ein für alle Mal gut sei, kann und soll gesagt [werden], sondern wie Christus unter uns heute und hier Gestalt gewinne. Der Versuch zu sagen, was ein für alle Mal gut sei, ist von jeher aus sich selbst heraus gescheitert. Entweder wurden die Aussagen so allgemein und formal, dass sie keine inhaltliche Bedeutung mehr enthielten oder aber man geriet beim Unternehmen, die Fülle aller denkbaren Inhalte aufzunehmen und zu verarbeiten und somit im Voraus zu sagen, was in jedem einzelnen denkbaren Falle gut sei, in eine so unübersehbare Kasuistik, dass dabei weder das Allgemeingültige noch das Konkrete zu seinem Recht kam. Die konkrete christliche Ethik steht jenseits von Formalismus und Kasuistik; denn während Formalismus und Kasuistik von dem Streit des Guten mit dem Wirklichen ausgehen, kann die christliche Ethik ihren Ausgangspunkt

nehmen in der geschehenen Versöhnung der Welt mit Gott in dem Menschen Jesus Christus, in der Annahme des wirklichen Menschen durch Gott.

Die Frage, wie Christus unter uns heute und hier Gestalt gewinne beziehungsweise wie wir seiner Gestalt gleichgestaltet werden, birgt aber weitere schwierige Fragen in sich: Was heißt »unter uns«, »heute«, »hier«? Wenn es unmöglich ist, für alle Zeiten oder Räume festzulegen, was das Gute sei, so fragt es sich doch, für welche Zeiten und Räume denn überhaupt eine Antwort auf unsere Frage gegeben werden kann. Es darf keinen Augenblick zweifelhaft bleiben, dass jeder Ausschnitt, den wir jetzt vornehmen, nur eben als Ausschnitt aus dem Ganzen der Menschheit verstanden werden muss. Der Mensch in jedem Teil seiner Geschichte ist der in Christus angenommene Mensch schlechthin. So wird alles, was über diesen Ausschnitt zu sagen ist, immer über ihn hinaus auf das Ganze weisen. Dennoch müssen wir nun die Frage beantworten, an welche Zeiten und Räume wir denken, wenn [wir] von der Gestaltung durch die Gestalt Christi sprechen wollen. Es geht dabei zunächst ganz allgemein um die Zeiten und Räume, die uns etwas angehen, von denen wir Erfahrung haben, die für uns Wirklichkeiten sind. Es geht um die Zeiten und Räume, die konkrete Fragen an uns richten, uns Aufgaben stellen und Verantwortung auferlegen. Es geht also bei dem »unter uns«, »heute« und »hier« um den Bereich unserer Entscheidungen und Begegnungen. Dieser Bereich ist zweifellos individuell sehr verschieden groß und man könnte daher meinen, diese Bestimmungen ließen sich schließlich auch verflüchtigen bis zum vollständigen Individualismus. Dem steht aber entgegen, dass wir durch unsere Geschichte objektiv in einen bestimmten Erfahrungs-, Verantwortungs- und Entscheidungszusammenhang gestellt sind, dem wir uns ohne Abstraktion nicht mehr entziehen können. Ob wir nun im Einzelnen darum wissen oder nicht, wir leben faktisch in diesem Zusammenhang. Darüber hinaus aber ist dieser Zusammenhang in ganz besonderer Weise gekennzeichnet, dadurch nämlich, dass bis in unsere Tage die Gestalt Christi sein mit Bewusstsein bejahter und anerkannter tragender Grund gewesen ist. Wir stehen also als die, die wir geschichtlich sind, bereits mitten in dem Gestaltwerden Christi in einem von ihm selbst gewählten Ausschnitt der Menschheitsgeschichte. In diesem Sinne verstehen wir als den Bereich, für den wir sprechen wollen und müssen, das Abendland, die bisher durch die Gestalt Christi geeinte Welt der Völker Europas und Amerikas. Ein enger gezogener Rahmen, also etwa die Beschränkung auf Deutschland, würde die Tatsache außer Kraft setzen, dass die Gestalt Christi die Einheit der abendländischen Völker ist und dass darum keines dieser Völker für sich bestehen oder auch nur bestehend gedacht werden kann. Ein weiter gespannter Rahmen würde die geheimnisvolle Tatsache der Eigenständigkeit der abendländischen Welt übersehen lassen.

Es wird nun zwar im Folgenden kein Programm für eine Gestaltung der abendländischen Welt entwickelt. Aber es wird davon die Rede sein, wie die Gestalt Christi in dieser abendländischen Welt Gestalt gewinnt. Es wird also weder abstrakt noch kasuistisch, es wird aber ganz konkret gesprochen werden müssen. Es bleibt dabei, dass nicht eine andere Gestalt neben die Gestalt Jesu Christi treten kann; denn nur er ist der Überwinder und der Versöhner der Welt. Nur diese Gestalt kann helfen. Es wird also alles, was konkret über das Gestaltgewinnen dieser Gestalt unter uns, heute und hier zu sagen ist, streng auf diese Gestalt Jesu Christi bezogen sein müssen. Andererseits ist in der Menschwerdung Christi die

Gewähr dafür gegeben, dass Christus unter uns, hier und heute Gestalt gewinnen will.

Ethik als Gestaltung ist also das Wagnis, weder abstrakt noch kasuistisch, weder programmatisch noch rein erwägend von dem Gestaltwerden der Gestalt Jesu Christi in unserer Welt zu sprechen. Hier werden konkrete Urteile und Entscheidungen gewagt werden müssen. Hier kann Entscheidung und Tat nicht mehr dem Einzelnen in sein persönliches Gewissen geschoben werden, sondern hier gibt es konkrete Gebote und Weisungen, für die Gehorsam gefordert wird.

Ethik als Gestaltung ist nur möglich aufgrund der gegenwärtigen Gestalt Jesu Christi in seiner Kirche. Die Kirche ist der Ort, an dem das Gestaltwerden Jesu Christi verkündigt wird und geschieht. Im Dienst dieser Verkündigung und dieses Geschehens steht die christliche Ethik.

Erbe und Verfall

Von geschichtlichem Erbe kann nur im christlich-abendländischen Raum gesprochen werden. Gewiss gibt es auch im asiatischen Raum Überlieferungen und zwar viel ältere als bei uns. Aber sie nehmen teil an der Zeitlosigkeit der dortigen Existenz, und auch wo man den engsten Anschluss an die abendländische Welt gefunden hat, in Japan, behält die Geschichte mythologischen Charakter. Der erste Artikel der heutigen japanischen Verfassung verpflichtet auf den Glauben an die Abstammung des Tenno von der Sonnengottheit. Der mit dem Bewusstsein der Zeitlichkeit verbundene und sich jeder Mythologisierung widersetzende Begriff des geschichtlichen Erbes ist allein dort möglich, wo der Eingang Gottes in die Geschichte an einem bestimmten Ort und Zeitpunkt, nämlich die Menschwerdung Gottes in Jesus Christus, das Denken – bewusst oder unbewusst – bestimmt. Hier wird die Geschichte ernst, ohne dass sie heiliggesprochen würde. Gottes Ja und Gottes Nein zur Geschichte, wie es in der Menschwerdung und Kreuzigung Jesu Christi vernommen wird, bringt in jeden geschichtlichen Augenblick eine unendliche nicht aufzuhebende Spannung. Die Geschichte wird nicht zum vergänglichen Träger ewiger Werte, sondern sie wird durch Leben und Sterben Jesu Christi erst recht zeitlich. Gerade in ihrer Zeitlichkeit ist sie von Gott bejahte Geschichte. Die Frage nach dem geschichtlichen Erbe ist also nicht die zeitlose Frage nach den ewig gültigen Werten der Vergangenheit. Vielmehr gibt sich hier der selbst in die Geschichte gestellte Mensch Rechenschaft von der Gegenwart, wie sie von Gott in Christus angenommen ist.

Die Väter sind für uns nicht die Ahnen, denen kultische Verehrung dargebracht wird; das Interesse für Genealogien geht nur allzu leicht ins Mythologisieren über, das weiß schon das Neue Testament (1 Tim 1[,4]). Die Väter sind Zeugen des Eingangs Gottes in die Geschichte. Die durch nichts weiter zu begründende Tatsache der Erscheinung Jesu Christi vor 1941 Jahren ist es, die unseren Blick zurück auf die Väter lenkt und die Frage nach dem geschichtlichen Erbe wachruft.

Der geschichtliche Jesus Christus ist die Kontinuität unserer Geschichte. Weil aber Jesus Christus der verheißene Messias des israelitisch-jüdischen Volkes war, darum geht die Reihe unserer Väter hinter die Erscheinung Jesu Christi zurück in das Volk Israel. Die abendländische Geschichte ist nach Gottes Willen mit dem Volk Israel unlöslich verbunden, nicht nur genetisch, sondern in echter unaufhörlicher Begegnung. Der Jude hält die Christusfrage offen. Er ist das Zeichen der freien Gnadenwahl und des verwerfenden Zornes

Gottes, ,»schau an die Güte und den Ernst Gottes« (Röm 11,22). Eine Verstoßung der Juden aus dem Abendland muss die Verstoßung Christi nach sich ziehen; denn Jesus Christus war Jude.

In ganz anderer und höchst indirekter Weise gehört die griechisch-römische Antike zu unserem geschichtlichen Erbe. Ein wieder anderes Verhältnis haben wir zu unserer eigenen vorchristlichen völkischen Vergangenheit.

Die Antike steht in einer doppelten Beziehung zu der Erscheinung Jesu Christi. Sie ist die Zeit, in der Gottes Zeit in Erfüllung ging, in der Gott Mensch wurde, sie ist die Welt, die Gott in der Menschwerdung annahm, deren Gott sich bediente, um die christliche Botschaft auszubreiten. Die Berufung des Apostels Paulus auf sein römisches Bürgerrecht und auf den Kaiser macht es deutlich, dass Rom in den Dienst Christi gestellt wird. Die Antike aber ist es zugleich, für die das heiligste Zeichen der Gegenwart Gottes, das Kreuz, das Symbol äußerster Schande und Gottesferne ist. In dieser doppelten Beziehung der Antike zu Christus wird sie uns zum geschichtlichen Erbe, in ihrer Nähe und in ihrem Widerstreit zu Christus.

Der Repräsentant der Verbindung und Assimilation der Antike mit dem Christlichen wird das römische Erbe, der Repräsentant des Widerstreits und der Christusfeindschaft wird das griechische Erbe. Während die Völker des westlichen Abendlandes Frankreich, Holland, England, Italien in der Antike vorwiegend das römische Erbe suchten, ist das Verhältnis der Deutschen zur Antike vorwiegend durch das Griechentum bestimmt. Während das römische Erbe in ungebrochener Tradition durch die römisch-katholische Kirche in unsere Zeit hineinragt, erfolgte in der Reformation alsbald der Rückgriff auf die griechischen Quellen. Das Verhältnis der westlichen Völker zur Antike ist ein positiv-fundamentales. Die Antike wird zur festen Lebensform besonders in Erziehung und Politik, deren Inhalt das Christliche ist. Die französischen, holländischen, englischen Humanisten dienen der Versöhnung der Antike mit dem Christentum. In Deutschland ist die Spannung beziehungsweise der Bruch zwischen Antike und Christentum in jener für die westlichen Humanisten fast ärgerlich einseitigen Liebe zum Griechentum stark empfunden worden. Von Winkelmann bis zu Nietzsche gibt es hier eine bewusst antichristliche Vergegenwärtigung des griechischen Erbes. Der Grund für dieses in Deutschland so anders als in den westlichen Völkern geartete Verhältnis zum antiken Erbe liegt unzweifelhaft in der Gestalt, die das Evangelium durch die Reformation in Deutschland gefunden hat. Nietzsche konnte nur auf dem Boden der deutschen Reformation erwachsen. Der Widerspruch des Natürlichen gegen die Gnade tritt hier der Versöhnung von Natur und Gnade, wie sie im römischen Erbe gefunden wird, schroff gegenüber. Von hier aus konnte Nietzsche – für die westlichen Völker unbegreiflich – von einer deutschen reformatorischen Theologie positive Würdigung erfahren. Es gibt im Abendland echtes antikes Erbe nur in Beziehung auf Christus. Losgelöst von dieser Beziehung bleibt die Antike eine zeitlose Angelegenheit des Museums. Zum geschichtlichen Erbe im eigentlichen Sinne wird die Antike allein durch Christus. Wo die Menschwerdung Christi stärker in den Vordergrund der christlichen Erkenntnis tritt, dort wird die Versöhnung zwischen Antike und Christentum gesucht werden. Wo das Kreuz Christi die christliche Verkündigung beherrscht, dort wird der Bruch zwischen Christus und der Antike stark betont werden. Weil aber Christus sowohl der Menschgewordene als [auch] der Gekreuzigte ist, und als solcher in gleicher Weise erkannt werden will, darum bleibt auch das rechte Empfangen des geschichtlichen Erbes der Antike noch eine unabgeschlossene, abendländische Aufgabe, bei deren gemeinsamer Lösung sich auch die westlichen Völker und die Deutschen näher rücken werden.

In eigentümlichem Unterschied zur Antike steht unsere eigene vorchristliche völkische Vergangenheit zu uns nicht im Verhältnis eines geschichtlichen Erbes, sondern eines naturhaft wachstümlichen Zusammenhangs. Das hat seinen Grund in der nicht weiter ableitbaren Tatsache, dass es deutsche – aber auch englische, französische – Geschichte erst seit der Begegnung mit Christus und zwar in der Gestalt des römischen Christentums gibt. Auch die Lösung von Rom als dem Sitz des Papstes hat weder in England noch in Deutschland zu einem Rückgriff auf die eigene vorchristliche Vergangenheit geführt. In England bleibt sogar das römische Erbe selbst im Wesentlichen unangetastet bis zu dieser Stunde. Die neue Lehre der Reformation hat daran so gut wie nichts geändert. In Deutschland greift der Bruch mit Rom auch die Grundlage des geschichtlichen römischen Erbes an. Dennoch ist auch hier kein Gedanke daran, an seine Stelle die eigene vorchristliche Vergangenheit zu setzen. Der Grund dafür ist nicht eine unverantwortliche völkische Selbstvergessenheit, sondern die schlichte Tatsache, dass es hier kein echtes geschichtliches Erbe gibt. Neuerliche Versuche, an diese eigene vorchristliche Vergangenheit anzuknüpfen, gehen Hand in Hand mit einer Mythologisierung der Geschichte, die im abendländischen Raum keine Aussicht auf Bestand mehr haben kann. So bleibt uns unsere eigene vorchristliche völkische Vergangenheit zwar naturhaft als Art oder wenn man will als Rasse gegenwärtig. Geschichtliches Erbe ist sie nicht und kann sie nie mehr werden.

Ganz anders steht es nun aber mit unserer eigenen christlichen Vergangenheit. Sie ist geschichtliches Erbe und zwar gemeinsames abendländisches Erbe. Jesus Christus hat das Abendland zu einer geschichtlichen Einheit gemacht. Die großen Einschnitte der Geschichte sind von abendländischem Ausmaß. Die Einheit des Abendlandes ist nicht eine Idee, sondern eine geschichtliche Wirklichkeit, deren einziger Grund Christus ist. Die großen geistigen Bewegungen gehören von nun an dem ganzen Abendland an. Selbst die abendländischen Kriege zielen auf die Einheit des Abendlandes. Sie sind nicht Ausrottungs- und Vernichtungskriege, wie in der vorchristlichen Zeit und wie sie heute im asiatischen Raum noch möglich sind, sie sind daher, solange sie abendländische Kriege sein wollen, niemals totale Kriege. Der totale Krieg bedient sich aller denkbaren Mittel, die dem Zweck der völkischen Selbsterhaltung dienlich sein könnten. Alles ist recht und erlaubt, was der eigenen Sache dient. Der abendländische Krieg hat von jeher zwischen erlaubten und unerlaubten, rechten und verbrecherischen Mitteln der Kriegsführung unterschieden. Der Verzicht auf die vielleicht wirksamen, aber verbrecherischen Mittel der Tötung von Unschuldigen, des Quälens, der Erpressung und so weiter war möglich aufgrund des Glaubens an ein gerechtes göttliches Weltregiment. Immer blieb der Krieg etwas wie eine Anrufung des Gottesgerichts, dem sich zu beugen man beiderseits willig war. Erst wo der christliche Glaube an Gott verloren geht, muss der Mensch selbst sich aller – auch der verbrecherischen – Mittel bedienen, um den Sieg seiner Sache zu erzwingen. So wird aus dem auf die Einheit unter Gottes geschichtlichem Richterspruch zielenden ritterlichen Krieg unter christlichen Völkern der totale Vernichtungskrieg, in dem alles – auch das Verbrechen – gerechtfertigt wird, was der eigenen Sache dient, und in dem der Feind, der bewaffnete wie der wehrlose zum Verbrecher wird. Erst mit dem totalen Krieg ist die Einheit des Abendlandes bedroht.

Die Einheit des Abendlandes durch die Gestalt Jesu Christi ist das Erbe, das wir aus den Frühzeiten unserer Geschichte empfangen. Papst und Kaiser ringen um die Gestaltung dieser Einheit. Unbestritten ist Jesus Christus als die über beiden stehende letzte Einheit. Im Papsttum nimmt die höchste christliche Autorität, der Stellvertreter Christi auf Erden, auch die höchste politische Gewalt für sich in Anspruch zum Zwecke der Aufrichtung des Reiches Christi auf Erden. Das Kaisertum leitet aus seiner höchsten politischen Autorität zugleich den Anspruch auf höchste christliche Vollmacht ab. Die Gestalt der abendländischen Einheit ist für den Papst die römische Kirche, für den Kaiser das Reich. Kaiser und Papst suchen nicht den Sturz des anderen, sie ringen gemeinsam und gegeneinander um die Einheit von Kirche und Reich, um die Einheit im Glauben und in der politischen Gestalt des Abendlandes. Sie können in ihrem tiefsten Anspruch nur miteinander siegen oder miteinander stürzen. Mit der abendländischen Glaubensspaltung zerfällt auch das Kaisertum. Das corpus Christianum, die durch Kaiser und Papst im Auftrage Jesu Christi regierte und zusammengefasste christlich-abendländische Gemeinschaftsordnung zerbricht mit der Reformation. Das Erbe des Mittelalters ragt noch in unsere Zeit hinein in der Gestalt der römischen Kirche. Die römische Kirche aber ist das Papsttum. Diese Erkenntnis hat sie gerade in der Zeit immer deutlicheren Verfalls in großartigem Protest feierlich ausgesprochen. Es ist ihr unüberhörbarer Anspruch, dass es nur eine Kirche und nur einen Glauben gibt und dass die Christenheit ein sichtbares Haupt, einen Oberhirten braucht, der sie leitet und der sich in väterlicher Fürsorge der Gläubigen annimmt. Solange es aber ein Papsttum gibt, solange kann auch die Sehnsucht nach dem verlorenen abendländischen Reiche, nach dem corpus Christianum nicht versiegen, in dem Kaiser und Papst miteinander die Hüter der Einheit des christlichen Abendlandes sind.

Mit der Reformation zerbrach die Einheit des Glaubens. Nicht weil es Luther so gewollt hätte. Es ging ihm vielmehr ganz um die wahre Einheit der Kirche. Aber er erkannte unter der Gewalt des biblischen Wortes, dass die Einheit der Kirche allein in dem in seinem Wort und Sakrament lebendigen Jesus Christus, nicht aber in einer politischen Gewalt bestehen könne. Damit zertrümmerte er das Gefüge der auf der römischen Tradition gegründeten Kirche. Nur ein Papst, der sich vorbehaltlos dem biblischen Wort unterwarf, konnte der Hirte der geeinten Christenheit sein. Weil aber der Papst, gebunden durch die Tradition, diese Unterwerfung nicht vollziehen konnte, darum zerbrach die Einheit der Christenheit. Das corpus Christianum löst sich in seine echten Bestandteile auf: das corpus Christi und die Welt. In seiner Kirche herrscht Christus nicht mit dem Schwert, sondern allein mit seinem Wort. Einheit des Glaubens gibt es allein unter dem wahren Wort Jesu Christi. Das Schwert aber gehört dem weltlichen Regiment, das in seiner Weise, in der rechten Wahrnehmung seines Amtes demselben Herrn Jesus Christus dient. Es gibt zwei Reiche, die solange die Erde steht, niemals miteinander vermischt, aber auch niemals auseinandergerissen werden dürfen, das Reich des gepredigten Wortes Gottes und das Reich des Schwertes, das Reich der Kirche und das Reich der Welt, das Reich des geistlichen Amtes und das Reich der weltlichen Obrigkeit. Niemals kann das Schwert die Einheit der Kirche und des Glaubens schaffen, niemals kann die Predigt die Völker regieren. Aber der Herr beider Reiche ist der in Jesus Christus offenbare Gott. Er regiert die Welt durch das Amt des Wortes und das Amt des Schwertes. Ihm sind die Träger dieser Ämter Rechenschaft schuldig. Es gibt nur eine Kirche und das ist die durch das Wort Jesu Christi allein regierte Kirche des Glaubens. Sie ist die wahre katholische Kirche, die niemals untergegangen ist und auch noch in der Kirche Roms verborgen ist. Sie ist der Leib Christi – corpus Christi. Sie ist die wahre Einheit des Abendlandes. Die Frage der politischen Einheit des Abendlandes ist für Luther nicht brennend. Er glaubt sie noch durch den Kaiser gewährleistet. Erst die ihm von seinen Freunden schwer abgerungene Anerkennung des Rechtes auf den bewaffneten Widerstand der Fürsten gegen den Kaiser macht auch den politischen Bruch sichtbar. Luthers Linie ausziehend aber wäre wohl zu sagen, dass die politische Einheit in der rechten Wahrnehmung des obrigkeitlichen Amtes an jeder Stelle bestehen würde und dass eine rechte Obrigkeit gerade in der Anerkennung der wahren Einheit des Glaubens das festeste Fundament der politischen Einheit finden würde. Der 30jährige Krieg enthüllte schließlich die durch die Glaubensspaltung entstandene politische Zerrissenheit des Abendlandes. Der Westfälische Friede besiegelte die konfessionelle Spaltung als abendländisches Schicksal und Erbe. In der Anerkennung der darin gelegenen gemeinsamen, von Menschen nicht mehr aufzuhebenden Schuld und Not der abendländischen Christenheit, bahnt sich zugleich ein neues Bewusstsein der trotz und in dieser Trennung bestehenden abendländischen Einheit an. Die Schuld der abendländischen Christenheit an Jesus Christus sollte als gemeinsame Schuld die in dem Namen Jesu Christi, der hier wie dort angerufen wurde, bestehende Einheit des Abendlandes nicht zerstören dürfen.

Dennoch setzt nun sehr schnell auf der ganzen Linie der große Säkularisierungsprozess ein, an dessen Ende wir heute stehen. Auf protestantischer Seite fand man in der missverstandenen lutherischen Lehre von den Zwei Reichen die Befreiung und Heiligsprechung der Welt und des Natürlichen. Obrigkeit, Vernunft, Wirtschaft, Kultur nehmen das Recht einer Eigengesetzlichkeit für sich in Anspruch, verstehen sich aber in dieser Eigengesetzlichkeit durchaus nicht im Gegensatz zum Christentum. Vielmehr sieht man gerade hierin den eigentlichen vom reformatorischen Christentum geforderten Gottesdienst. Die ursprünglich reformatorische Botschaft, dass es eine Heiligkeit des Menschen weder im Sakralen noch im Profanen an sich, sondern allein durch das gnädige sündenvergebende Wort Gottes gibt, ist hier in tiefe Vergessenheit geraten. Man feiert die Reformation als die Befreiung des Menschen in seinem Gewissen, seiner Vernunft, seiner Kultur als die Rechtfertigung des Weltlichen an sich. Der biblische reformatorische Gottesglaube hatte die Welt radikal entgöttert. Damit war der Boden für das Aufblühen der rationalen und empirischen Wissenschaften bereitet und während die Naturwissenschaftler des 17. und 18. Jahrhunderts noch gläubige Christen waren, blieb mit dem Schwinden des Gottesglaubens nur noch eine rationalisierte, mechanisierte Welt zurück. Auf katholischer Seite wurde der Säkularisierungsvorgang schnell revolutionär antikirchlich, ja antichristlich. So kam er auch in dem katholischen Frankreich zuerst zu revolutionärem Ausbruch. Die französische Revolution ist und bleibt aber bis zum heutigen Tag das Signal des modernen Abendlandes. In erstaunlichster Zusammenballung werden hier mit elementarer Wucht die Gedanken, Forderungen, Bewegungen vieler nachfolgender Generationen mit einem Mal ans Tageslicht der Geschichte geschleudert. Kult der ratio und Naturvergötterung, Fortschrittsglaube und Kulturkritik, Aufstand des Bürgertums und Aufstand der Massen, Nationalismus und Kirchenfeindschaft, Menschenrechte und diktatorischer Terror – all dies bricht miteinander als etwas Neues in der Geschichte des Abendlandes chaotisch hervor. Die französische Revolution ist die Enthüllung des befreiten Menschen in seiner ungeheuren Gewalt und seiner entsetzlichsten Verzerrung. Der befreite Mensch, das heißt hier die befreite ratio, die befreite Klasse, das befreite Volk. Die französische Revolution hinterließ im ganzen Abendland ein tiefes Erbeben vor diesem Bild des neuen Menschen und einen Schauer vor den Abgründen der Verirrung. Man spürte das wirklich Neue mit allen seinen Verheißungen und man fürchtete doch vor allem die Wiederholung des Grauenhaften. Aber willig oder widerstrebend musste man dem Neuen Raum geben.

Die befreite ratio erhob sich zu ungeahnter Größe. Ihr freier Gebrauch schuf eine Atmosphäre der Wahrhaftigkeit, Helle, Klarheit. In Vorurteile, gesellschaftliche Dünkel, verlogene Formen und dumpfe Gefühlsseligkeit fuhr frischer Wind der Verstandeshelle heilsam hinein. Intellektuelle Redlichkeit in allen Dingen, auch in den Fragen des Glaubens, war das hohe Gut der befreiten ratio und gehört seitdem zu den unaufgebbaren sittlichen Forderungen des abendländischen Menschen. Die Verachtung der Zeit des Rationalismus ist ein verdächtiges Zeichen für einen Mangel an Bedürfnis nach Wahrhaftigkeit. Dass intellektuelle Redlichkeit nicht das letzte Wort über die Dinge ist, dass die Helle des Verstandes oftmals auf Kosten der Tiefe der Wirklichkeit geht, hebt doch niemals mehr die innere Verpflichtung zu ehrlichem und sauberem Gebrauch der ratio auf. Hinter Lessing und Lichtenberg können wir nicht mehr zurück.

Ihre unermessliche Kraft erwies die befreite ratio jedoch nicht so sehr an den Fragen des Glaubens und des Lebens, sondern in der Entdeckung jener geheimnisvollen Korrespondenz zwischen den Gesetzen des Denkens und denen der Natur. Die ratio wird zur Arbeitshypothese, zum heuristischen Prinzip und führt damit zu dem unvergleichlichen Aufstieg der Technik. Dabei handelt es sich um etwas in der Weltgeschichte prinzipiell Neues. Von den ägyptischen Pyramiden über die griechischen Tempel, die mittelalterlichen Dome bis zum 18. Jahrhundert war die Technik eine Sache des Handwerks. Sie diente der Religion, den Königen, der Kunst und den täglichen Bedürfnissen der Menschen. Die Technik des neuzeitlichen Abendlandes hat sich von jeder Dienststellung befreit, sie ist gerade nicht wesentlich Dienst, sondern Herrschaft und zwar Herrschaft über die Natur. Es ist ein völlig neuer Geist, der sie hervorbringt und mit dessen Erlöschen sie auch wieder zu Ende gehen wird, der Geist der gewaltsamen Unterwerfung der Natur unter den denkenden und experimentierenden Menschen. Die Technik wird Selbstzweck, sie hat ihre eigene Seele, ihr Symbol ist die Maschine, die gestaltgewordene Vergewaltigung und Ausbeutung der Natur. Erst gegen die neuzeitliche Technik wendet [sich] daher begreiflicherweise der Widerspruch einer naiven Gläubigkeit. Sie spürt hier den menschlichen Übermut, der eine Gegenwelt gegen die von Gott geschaffene Welt aufrichten will und sieht in der zeit- und raumüberwindenden Technik ein widergöttliches Unterfangen. Die Wohltaten der Technik verblassen hinter ihren Dämonien.

Es kann nicht übersehen werden, dass die Technik allein auf dem Boden des Abendlandes und das heißt in der durch das Christentum und insbesondere durch die Reformation bestimmten Welt erwachsen ist. Wo sie in orientalische

Länder eindringt, bekommt sie einen völlig anderen Sinn, indem sie ihre Selbstzwecklichkeit verliert. Die technische Entwicklung in der islamitischen Welt zum Beispiel bleibt ganz im Dienst des Gottesglaubens und des Aufbaus der islamischen Gemeinschaft. Ibn Saud soll in einer Unterredung etwa Folgendes geäußert haben: »Ich schließe mich von der europäischen Zivilisation nicht ab, aber ich benutze sie so, wie sie Arabien, der arabischen Seele und dem Willen Gottes entspricht. Ich habe Maschinen aus Europa holen lassen, aber die Irreligiosität will ich nicht. Die moslemischen Völker müssen aus ihrem langen Traum erwachen. Sie haben Waffen nötig, aber die stärkste Waffe ist der Glaube an Gott, der demütige Gehorsam gegen die göttlichen Gesetze. Der Hass stammt nicht von Gott, das von Hass erfüllte Europa wird sich mit seinen eigenen Waffen vernichten.«

Es ist die Befreiung der ratio zur Herrschaft über die Schöpfung, die zum Triumphe der Technik geführt hat. Das technische Zeitalter ist ein echtes Erbe unserer abendländischen Geschichte, mit dem wir uns auseinanderzusetzen haben und hinter das wir nicht zurückkönnen.

Aus der befreiten ratio entsprang die Entdeckung der ewigen Menschenrechte. Man fand sie in dem mit jedem Menschen geborenen Recht auf Freiheit, in der Gleichheit aller Menschen vor dem Gesetz, in der brüderlichen Verbundenheit alles dessen, was Menschenantlitz trägt. Aus einem ewigen Recht seiner Natur heraus befreit sich der Mensch vom dumpfen Zwang, von staatlicher und kirchlicher Bevormundung, von gesellschaftlicher und ökonomischer Vergewaltigung, nimmt er das Recht auf Menschenwürde, auf freie Bildung, auf Anerkennung der Leistung für sich in Anspruch, erblickt er im anderen Menschen den Bruder oder den Feind der Menschenrechte. Die zentralistische und absolutistische

Gewaltherrschaft, die geistige und gesellschaftliche Tyrannei, ständische Vorurteile und Privilegien, kirchliche Machtansprüche stürzen unter diesem Ansturm zusammen. Die benachteiligten Klassen geraten in Bewegung. »Es gibt für keinen Teil der Nation noch für irgendein Individuum weder ein Privilegium noch eine Ausnahme von dem allgemeinen Recht der Franzosen.« »Das Gesetz ist der Ausdruck des allgemeinen Willens.« (Erklärung der Menschenrechte) Zuerst schafft sich das Bürgertum neben dem Geburtsadel seine gleichberechtigte Position als Leistungsadel. Die ratio verschafft sich ihr Recht gegen das Blut. Bürgertum und ratio gehören seitdem untrennbar zusammen. Hinter dem Bürgertum aber erhebt sich drohend und dunkel die Masse, der vierte Stand, in keinem anderen Namen als in eben dem der Masse und ihres Elends. Die Millionen, die durch nichts geadelt sind und sein können als durch ihr unverschuldetes Elend, erheben ihre Anklage und ihren Anspruch gegen den Adel des Blutes wie der Leistung, die Masse verachtet die Gesetze des Blutes wie die der Vernunft und schafft sich das Gesetz der Not. Es ist ein gewaltsames und kurzlebiges Gesetz. Wir Heutigen stehen auf dem Höhepunkt und in der Krisis dieser Erhebung.

In merkwürdigem Kontrast zu den bisherigen auf die ganze Menschheit gerichteten Gedanken wird nun die französische Revolution auch zur Geburtsstunde des neuzeitlichen Nationalismus. Soweit es früher ein Nationalbewusstsein gab, war es wesentlich dynastisch bestimmt. Die Revolution aber war die Befreiung des Volkes vom Absolutismus des l'etat c'est moi [Anm. Dt. »Das Reich bin ich.«]. Der revolutionäre Begriff der Nation entstand im Gegensatz zu einem überspannten dynastischen Absolutismus. Das Volk fand sich mündig, seine Geschicke nach innen und nach außen selbst in die Hand zu nehmen, es beanspruchte sein Recht auf völkische Freiheit und Entfaltung, das Recht auf eine von der Nation getragene Regierung. »Der Ursprung jeder Souveränität liegt bei der Nation« (Erklärung der Menschenrechte). Die Nation ist ein revolutionärer Begriff, er nimmt die Partei des Volkes gegen die Obrigkeit, des Werdens gegen das Sein, des Organischen gegen das Institutionelle. Es ist ein Denken von unten her gegen das Denken von oben her. Es ist daher einer der groteskesten historischen Irrtümer, ausgerechnet Preußen als den Geburtsort und Repräsentanten des Nationalismus zu bezeichnen. Es gab kein Staatsgebilde, das dem Nationalismus fremder, ja, feindseliger gegenübergestanden hätte als Preußen. Preußen war Staat, aber nicht Nation. Es vertrat die Sache der Obrigkeit, des Seins, des Institutionellen. Freilich es vertrat sie im Unterschied zu Ludwig XIV im Sinne des Satzes Friedrichs des Großen: »Ich bin der erste Diener des Staates.« Preußen stand der deutschen nationalen Sache mit tiefem Argwohn gegenüber, der bis in die Zeit der Reichsgründung und darüber hinaus immer wieder in echt preußischen Kreisen seinen Ausdruck fand. Preußen empfand in gesundem Instinkt das Revolutionäre im Begriff der Nation und lehnte es ab. Im Nationalismus bekämpfte das Preußentum die Revolution der grande nation und ihr Übergreifen auf Deutschland. Der Nationalismus ruft als Gegenbewegung den Internationalismus hervor. Beide sind in gleicher Weise revolutionär. Preußen hat beiden Bewegungen den Staat gegenübergestellt. Es wollte weder nationalistisch noch international sein. Es hat damit abendländischer gedacht als die Revolution.

Aber die Revolution hat sich durchgesetzt. Technik, Massenbewegung und Nationalismus sind das abendländische Erbe der Revolution. Alle drei stehen untereinander in engem Zusammenhang und zugleich in hartem Gegensatz. Wie die

Technik die Massen hervorbringt und die Massen wiederum gesteigerte Technik fordern, so ist doch die Technik selbst eine Sache starker, geistig überlegener Persönlichkeiten. Der Ingenieur und der Unternehmer gehört nicht zur Masse und es fragt sich, ob die zunehmende Vermassung auf die Dauer nicht die geistige Leistung so nivelliert, dass die Technik daran zum Stillstand und das heißt zum Zusammenbruch kommt. Technik und Masse sind in nationalen Volkskörpern entstanden und gebunden, aber sie haben eine unwiderstehliche Tendenz, die Grenzen des Nationalismus zu überwinden. Masse und Nationalismus sind vernunftfeindlich, Technik und Masse sind antinationalistisch, Nationalismus und Technik sind massenfeindlich.

Die französische Revolution hat die neue geistige Einheit des Abendlandes geschaffen. Sie besteht in der Befreiung des Menschen als ratio, als Masse, als Volk. Im Kampf um die Befreiung gehen alle drei miteinander, nach erlangter Freiheit werden sie zu Todfeinden. Die neue Einheit trägt also bereits den Keim des Zerfalls in sich. Es zeigt sich weiterhin – und es wird darin ein Grundgesetz der Geschichte deutlich –, dass das Verlangen nach absoluter Freiheit den Menschen in die tiefste Knechtung führt. Der Herr der Maschine wird ihr Sklave, die Maschine wird der Feind des Menschen. Das Geschöpf wendet sich gegen seinen Schöpfer – seltsame Wiederholung des Sündenfalles! Die Befreiung der Masse endet in der Schreckensherrschaft der Guillotine. Der Nationalismus führt unabwendlich in den Krieg. Die Befreiung des Menschen als absolutes Ideal führt zur Selbstzerstörung des Menschen. Am Ende des Weges, der mit der französischen Revolution beschritten wurde, steht der Nihilismus.

Die neue Einheit, die die französische Revolution über Europa brachte und deren Krisis wir Heutigen erleben, ist daher die abendländische Gottlosigkeit. Sie unterscheidet sich völlig von dem Atheismus einzelner griechischer, indischer, chinesischer und abendländischer Denker. Sie ist nicht die theoretische Leugnung der Existenz eines Gottes. Sie ist vielmehr selbst Religion und zwar Religion aus Feindschaft gegen Gott. Eben darin ist sie abendländisch. Sie kann von ihrer Vergangenheit nicht lassen, sie muss wesentlich religiös sein. Eben dies macht sie nach menschlichem Ermessen so hoffnungslos gottlos. Die abendländische Gottlosigkeit erstreckt sich von der Religion des Bolschewismus bis mitten in die christlichen Kirchen hinein. Sie ist gerade in Deutschland oder auch in den angelsächsischen Ländern betont christliche Gottlosigkeit. Sie wendet sich in der Gestalt aller möglichen Christentümer, ob sie nun nationalistisch, sozialistisch, rationalistisch oder mystisch seien gegen den lebendigen Gott der Bibel, gegen Christus. Ihr Gott ist der neue Mensch, ob die »Fabrik des neuen Menschen« bolschewistisch oder christlich ist. Der fundamentale Unterschied zu allem Heidentum besteht darin, dass dort unter menschlicher Gestalt Götter angebetet werden, dass aber hier unter der Gestalt Gottes, ja, Jesu Christi, der Mensch angebetet wird.

Die große Entdeckung Luthers von der Freiheit des Christenmenschen und die katholische Irrlehre von der wesentlichen Güte des Menschen endeten gemeinsam in der Vergottung des Menschen. Die Vergottung des Menschen aber ist – recht verstanden – die Proklamation des Nihilismus. Mit der Zertrümmerung des biblischen Gottesglaubens und aller göttlichen Gebote und Ordnungen zerstört der Mensch sich selbst. Es entsteht ein hemmungsloser Vitalismus, der die Auflösung aller Werte in sich schließt und erst in der schließlichen Selbstzerstörung, im Nichts, Ruhe findet.

Das Abendland ist seit der französischen Revolution wesentlich kirchenfeindlich geworden. Kirchenfeindliche Ausfälle sind in moderner Demagogie besonders erfolgreich. Es gibt auf breiter Front durch ganz Europa ein starkes antikirchliches Ressentiment. Dass die Zahl der Kirchenaustritte dennoch auffallend gering ist, weist auf eine wichtige Tatsache hin: nämlich auf die Zweideutigkeit der Kirchenfeindschaft. Es geht nicht an, die abendländische Gottlosigkeit einfach mit der Kirchenfeindschaft zu identifizieren. Vielmehr gibt es neben der religiös-christlich verbrämten Gottlosigkeit, die wir eine hoffnungslose Gottlosigkeit nannten, eine verheißungsvolle Gottlosigkeit, die antireligiös und antikirchlich spricht. Sie ist der Protest gegen die fromme Gottlosigkeit, soweit sie die Kirchen verdorben hat und wahrt damit in gewissem, wenn auch negativem Sinne das Erbe eines echten Gottesglaubens und einer echten Kirche. Hierher gehört der Satz Luthers, dass Gott das Fluchen der Gottlosen lieber hören könnte als das Halleluja der Frommen. Diese verheißungsvolle Gottlosigkeit ist ebenso wie die hoffnungslose Gottlosigkeit eine spezifisch abendländische Erscheinung. Die trotz wesentlicher Kirchenfeindschaft nur [von] relativ wenigen vollzogene vollständige Absage an die Kirche muss auf diesem Hintergrund verstanden werden: Die einen suchen in der frommen Gottlosigkeit noch einen letzten Halt vor dem Sturz ins Leere, sie werden aber diesem Sturz nur selten entgehen; die anderen hält ihre verheißungsvolle Gottlosigkeit davor zurück, es zum Bruch mit dem Ort möglichen echten Gottesglaubens kommen zu lassen. Ebenso aber ist die Tatsache der Kirchenaustritte nicht eindeutig. Auch diese können aus hoffnungsloser und aus verheißungsvoller Gottlosigkeit geschehen, ganz abgesehen von der Frage, ob der Kirchenaustritt nicht sogar aus echtem

Gottesglauben heraus möglich, ja, unter bestimmten Umständen notwendig ist.

An dieser Stelle muss der Sonderentwicklung in den angelsächsischen Ländern, besonders in Amerika gedacht werden. Obwohl fast gleichzeitig und nicht ohne politischen Zusammenhang unterscheidet sich die amerikanische Revolution von der französischen aufs Tiefste. Nicht der befreite Mensch, sondern ganz im Gegenteil das Reich Gottes und die Begrenzung aller irdischen Gewalten durch die Souveränität Gottes begründet die amerikanische Demokratie. Es ist im Unterschied zur declaration des droits de l'homme [Anm. Dt. Erklärung der Menschenrechte] wahrhaftig bezeichnend, wenn amerikanische Historiker sagen können, die Bundesverfassung sei von Männern geschrieben worden, die um die Erbsünde und um die Bosheit des menschlichen Herzens wussten. Die irdischen Gewalthaber, aber auch das Volk werden um des dem Menschen eingeborenen Verlangens nach Macht und um der alleinigen Macht Gottes willen in ihre Schranken gewiesen. Mit diesem dem Calvinismus entstammenden Gedanken verbindet sich die ihm wesentlich entgegengesetzte, vom Spiritualismus der nach Amerika geflüchteten Dissenters herkommende Idee, dass das Reich Gottes auf Erden nicht von der staatlichen Gewalt, sondern allein von der Gemeinde der Gläubigen gebaut werden könne. Die Kirche proklamiert die Prinzipien der gesellschaftlichen und politischen Ordnung, der Staat stellt die technischen Mittel zu ihrer Durchführung zur Verfügung. Beide einander völlig fremden Argumentationen münden in der Forderung der Demokratie und es ist der schwärmerische Spiritualismus, der für das amerikanische Denken bestimmend wird. Von hier aus erklärt sich auch die merkwürdige Erscheinung, dass es auf dem europäischen Kontinent niemals gelungen ist, eine Demokratie christlich zu begründen, während in den angelsächsischen Ländern gerade die Demokratie als die christliche Staatsform schlechthin gilt. Die Verfolgung und Austreibung der Spiritualisten aus dem Kontinent ist hier politisch von größter Tragweite geworden. Wenn nun trotzdem auch die angelsächsischen Länder unter schweren Säkularisationserscheinungen leiden, so ist deren Herkunft gerade nicht die missverstandene Unterscheidung der Zwei Ämter beziehungsweise der Zwei Reiche, sondern umgekehrt die im Schwärmertum begründete mangelnde Unterscheidung der Ämter und Reiche des Staates und der Kirche. Der Anspruch der Gemeinde der Gläubigen mit christlichen Prinzipien die Welt aufzubauen endet, wie ein Blick in den New Yorker Kirchenzettel zur Genüge zeigt, in dem völligen Verfall der Kirche an die Welt. Dass es dabei nicht zu einer radikalen Kirchenfeindschaft kommt, hat seinen Grund in der nie vollzogenen Unterscheidung der Ämter. Die Gottlosigkeit bleibt verhüllter. Sie entzieht damit der Kirche allerdings auch den Segen des Leidens und der aus diesem hervorgehenden möglichen Wiedergeburt.

Mit dem Verlust seiner durch die Gestalt Jesu Christi geschaffenen Einheit steht das Abendland vor dem Nichts. Die losgelassenen Gewalten toben sich aneinander aus. Alles Bestehende ist mit Vernichtung bedroht. Es handelt sich dabei nicht um eine Krise unter anderen, sondern um eine Auseinandersetzung von letztem Ernst. Die abendländische Welt spürt die Einzigartigkeit des Augenblicks, in dem sie steht, und wirft sich dem Nichts in die Arme, die Christen sprechen untereinander vom nahen jüngsten Tag. Das Nichts, in das das Abendland hineintreibt, ist nicht das natürliche Ende, Absterben, Versinken einer blühenden Völkergemeinschaft, sondern es ist wiederum ein spezifisch abendländisches Nichts, das heißt ein aufrührerisches, gewalttätiges, gott- und menschenfeindliches Nichts. Es ist als Abfall von allem Bestehenden die höchste Entfaltung aller widergöttlichen Kräfte. Es ist das Nichts als Gott; niemand kennt sein Ziel und sein Maß; es herrscht absolut. Es ist ein schöpferisches Nichts, das allem Bestehenden seinen widergöttlichen Atem einbläst, es zu scheinbar neuem Leben erweckt und ihm zugleich sein eigentliches Wesen aussaugt, bis es alsbald als tote Hülle zerfällt und weggeworfen wird. Leben, Geschichte, Familie, Volk, Sprache, Glaube – die Reihe ließe sich ins Endlose fortsetzen, denn das Nichts verschont nichts – fallen dem Nichts zum Opfer.

Angesichts des Abgrundes des Nichts erlischt die Frage nach dem geschichtlichen Erbe, dessen Übernahme zugleich Verarbeitung in der Gegenwart und Weitergabe an die Zukunft bedeutet. Es gibt keine Zukunft und keine Vergangenheit. Es gibt nur noch den aus dem Nichts geretteten Augenblick und das Erhaschenwollen des nächsten Augenblicks. Schon das Gestrige verfällt der Vergessenheit und das Morgige ist zu fern, um heute zu verpflichten. Die Last des Gestrigen wird abgeschüttelt, indem graue Vorzeiten verherrlicht werden, der Aufgabe des Morgen entzieht man sich, indem man von den kommenden tausend Jahren spricht. Nichts haftet und nichts behaftet. Der Film, der mit seinem Ende bereits wieder aus der Erinnerung ausgelöscht ist, ist Zeichen der tiefen Vergesslichkeit dieser Zeit, Ereignisse von weltgeschichtlicher Bedeutung ebenso wie unerhörteste Verbrechen hinterlassen in der vergesslichen Seele keine Spur. Mit der Zukunft wird gespielt. Lotteriespiele und Wetten, die ein kaum vorstellbares Maß von Geld und vielfach das tägliche Brot des Arbeiters verschlingen, suchen in der Zukunft nur den unwahrscheinlichen Zufall. Der Verlust von Vergangenheit und Zukunft lässt das Leben schwanken zwischen dem brutalsten Genuss des Augenblicks und abenteuerlichem Hasardspiel. Jeder innere Aufbau, jeder Prozess langsamen Reifens auf persönlichem und beruflichem Gebiet wird jäh abgebrochen. Es gibt kein persönliches Schicksal und darum keine persönliche Würde. Ernsthafte Spannungen, innerlich notwendige Wartezeiten werden nicht ertragen. Das zeigt sich im Bereich der Arbeit ebenso wie im Bereich der Erotik. Der langsame Schmerz wird mehr gefürchtet als der Tod. Der Wert des Leidens als Gestaltung des Lebens durch die Todesbedrohung wird verkannt, ja, verächtlich gemacht. Gesundheit oder Tod heißt die Alternative. Das Stille, Beständige, Wesentliche wird als wertlos übergangen. An die Stelle der „großen Überzeugungen" und des Suchens des eigenen Weges tritt das leichtfertige Segeln mit dem Wind. Auf politischem Gebiet erhält der rücksichtslose Genuss des Augenblicks den Decknamen des Machiavellismus und das Vabanquespiel nennt man Heroismus und freie Tat. Was weder machiavellistisch noch heroisch ist, kann man nur noch als „Heuchelei" verstehen, eben weil man das langsame mühevolle Ringen zwischen der Erkenntnis des Rechten und den Notwendigkeiten der Stunde, also jene echte abendländische Politik, die voll von Verzichten und von wirklich freier Verantwortung ist, nicht mehr begreift. So verwechselt man in verhängnisvoller Weise Stärke mit Schwäche, geschichtliche Bindung mit Dekadenz. Weil es nichts Beständiges gibt, darum zerbricht die Grundlage des geschichtlichen Lebens, das Vertrauen in jeder Form. Weil es kein Vertrauen zur Wahrheit gibt, darum tritt an ihre Stelle die sophistische Propaganda. Weil es kein Vertrauen zur Gerechtigkeit gibt, darum wird das, was nutzt, als recht erklärt. Aber auch das unausgesprochene Vertrauen zum anderen Menschen, das auf Beständigkeit ruht, wird zur stündlichen argwöhnischen Beobachtung der Menschen untereinander. Auf die Frage, was bleibt, gibt es nur die eine Antwort: die Angst vor dem Nichts. Es ist die erstaunlichste Beobachtung, die wir heute machen, dass man angesichts des Nichts alles preisgibt: das eigene Urteil, das Menschsein, den Nächsten. Wo diese Angst gewissenlos ausgenutzt wird, da gibt es keine Grenzen des Erreichbaren.

Vor dem letzten Sturz in den Abgrund kann nur zweierlei bewahren: das Wunder einer neuen Glaubenserweckung und die Macht, die die Bibel als »den Aufhaltenden«, katechon (2 Thess 2,7) bezeichnet, das heißt die mit starker physischer Kraft ausgerüstete Ordnungsmacht, die sich den in den Abgrund Stürzenden erfolgreich in den Weg stellt. Das Wunder ist die jenseits alles geschichtlich Errechenbaren und Wahrscheinlichen von oben eingreifende rettende Tat Gottes, die aus dem Nichts neues Leben schafft, es ist Totenauferstehung. Das »Aufhaltende« ist die innerhalb der Geschichte durch Gottes Weltregiment wirksam werdende Gewalt, die dem Bösen seine Grenze setzt. Der »Aufhaltende« selbst ist nicht Gott, ist nicht ohne Schuld, aber Gott bedient sich seiner, um die Welt vor dem Zerfall zu bewahren. Der Ort, an dem das Wunder Gottes verkündigt wird, ist die Kirche. Das »Aufhaltende« ist staatliche Ordnungsmacht. So verschieden beide in ihrem Wesen sind, so eng rücken sie doch angesichts des drohenden Chaos aneinander, und der Hass der zerstörerischen Gewalten richtet sich auf beide als auf Todfeinde in gleicher Weise.

Das Abendland ist dabei, die Annahme seines geschichtlichen Erbes als solche zu verweigern. Das Abendland wird christusfeindlich. Das ist die einzigartige Situation unserer Zeit und es ist echter Verfall. Mitten in der Auflösung alles Bestehenden stehen die christlichen Kirchen als die Hüter des Erbes des Mittelalters und der Reformation, vor allem aber als die Zeugen des Wunders Gottes in Jesus Christus »gestern, heute und in Ewigkeit« (Hebr 13,8). Neben ihnen aber steht »das Aufhaltende«, das heißt jener Rest an Ordnungsmacht, der sich noch wirksam dem Verfall widersetzt. Die Aufgabe der Kirche ist ohnegleichen. Das corpus Christianum ist zerbrochen. Das corpus Christi steht einer feindseligen Welt gegenüber. Einer Welt, die sich von Christus abgekehrt hat, nachdem sie ihn gekannt hat, muss die Kirche Jesus Christus als den lebendigen Herrn bezeugen. Als Trägerin geschichtlichen Erbes ist sie mitten im Warten auf den Jüngsten Tag der geschichtlichen Zukunft verpflichtet. Ihr Ausblick auf das Ende aller Dinge darf sie in ihrer geschichtlichen Verantwortung nicht lähmen. Sie muss Gott das Ende ebenso anheimstellen wie die Möglichkeit, dass die Geschichte weiterläuft; auf beides bleibt sie bedacht. Indem die Kirche bei ihrer Sache, das heißt bei der Predigt von dem auferstandenen Jesus Christus bleibt, trifft sie den Geist der Vernichtung tödlich. »Das Aufhaltende«, die Ordnungsmacht aber sieht in der Kirche den Bundesgenossen, und alles was an Elementen der Ordnung noch vorhanden ist sucht die Nähe der Kirche. Recht, Wahrheit, Wissenschaft, Kunst, Bildung, Menschlichkeit, Freiheit, Vaterlandsliebe finden nach langen Irrwegen zu ihrem Ursprung zurück. Dabei erweist sich die Kirche je wirksamer, je zentraler ihre Botschaft ist, und ihr Leiden ist dem Geist der Zerstörung unendlich viel gefährlicher als die ihr etwa noch verbliebene politische Macht. Mit ihrer Botschaft von dem lebendigen Herrn Jesus Christus aber macht es die Kirche deutlich, dass es ihr nicht einfach um das Erhalten von Vergangenem zu tun ist. Sie zwingt gerade auch die Ordnungsmächte zum Hören, zur Umkehr. Dennoch stößt sie die, die zu ihr kommen, die ihre

Nähe suchen, nicht von sich. Sie überlässt es dem Weltregiment Gottes, ob er es den Ordnungsmächten gelingen lässt und ob sie, die Kirche –, in wohl gewahrter Unterscheidung und doch in aufrichtiger Bundesgenossenschaft mit jenen – der Zukunft das geschichtliche Erbe, an dem der Segen und die Schuld der Väter hängt, weitergeben darf.

Schuld, Rechtfertigung, Erneuerung

Es geht um das Gestaltwerden der Gestalt Christi unter uns. Es geht also um den wirklichen, den gerichteten, den erneuerten Menschen. Es gibt den wirklichen, den gerichteten und erneuerten Menschen nicht anders als in der Gestalt Jesu Christi und also in der Gleichgestaltung mit ihm. Nur der in Christus angenommene Mensch ist der wirkliche Mensch, nur der vom Kreuze Christi betroffene Mensch ist der gerichtete Mensch, nur der der Auferstehung Christi teilhaftige ist der erneuerte Mensch. Seit Gott in Christus Mensch wurde, ist alles Denken über den Menschen ohne Christus unfruchtbare Abstraktion. Das Gegenbild zu dem in die Gestalt Jesu Christi aufgenommenen Menschen ist der Mensch als sein eigener Schöpfer, sein eigener Richter und sein eigener Erneuerer, es ist der Mensch, der an seinem eigentlichen Menschsein vorbeilebt und darum früher oder später sich selbst zerstört. Der Abfall des Menschen von Christus ist zugleich sein Abfall von seinem eigenen Wesen.

Umkehr gibt es nur auf dem Wege der Erkenntnis der Schuld an Christus. Nicht Verfehlung und Verirrung hier und dort, Übertretungen eines abstrakten Gesetzes, sondern der Abfall von Christus, von der Gestalt, die in uns Gestalt werden und uns zu unserer eigentlichen Gestalt führen wollte, muss als Schuld erkannt werden. Echte Schulderkenntnis erwächst nicht aus den Erfahrungen der Auflösung und des Verfalls, sondern für uns, die wir ihm begegneten, allein an der Gestalt Christi selbst. Sie setzt also ein Maß an Gemeinschaft mit dieser Gestalt voraus. Eben darum ist sie ein Wunder; denn wie soll der von Christus Abgefallene noch Gemeinschaft mit Christus haben, es sei denn durch die Gnade, mit der Christus selbst den Abgefallenen festhält und ihm die Gemeinschaft bewahrt? Schulderkenntnis gibt es nur aufgrund der Gnade Christi, aufgrund des Griffes Christi nach dem Abfallenden. In dieser Schulderkenntnis nimmt der Prozess der Gleichgestaltung des Menschen mit Christus seinen Anfang. Darin unterscheidet sich diese Schulderkenntnis von jeder anderen, die selbstgewirkt und unfruchtbar ist.

Der Ort, an dem diese Schulderkenntnis wirklich wird, ist die Kirche. Das darf jedoch nicht so verstanden werden, als ob die Kirche neben anderem, was sie ist und tut, auch noch der Ort echter Schulderkenntnis ist. Sondern die Kirche ist eben jene Gemeinschaft von Menschen, die durch die Gnade Christi zur Erkenntnis der Schuld an Christus geführt worden ist. Dass die Kirche der Ort der Schulderkenntnis ist, ist also eine tautologische Aussage. Wo es anders wäre, wäre die Kirche nicht mehr Kirche.

Die Kirche ist heute die Gemeinschaft der Menschen, die erfasst von der Gewalt der Gnade Christi ihre eigene persönliche Sünde wie den Abfall der abendländischen Welt von Jesus Christus als Schuld an Jesus Christus erkennt, bekennt und auf sich nimmt. Sie ist es, an der Jesus seine Gestalt mitten in der Welt verwirklicht. Darum kann auch nur die Kirche der Ort der persönlichen und gemeinschaftlichen Wiedergeburt und Erneuerung sein.

Es ist ein Zeichen der lebendigen Gegenwart Christi, dass es Menschen gibt, in denen die Erkenntnis des Abfalls von Jesus Christus nicht nur in dem Sinne wachgehalten wird, dass dieser Abfall bei den anderen konstatiert wird, sondern so dass Menschen sich selbst an diesem Abfall schuldig bekennen. Das Bekenntnis der Schuld geschieht ohne Seitenblicke auf die Mitschuldigen. Es ist streng exklusiv, indem es alle Schuld auf sich nimmt. Wo noch gerechnet und abgewogen wird, dort tritt die unfruchtbare Moral der Selbstgerechtigkeit an die Stelle des Schuldbekenntnisses angesichts der Gestalt Christi. Eben weil nicht die einzelne Verfehlung, sondern die Gestalt Christi der Ursprung des Schuldbekenntnisses ist, darum ist dieses ein bedingungsloses und vollständiges; denn durch nichts anderes bezwingt uns ja Christus stärker als dadurch, dass er unsere Schuld bedingungslos und vollständig auf sich nahm, sich für schuldig erklärte an unserer Schuld und uns frei ausgehen ließ. Der Blick auf diese Gnade Christi befreit gänzlich vom Blick auf die Schuld der anderen und lässt den Menschen vor Christus in die Knie sinken mit dem Bekenntnis: mea culpa, mea culpa, mea maxima culpa [Anm.: »Meine Schuld, meine Schuld, meine überaus große Schuld.« Ein Satz aus dem Schuldbekenntnis der katholischen Messe].

Mit diesem Bekenntnis fällt die ganze Schuld der Welt auf die Kirche, auf die Christen und indem sie hier nicht geleugnet, sondern bekannt wird, tut sich die Möglichkeit der Vergebung auf. Für den Moralisten völlig unbegreiflich wird hier nicht nach dem eigentlichen Schuldigen gesucht, wird nicht die gerechte Sühne als Strafe an den Bösen und als Lohn an den Guten gefordert, der Böse wird nicht bei seinem Bösen behaftet (im Sinne des apokalyptischen „wer böse ist, der sei fernerhin böse" Apok 22[,11]), sondern es sind Menschen da, die alle, wirklich alle Schuld auf sich selbst nehmen, nicht in irgendeinem heroischen Entschluss der Aufopferung, sondern einfach überwältigt durch ihre eigenste Schuld an Christus, und die in diesem Augenblick nicht mehr an vergeltende Gerechtigkeit gegenüber den »Hauptschuldigen«, sondern nur noch an die Vergebung ihrer eigenen großen Schuld denken können.

Es ist zunächst die ganz persönliche Sünde jedes Einzelnen, die hier als vergiftende Quelle für die Gemeinschaft erkannt wird. Auch die heimlichste Sünde des Einzelnen ist Verunreinigung und Zerstörung des Leibes Christi (1 Kor 6[,15]). Aus dem Begehren, das in unseren Gliedern steckt, entsteht Mord, Neid, Streit, Krieg (Jak 4,1 ff). Ich kann mich nicht dabei beruhigen, dass mein Anteil nur ein verschwindend geringer sei, hier wird nicht gerechnet, sondern ich muss erkennen, dass gerade meine Sünde an allem schuld ist. Ich bin schuldig des ungeordneten Begehrens, ich bin schuldig des feigen Verstummens, wo ich hätte reden sollen, ich bin schuldig der Unwahrhaftigkeit und der Heuchelei angesichts der Gewalt, ich bin schuldig der Unbarmherzigkeit und der Verleugnung der ärmsten meiner Brüder, ich bin schuldig der Untreue und des Abfalls von Christus. Was geht es mich an, ob andere auch schuldig sind? Jede Sünde eines Anderen kann ich entschuldigen, nur meine eigene Sünde bleibt Schuld, die ich nie entschuldigen kann. Es ist keine krankhaft ichbezogene Verzerrung der Wirklichkeit, sondern es ist das Wesen echter Schulderkenntnis, dass sie nicht mehr rechnen und rechten kann, sondern die eigene Sünde als den Ursprung aller Sünde, um mit der Bibel zu sprechen, als die Sünde Adams erkennt. Es ist auch sinnlos, solche Erkenntnis durch den Hinweis darauf ad absurdum führen zu wollen, dass es unzählige Einzelne seien, von denen sich jeder in solcher Weise der Schuld am Ganzen bewusst sei.

Diese vielen Einzelnen schließen sich ja zusammen in dem Gesamtich der Kirche. In ihnen und durch sie bekennt und erkennt die Kirche ihre Schuld.

Die Kirche bekennt, ihre Verkündigung von dem einen Gott, der sich in Jesus Christus für alle Zeiten offenbart hat und der keine anderen Götter neben sich leidet, nicht offen und deutlich genug ausgerichtet zu haben. Sie bekennt ihre Furchtsamkeit, ihr Abweichen, ihre gefährlichen Zugeständnisse. Sie hat ihr Wächteramt und ihr Trostamt oftmals verleugnet. Sie hat dadurch den Ausgestoßenen und Verachteten die schuldige Barmherzigkeit oftmals verweigert. Sie war stumm, wo sie hätte schreien müssen, weil das Blut der Unschuldigen zum Himmel schrie. Sie hat das rechte Wort in rechter Weise zu rechter Zeit nicht gefunden. Sie hat dem Abfall des Glaubens nicht bis aufs Blut widerstanden und hat die Gottlosigkeit der Massen verschuldet.

Die Kirche bekennt, den Namen Jesu Christi missbraucht zu haben, indem sie sich seiner vor der Welt geschämt hat und dem Missbrauch dieses Namens zu bösen Zwecken nicht kräftig genug gewehrt hat. Sie hat es mitangesehen, dass unter dem Deckmantel des Namens Christi Gewalttat und Unrecht geschah. Sie hat aber auch die offene Verhöhnung des heiligsten Namens ohne Widerspruch gelassen und ihr damit Vorschub geleistet. Sie erkennt, dass Gott den nicht ungestraft lassen wird, der so wie sie seinen Namen missbraucht.

Die Kirche bekennt sich schuldig an dem Verlust des Feiertags, an der Verödung ihrer Gottesdienste, an der Verachtung der sonntäglichen Ruhe. Sie hat sich an der Rastlosigkeit und Unruhe, aber auch an der Ausbeutung der Arbeitskraft über den Werktag hinaus schuldig gemacht, weil ihre Predigt von Jesus Christus schwach und ihr Gottesdienst matt war.

Die Kirche bekennt, an dem Zusammenbruch der elterlichen Autorität schuldig zu sein. Der Verachtung des Alters und der Vergötterung der Jugend ist die Kirche nicht entgegengetreten aus Furcht, die Jugend und damit die Zukunft zu verlieren, als wäre ihre Zukunft die Jugend! Sie hat die göttliche Würde der Eltern gegen eine revolutionierende Jugend nicht zu verkündigen gewagt und hat den sehr irdischen Versuch gemacht, »mit der Jugend zu gehen«. So ist sie schuldig an der Zerstörung unzähliger Familien, an dem Verrat der Kinder an ihren Vätern, an der Selbstvergötterung der Jugend und damit an ihrer Preisgabe an den Abfall von Christus.

Die Kirche bekennt, die willkürliche Anwendung brutaler Gewalt, das leibliche und seelische Leiden unzähliger Unschuldiger, Unterdrückung, Hass, Mord, gesehen zu haben, ohne ihre Stimme für sie zu erheben, ohne Wege gefunden zu haben, ihnen zu Hilfe zu eilen. Sie ist schuldig geworden am Leben der schwächsten und wehrlosesten Brüder Jesu Christi.

Die Kirche bekennt, kein wegweisendes und helfendes Wort gewusst zu haben zu der Auflösung aller Ordnung im Verhältnis der Geschlechter zueinander. Sie hat der Verhöhnung der Keuschheit und der Proklamation der geschlechtlichen Zügellosigkeit nichts Gültiges und Starkes entgegenzusetzen gewusst. Sie ist über eine gelegentliche moralische Entrüstung nicht hinausgekommen. Sie ist damit schuldig geworden an der Reinheit und Gesundheit der Jugend. Sie hat die Zugehörigkeit unseres Leibes zum Leib Christi nicht stark zu verkündigen gewusst.

Die Kirche bekennt, Beraubung und Ausbeutung der Armen, Bereicherung und Korruption der Starken stumm mitangesehen zu haben.

Die Kirche bekennt, schuldig geworden zu sein an den Unzähligen, deren Leben durch Verleumdung, Denunzieren, Ehrabschneidung vernichtet worden ist. Sie hat den Verleumder nicht seines Unrechtes überführt und hat so den Verleumdeten seinem Geschick überlassen.

Die Kirche bekennt, begehrt zu haben nach Sicherheit, Ruhe, Friede, Besitz, Ehre, auf die sie keinen Anspruch hatte und so die Begierden der Menschen nicht gezügelt, sondern gefördert zu haben.

Die Kirche bekennt sich schuldig aller 10 Gebote, sie bekennt darin ihren Abfall von Christus. Sie hat die Wahrheit Gottes nicht so bezeugt, dass alles Wahrheitsforschen, alle Wissenschaft ihren Ursprung in dieser Wahrheit erkannte; sie hat die Gerechtigkeit Gottes nicht so verkündigt, dass alles menschliche Recht in ihr die Quelle des eigenen Wesens sehen musste; sie hat die Fürsorge Gottes nicht so glaubhaft zu machen vermocht, dass alles menschliche Wirtschaften von ihr aus seine Aufgabe in Empfang genommen hätte. Durch ihr eigenes Verstummen ist die Kirche schuldig geworden an dem Verlust an verantwortlichem Handeln, an Tapferkeit des Einstehens und Bereitschaft für das als recht Erkannte zu leiden. Sie ist schuldig geworden an dem Abfall der Obrigkeit von Christus.

Ist das Zuviel gesagt? sollten hier einige ganz Gerechte sich erheben und beweisen wollen, dass nicht die Kirche, sondern gerade alle anderen die Schuld träfe? Wollten etwa einige Kirchenmänner dies alles als grobe Beschimpfung von sich weisen und in der Anmaßung, berufene Richter der Welt zu sein, das Maß der Schuld hier und da abwägen und zuteilen? War denn die Kirche nicht nach allen Seiten gehindert und gebunden? Stand nicht die ganze weltliche Gewalt gegen sie? Durfte denn die Kirche ihr letztes, ihre

Gottesdienste, ihr Gemeindeleben gefährden, indem sie den Kampf mit den antichristlichen Gewalten aufnahm? So spricht der Unglaube, der im Bekenntnis der Schuld nicht die Wiedergewinnung der Gestalt Jesu Christi, der die Sünde der Welt trug, sondern nur eine gefährliche moralische Degradierung erkennt. Das freie Schuldbekenntnis ist ja nicht etwas, das man tun oder auch lassen könnte, sondern es ist der Durchbruch der Gestalt Jesu Christi in der Kirche, den die Kirche an sich geschehen lässt oder aber aufhört Kirche Christi zu sein. Wer das Schuldbekenntnis der Kirche erstickt oder verdirbt, der wird in hoffnungsloser Weise schuldig an Christus.

Indem die Kirche die Schuld bekennt, entbindet sie die Menschen nicht vom eigenen Schuldbekenntnis, sondern sie ruft sie in die Gemeinschaft des Schuldbekenntnisses hinein. Nur als von Christus gerichtete kann die abgefallene Menschheit vor Christus bestehen. Unter dieses Gericht ruft die Kirche alle, die sie erreicht.

Die Kirche und der Einzelne werden als in ihrer Schuld Gerichtete von dem gerechtfertigt, der alle menschliche Schuld auf sich nimmt und vergibt, durch Jesus Christus. Diese Rechtfertigung der Kirche und des Einzelnen liegt darin, dass sie teilbekommen an der Gestalt Christi. Es ist die Gestalt des von Gott gerichteten und in den Tod des Sünders gegebenen und des von Gott zu neuem Leben erweckten Menschen. Es ist die Gestalt des Menschen, wie er in Wahrheit vor Gott ist. Nur als in die Schande des Kreuzes als des öffentlichen Sündertodes Hineingezogene empfängt die Kirche und der Einzelne in ihr die Gemeinschaft der Herrlichkeit des zu neuer Gerechtigkeit und neuem Leben Erweckten.

Allein in der göttlichen Rechtfertigung der Kirche, die diese in das volle Schuldbekenntnis, in die Kreuzesgestalt hineinführt, liegt die Rechtfertigung des von Christus abgefallenen Abendlandes. Allein in der göttlichen Erneuerung der Kirche, die diese in die Gemeinschaft des auferstandenen und lebendigen Jesus Christus führt, liegt die Erneuerung des Abendlandes.

Oder sollten solche Worte wie Rechtfertigung und Erneuerung des Abendlandes unerlaubte Hyperbeln sein, da ja niemals das ganze Abendland durch Glauben an Jesus Christus gerechtfertigt und erneuert werden kann? Es ist allerdings zu beachten, dass von der Rechtfertigung der Kirche und Erneuerung in anderem Sinne geredet werden muss als von Rechtfertigung und Erneuerung des Abendlandes. Die Kirche wird durch ihren Glauben an Christus, das heißt durch die Beugung unter die Gestalt Christi, gerechtfertigt und erneuert. Das Abendland als geschichtliche politische Gestalt kann nur indirekt durch den Glauben der Kirche „gerechtfertigt und erneuert" werden. Die Kirche erfährt im Glauben die Vergebung aller ihrer Sünden und einen neuen Anfang durch Gnade, für die Völker gibt es nur ein Vernarben der Schuld in der Rückkehr zur Ordnung, zum Recht, zum Frieden, zum freien Ergehenlassen der kirchlichen Verkündigung von Jesus Christus. Die Völker tragen das Erbe ihrer Schuld und doch kann es durch Gottes gnädiges Regiment in der Geschichte geschehen, dass das, was im Fluch begann den Völkern endlich zum Segen wird, dass aus angemaßter Gewalt Recht, aus Aufruhr Ordnung, aus Blutvergießen Friede wird. In dem Griff nach der Krone hat es sich oftmals erwiesen, dass Willkür und Gewalt am Anfang standen und dass dann die innere Macht der Krone selbst, die Macht der göttlichen Institution der Obrigkeit sich allmählich heilend und vernarbend auswirkte. Im Verlauf einer imperialistischen Eroberungspolitik, die sich unter Verachtung des Rechtes, unter Vergewaltigung des Schwächeren vollzog, hat es immer wieder jene allmähliche Wendung zum Recht, zum Frieden, ja, zum Glück der einstmals Vergewaltigten gegeben, die eine Vernarbung der vergangenen Schuld bedeutete. Damit wird zwar die Schuld nicht gerechtfertigt, nicht aufgehoben, nicht vergeben, sie bleibt bestehen, aber die Wunde, die sie riss, ist vernarbt. Während es für die Kirche und für den einzelnen Gläubigen nur einen völligen Bruch mit der Schuld und einen Neuanfang geben kann, der durch die Vergebung der Sünde geschenkt wird, kann es im geschichtlichen Leben der Völker immer nur um den allmählichen Heilungsprozess gehen. Der Träger der Krone, der [sie] sich mit Unrecht erwarb, aber im Verlaufe der Zeit Recht, Ordnung, Frieden schuf, kann nicht einfach zum Verzicht auf die Krone, der Eroberer, der die unterworfenen Länder zu Frieden, Wohlstand und Glück geführt hat, nicht einfach zur Preisgabe seiner Eroberung genötigt werden. Durch den Verzicht auf die Krone, durch die Preisgabe der Eroberung könnte ja jetzt gerade umso größere Unordnung, um so größere Schuld entstehen. Die Kontinuität mit der vergangenen Schuld, die im Leben der Kirche und des Gläubigen durch Buße und Vergebung abgebrochen wird, bleibt im geschichtlichen Leben der Völker erhalten. Nur darauf kommt es an, ob die vergangene Schuld tatsächlich vernarbt ist, und an dieser Stelle gibt es dann auch innerhalb der geschichtlichen außen- und innenpolitischen Auseinandersetzung der Völker so etwas wie Vergebung, die doch nur ein schwacher Schatten der Vergebung ist, die Jesus Christus dem Glauben schenkt. Es wird hier auf die volle Sühne des geschehenen Unrechtes durch den Schuldigen Verzicht geleistet, es wird erkannt, dass das Vergangene durch keine menschliche Macht wiederhergestellt, dass das Rad der Geschichte nicht mehr zurückgedreht werden kann. Nicht alle geschlagenen

Wunden können geheilt werden, aber entscheidend ist, dass nicht weitere Wunden gerissen werden. Das Vergeltungsgesetz des »Auge um Auge, Zahn um Zahn« [Anm.: Ex 21,24; Lev 24,20] bleibt Gott, dem Richter der Völker, vorbehalten. In den Händen der Menschen müsste es nur neues Unheil hervorbringen. Voraussetzung für diese innergeschichtliche Vergebung bleibt, dass die Schuld vernarbt ist, indem aus Gewalt Recht, aus Willkür Ordnung, aus Krieg Frieden geworden ist. Wo das nicht der Fall ist, wo das Unrecht ungebrochen herrscht und immer neue Wunden schlägt, dort kann freilich von solcher Vergebung keine Rede sein, vielmehr muss dort die erste Sorge sein, dem Unrecht zu wehren und die Schuldigen ihrer Schuld zu überführen.

»Rechtfertigung und Erneuerung« des Abendlandes wird es also nur so geben, dass Recht, Ordnung und Friede so oder so wiederhergestellt werden, dass dann die vergangene Schuld »vergeben« wird, dass jede Illusion, Geschehenes durch Strafaktionen ungeschehen machen zu können fallen gelassen wird und dass der Kirche Jesu Christi als Ursprung aller Vergebung, Rechtfertigung und Erneuerung Raum gegeben wird unter den Völkern. Wie die Schuld des Abfalls von Christus eine gemeinsame abendländische Schuld ist, so verschieden auch das Maß der Verfehlung hier oder dort sein mag, so wird es auch nur eine gemeinsame abendländische Rechtfertigung und Erneuerung geben. Jeder Versuch, unter Ausschluss eines der abendländischen Völker das Abendland zu retten, wird zum Scheitern verurteilt sein.

Christus finden ... in der tiefen Diesseitigkeit des Lebens

Die Gefängnisbriefe

Dietrich Bonhoeffer wurde als Gefangener in das Militärgefängnis in Berlin-Tegel gebracht. Zunächst waren die Haftbedingungen miserabel. Er musste den üblichen Haftschock verarbeiten. Zu diesem Zweck auferlegte er sich ein strenges Programm unter anderem mit Fitnessübungen, sodass sein Tag eine Struktur bekam. Zugleich ertüchtigte er sich für die Verhöre durch den Kriegsgerichtsrat Manfred Roeder, der ihn und Dohnanyi auch festgenommen hatte. Die Haftverhältnisse verbesserten sich deutlich, als der für das Gefängnis zuständige Stadtkommandant Paul von Hase sich nach dem Ergehen seines nahen Verwandten erkundigte. Hase war ein Vetter von Bonhoeffers Mutter, und sein Anruf verfehlte den Eindruck auf die Gefängnisleitung und die Wärter nicht. Große Essenspakete durften abgegeben werden, und ab Ende Mai konnten ihn seine Eltern besuchen. Bald war es auch möglich, konspirativ durch mit einem Code versehene Bücher Bonhoeffer über die Entwicklung der Untersuchungen zu informieren. Bonhoeffer hatte zudem die drei Wärter Holzendorf, Knobloch und Linke für sich gewonnen, und sie halfen ihm in der Folgezeit in wertvoller Weise. Die Verhöre Roeders mit Bonhoeffer und Dohnanyi zogen sich hin und kamen doch nicht von der Stelle. Roeder gelang es nicht, irgendwelche Hinweise auf eine Verschwörung gegen Hitler zu entdecken. Am 26. Juni 1943 kam es zu einer überraschenden Begegnung mit Maria von Wedemeyer. Bonhoeffer hatte erst unmittelbar vorher davon erfahren. Möglicherweise war es ein Versuch Roeders, Bonhoeffer um seine Contenance zu bringen. Achtzehnmal konnten sich Bonhoeffer und seine Verlobte bis zum 23. August 1944 im Gefängnis treffen – immer unter Aufsicht. Die Briefe an sie waren ebenfalls der Zensur unterworfen. Es war eine surreale Situation für die beiden, dass sie nie miteinander allein waren und ungeschützt sprechen konnten. Wenn Roeder auch mit seinen Ermittlungen nicht weiterkam, drohte Bonhoeffer allerdings Gefahr durch einen Brief von ihm, der bei Dohnanyi von Roeder gefunden worden war. Dort hatte er darum gebeten, möglich zu machen, dass das Bruderratsmitglied Wilhelm Niesel vom Wehrdienst verschont bleibe. Das konnte als Wehrkraftzersetzung verstanden werden, worauf die Todesstrafe stand. Es gelang jedoch, Roeders Versetzung zum 1. Januar 1944 nach Lemberg zu erwirken. Sein Nachfolger ging nicht so verbissen ans Werk. Bonhoeffer und Dohnanyi hofften mittlerweile darauf, dass die Prozessaufnahme versanden würde, denn zwischenzeitlich bestanden wieder Erwartungen auf einen Umsturz. Im Allgemeinen Heeresamt im Bendlerblock in Berlin hatte sich um Claus Schenk Graf von Stauffenberg ein neues Zentrum der Verschwörer gebildet. Die Offiziere Axel von dem Bussche und Ewald Heinrich von Kleist hatten sich bereiterklärt, sich zusammen mit Hitler bei der Vorführung neuer Uniformen in die Luft zu sprengen. Bevor es dazu kam, verbrannten die Uniformen jedoch bei einem Luftangriff. Am 30. Juni 1944 besuchte Paul von Hase demonstrativ seinen nahen Verwandten in Tegel und blieb fünf Stunden. Keine sechs Wochen später wurde er als Verschwörer gehenkt.

Am 20. Juli 1944 scheiterte Stauffenbergs Attentat auf Hitler in dessen Hauptquartier in der Wolfsschanze. Der ausgelöste Putsch brach noch am selben Tage in sich zusammen. Bonhoeffer hatte von dem bevorstehenden Attentat gewusst. Zusätzlich wurde ein Dossier Dohnanyis über Verbrechen der Nazis, das in einem Archiv des Oberkommandos der Wehrmacht in Zossen versteckt war, am 22. September 1944 entdeckt. Nun war ganz offensichtlich, dass es eine großangelegte Verschwörung gegen Hitler gegeben hatte. Eine Welle von Untersuchungen und Verhaftungen brach herein. Bonhoeffers Situation hatte sich damit dramatisch zum Schlechteren verändert. Er musste unmittelbar mit dem Tod rechnen. Der Wärter Knobloch erbot sich, Bonhoeffer in Monteurskleidung nach draußen zu schmuggeln und mit ihm das Kriegsende in einer Schrebergartenkolonie versteckt abzuwarten. Bonhoeffer willigte ein, da wurde am 1. Oktober 1944 auch sein Bruder Klaus verhaftet. Bonhoeffer wollte ihn und die Familie jetzt nicht zusätzlich gefährden und gab das Vorhaben auf. Wenige Tage später wurde er von Tegel in das berüchtigte Gestapo-Gefängnis in der Prinz-Albrecht-Straße verlegt. Hier waren die Haftbedingungen brutal. Es gab keine Briefkontakte und keine Sprecherlaubnis mehr. Fast wäre es Maria von Wedemeyer gelungen, eine Besuchserlaubnis zu erwirken, doch scheiterte sie schließlich. Es gelang nur noch, drei Briefe nach draußen zu schmuggeln. Darunter ist der mit Weihnachtsgrüßen vom 19. Dezember 1944, in dem sich das Gedicht „Von guten Mächten wunderbar geborgen" findet.

Durch die zunehmenden Bombenangriffe und die näher rückende Front bedingt, wurden Bonhoeffer und andere Anfang Februar 1945 nach Buchenwald verlegt. Allerdings kamen sie dort nichts ins KZ, sondern in ein Gebäude, das schon vorher als Gefängnis gedient hatte. Hier teilte er sich die Zelle mit General Friedrich von Rabenau, der auch studierter Theologe war. Unterdessen versuchte Maria von Wedemeyer, Bonhoeffer verzweifelt in Dachau oder Flossenbürg zu finden. Mittlerweile befand sich alles angesichts der näher rückenden Alliierten in Auflösung. Wedemeyer fand Bonhoeffer nicht. Bonhoeffer und andere Gefangene wurden Anfang April über Weiden in der Oberpfalz und Regensburg in den Ort Schönberg gebracht. Unterdessen waren weitere Stücke aus Dohnanyis Verbrechens-Archiv gefunden worden. Hitler gab bei einer Besprechung am 5. April 1945 den Befehl, Canaris und die zu ihm gehörenden Verschwörer hinzurichten. Trotz der allgemeinen Auflösung funktionierte die Mordmaschinerie der Nazis noch wie geschmiert. Unter chaotischen Umständen fuhr der SS-Richter Otto Thorbeck ins KZ Flossenbürg, um Hitlers Befehl auszuführen. In Flossenbürg stellte man unterdessen fest, dass Bonhoeffer fehlte und irrtümlich in den Gefangenentransport nach Schönberg geraten war. Im allgemeinen Zusammenbruch wurde ein Wagen organisiert, der Bonhoeffer im 160 Kilometer entfernten Schönberg aufsuchte. Dort hatte sich die Situation zunehmend entspannt. Das Kriegsende war greifbar nahe. Doch dann wurde Bonhoeffer aus der Gruppe herausgerufen und nach Flossenbürg gebracht. Nach einem nächtlichen Scheinprozess wurde Dietrich Bonhoeffer zusammen mit anderen Mitverschwörern im Morgengrauen des 9. April erhängt.

Eine Schilderung der letzten Lebensjahre Bonhoeffers im Gefängnis wäre gänzlich unvollständig, wollte man nicht an den Briefwechsel mit seinem Freund Eberhard Bethge erinnern (vgl. die nachfolgenden Texte). Seit dem 18. November 1943 war es möglich gewesen, durch Kassiber mittels der drei Bonhoeffer wohlgesonnenen Gefängniswärter Briefkontakt aufzunehmen. In diesem Briefwechsel finden wir noch einmal neue Gedanken Bonhoeffers, die nach dem Krieg eine bis heute dauernde Beschäftigung ausgelöst haben. Worum geht es? Bonhoeffer hatte im Gefängnis eine ihm völlig fremde Welt kennengelernt, mit Menschen, denen er sonst wohl nie begegnet wäre. In all diesen Kontakten und Umständen spielte die Religion keinerlei Rolle. Bonhoeffer veranlasste das zu grundsätzlichen Überlegungen über seine Epoche. Er konstatierte: „Wir gehen einer völlig religionslosen Zeit entgegen."[62] Gott schien keine Rolle mehr zu spielen. „Der Mensch hat gelernt, in allen wichtigen Fragen mit sich selbst fertig zu werden ohne Zuhilfenahme der ‚Arbeitshypothese: Gott'. In wissenschaftlichen, künstlerischen und ethischen Fragen ist das eine Selbstverständlichkeit geworden, an die man kaum mehr zu rühren wagt; seit etwa 100 Jahren gilt das auch für die religiösen Fragen; es zeigt sich, dass alles auch ohne ‚Gott' geht und zwar ebenso gut wie vorher."[63] Der Mensch ist autonom geworden. Wir haben eine „mündig gewordene Welt"[64]. Sie lebt ohne Rückbezug auf Gott nach ihren eigenen Regeln und Gesetzen. Bonhoeffer akzeptiert das rundherum. Alle Versuche, das kirchlicherseits rückgängig zu machen, sind für ihn wie das Unternehmen, einen erwachsen gewordenen Mann „in seine Pubertätszeit zurückzuversetzen"[65]. Lehnt Bonhoeffer damit die Religion ab? Das muss differenzierter gesehen werden. Dass es die Religionen als ein *geschichtliches* Phänomen gibt, bestreitet er keineswegs. Religionen mit all ihren Mythen sind zu

---

62 DBA 5, 126. Vgl. zu den Ausführungen, Rainer Mayer, Hat Bonhoeffer sich geirrt?, in: Ders./ Peter Zimmerling (Hgg.), Dietrich Bonhoeffer aktuell, Gießen 2. Aufl. 2013, 174 -196.
63 DBA 5,141f.
64 DBA 5,143 u.ö..
65 DBA 5,143.

akzeptieren. Anders als Rudolf Bultmann, der 1941 die epochale Forderung stellte, die biblische Botschaft zu entmythologisieren, wollte Bonhoeffer den Mythos wie die Auferstehung im NT als „die Sache selbst"[66] beibehalten. Ein rein *existentielles* Verständnis der Religion lehnt er hingegen ab. Die zeitgenössische Rede zum Beispiel des Theologen Paul Tillich von Gott „als dem Woher meines Umgetriebenseins" wies er als Floskeln, die die Welt religiös zu vereinnahmen suchten, zurück. Bonhoeffer bezog sich auf ein theologisches Religionsverständnis, nachdem die Religion der menschliche Versuch war, sich Gottes zu bemächtigen, die Offenbarung hingegen den Weg Gottes zu den Menschen bedeutete. Religion und Religiosität war seit der Reformation ein „Oberbegriff über die getrennten christlichen Kirchen und Konfessionen"[67] geworden. Seit der Aufklärung konnte man dann jenseits der christlichen Kirchen mit ihren Dogmen und Riten „Religion haben". Mit dem Kulturprotestantismus des 19. Jahrhunderts hielt dieser „unkirchliche" Religionsbegriff auch in der Theologie Einzug. Dagegen bliesen Theologen wie Karl Barth zum großen Gegenangriff. Anstelle einer diffusen Religion des Menschen sollte das Wort Gottes in seiner Offenbarung neu gehört werden. Bonhoeffer griff Barths Religionskritik dezidiert positiv auf, allerdings teilte er nicht dessen Offenbarungszentriertheit, bei der es hieß: „‚Friss Vogel, oder stirb'"[68]. „Für den religionslosen Arbeiter oder Menschen überhaupt ist hier nichts Entscheidendes gewonnen. Die zu beantwortenden Fragen wären doch: Was bedeutet eine Kirche, eine Gemeinde, eine Predigt, eine Liturgie, ein christliches Leben in der religionslosen Welt"[69]? Bonhoef-

---

66 DBA 5, 145.
67 Rainer Mayer, Bonhoeffer, 179.
68 DBA 5, 132.
69 DBA 5, 127.

fer kritisiert, dass Barth nicht sagen kann, „wer Christus heute eigentlich für uns ist"[70]. Das aber will Bonhoeffer. Er will Christus ganz in der Gegenwart finden. Dabei soll Gott nicht auf die private Frömmigkeit, die sich der Frage nach dem individuellen Seelenheil widmet, beschränkt bleiben. Einen solchen Rückzug Gottes auf die Grenzbereiche des Lebens in den Fragen etwa nach Not, Schuld und Tod sieht Bonhoeffer als verhängnisvoll. Für Gott bleibt ein kleiner Bereich ausgespart, in dem er noch reüssieren kann, und dabei wird dieser Bereich auch immer kleiner, denn immer mehr Menschen haben Gott zu ihrer existentiellen Selbststabilisierung nicht nötig. Er will Christus in der Mitte der Welt finden, er soll wirklich „Herr der Welt"[71] sein. Der Mensch soll nicht erst in den verbleibenden Grenzfragen, sondern „mitten im Leben"[72] Christus begegnen. Es geht Bonhoeffer also, wie er schreibt, dabei nicht um „die platte und banale Diesseitigkeit der Aufgeklärten, der Betriebsamen, der Bequemen oder der Laszicven, sondern um die tiefe Diesseitigkeit, die voller Zucht ist, und in der die Erkenntnis des Todes und der Auferstehung immer gegenwärtig ist"[73]. Dafür muss die Rede des Glaubens „nicht-religiös"[74] interpretiert werden. In einer neuen Sprache muss gesprochen werden und in qualitätsvoller Weise muss gehandelt werden. Zum Tauftag seines Großneffen Dietrich Bethge schreibt er im Gefängnis: Unser „Christsein wird heute nur in zweierlei bestehen: im Beten und im Tun des Gerechten unter den Menschen. ... Es ist nicht unsere Sache, den Tag vorauszusagen – aber der Tag wird kommen – an dem wieder Menschen berufen werden, das Wort

---

70 DBA 5, 126.
71 DBA 5, 128.
72 DBA 5, 137.
73 DBA 5, 171
74 DBA 5, 144.

Gottes so auszusprechen, dass sich die Welt darunter verändert und erneuert. Es wird eine neue Sprache sein, vielleicht ganz unreligiös, aber befreiend und erlösend, wie die Sprache Jesu ..."[75]. Diese neue Sprache hat für Bonhoeffer nicht die Absicht, nur neue Begriffe zu finden, sondern vielmehr den Gebrauch der Begriffe im religiösen Bereich auf die ganze Welt zu beziehen, eben weltlich zu interpretieren. Das aber dient nicht dazu, die Welt einfach so nur zu bestätigen, wie sie ist, sondern sie in einem Akt der „Wegbereitung"[76], wie er in der Ethik sagt, als Vorletztes auf das Letzte[77] als das Reich Gottes[78] zu beziehen. In einer nicht religiösen, aber einfachen jesuanischen Rede kann das für Bonhoeffer geschehen, dass Menschen mitten in ihrem Leben die Botschaft Gottes hören und sich darunter verändern.

Gefängnisbriefe an Eberhard Bethge (Auszüge)

30. 4. 1944
[...] Was mich unablässig bewegt, ist die Frage, was das Christentum oder auch wer Christus heute für uns eigentlich ist. Die Zeit, in der man das den Menschen durch Worte – seien es theologische oder fromme Worte – sagen könnte, ist vorüber; ebenso die Zeit der Innerlichkeit und des Gewissens, und d. h. eben die Zeit der Religion überhaupt. Wir gehen einer völlig religionslosen Zeit entgegen; die Menschen können einfach, so wie sie nun einmal sind, nicht mehr religiös sein. Auch diejenigen, die sich ehrlich als »religiös« bezeichnen, praktizieren das in keiner Weise; sie meinen also vermutlich mit

---
75 DBA 6, 161.
76 DBA 4, 123 ff.
77 DBA 5, 128.
78 DBA 5, 131.

»religiös« etwas ganz anderes. Unsere gesamte 1900jährige christliche Verkündigung und Theologie aber baut auf dem »religiösen Apriori« der Menschen auf. »Christentum« ist immer eine Form (vielleicht die wahre Form) der »Religion« gewesen. Wenn nun aber eines Tages deutlich wird, dass dieses »Apriori« gar nicht existiert, sondern dass es eine geschichtlich bedingte und vergängliche Ausdrucksform des Menschen gewesen ist, wenn also die Menschen wirklich radikal religionslos werden – und ich glaube, dass das mehr oder weniger bereits der Fall ist (woran liegt es z. B. dass dieser Krieg im Unterschied zu allen bisherigen eine »religiöse« Reaktion nicht hervorruft?) – was bedeutet das dann für das »Christentum«? Unserem ganzen bisherigen »Christentum« wird das Fundament entzogen, und es sind nur noch einige »letzte Ritter« oder ein paar intellektuell Unredliche, bei denen wir »religiös« landen können. Sollten das etwa die wenigen Auserwählten sein? Sollen wir uns eifernd, pikiert oder entrüstet ausgerechnet auf diese zweifelhafte Gruppe von Menschen stürzen, um unsere Ware bei ihnen abzusetzen? Sollen wir ein paar Unglückliche in ihrer schwachen Stunde überfallen und sie sozusagen religiös vergewaltigen? Wenn wir das alles nicht wollen, wenn wir schließlich auch die westliche Gestalt des Christentums nur als Vorstufe einer völligen Religionslosigkeit beurteilen müssten, was für eine Situation entsteht dann für uns, für die Kirche? Wie kann Christus der Herr auch der Religionslosen werden? Gibt es religionslose Christen? Wenn die Religion nur ein Gewand des Christentums ist – und auch dieses Gewand hat zu verschiedenen Zeiten sehr verschieden ausgesehen — was ist dann ein religionsloses Christentum? Barth, der als einziger in dieser Richtung zu denken angefangen hat, hat diese Gedanken dann doch nicht durchgeführt und durchdacht, sondern ist zu einem Offenbarungspositivismus gekommen, der letzten Endes doch im Wesentlichen Restauration geblieben ist. Für den religionslosen Arbeiter oder Menschen überhaupt ist hier nichts Entscheidendes gewonnen. Die zu beantwortenden Fragen wären doch: Was bedeutet eine Kirche, eine Gemeinde, eine Predigt, eine Liturgie, ein christliches Leben in einer religionslosen Welt? Wie sprechen wir von Gott — ohne Religion, d. h. eben ohne die zeitbedingten Voraussetzungen der Metaphysik, der Innerlichkeit etc. etc? Wie sprechen (oder vielleicht kann man eben nicht einmal mehr davon »sprechen« wie bisher) wir »weltlich« von »Gott«, wie sind wir »religionslos-weltlich« Christen, wie sind wir ekklesia [Anm.: Dt. Gemeinde der Herausgerufenen, Kirche], Herausgerufene, ohne uns religiös als Bevorzugte zu verstehen, sondern vielmehr als ganz zur Welt Gehörige? Christus ist dann nicht mehr Gegenstand der Religion, sondern etwas ganz anderes, wirklich Herr der Welt. Aber was heißt das? Was bedeutet in der Religionslosigkeit der Kultus und das Gebet? Bekommt hier die Arkandisziplin bzw. die Unterscheidung (die Du ja bei mir schon kennst) von Vorletztem und Letztem neue Wichtigkeit?

Ich muss heute abbrechen, da der Brief gerade mit weg kann. In zwei Tagen schreibe ich Dir weiter darüber. Hoffentlich verstehst Du ungefähr, was ich meine, und langweilt es Dich nicht. Leb einstweilen wohl! Es ist nicht leicht, immer echolos zu schreiben; Du musst entschuldigen, wenn es dadurch etwas monologisch wird! Ich mache Dir aus Deinem Nichtschreiben wirklich keinen Vorwurf! Du hast zu viel anderes!

In Treue denkt sehr an Dich
Dein Dietrich

Ich kann doch noch etwas weiterschreiben. — Die paulinische Frage, ob die peritome [Anm.: Dt. Beschneidung] Bedingung der Rechtfertigung sei, heißt m. E. heute, ob Religion Bedingung des Heils sei. Die Freiheit von der peritome ist auch die Freiheit von der Religion. Oft frage ich mich, warum mich ein »christlicher Instinkt« häufig mehr zu den Religionslosen als zu den Religiösen zieht, und zwar durchaus nicht in der Absicht der Missionierung, sondern ich möchte fast sagen »brüderlich«. Während ich mich den Religiösen gegenüber oft scheue, den Namen Gottes zu nennen – weil er mir hier irgendwie falsch zu klingen scheint und ich mir selbst etwas unehrlich vorkomme (besonders schlimm ist es, wenn die anderen in religiöser Terminologie zu reden anfangen, dann verstumme ich fast völlig, und es wird mir irgendwie schwül und unbehaglich) –, kann ich den Religionslosen gegenüber gelegentlich ganz ruhig und wie selbstverständlich Gott nennen. Die Religiösen sprechen von Gott, wenn menschliche Erkenntnis (manchmal schon aus Denkfaulheit) zu Ende ist oder wenn menschliche Kräfte versagen – es ist eigentlich immer der deus ex machina, den sie aufmarschieren lassen, entweder zur Scheinlösung unlösbarer Probleme oder als Kraft bei menschlichem Versagen, immer also in Ausnutzung menschlicher Schwäche bzw. an den menschlichen Grenzen; das hält zwangsläufig immer nur solange vor, bis die Menschen aus eigener Kraft die Grenzen etwas weiter hinausschieben und Gott als deus ex machina überflüssig wird; das Reden von den menschlichen Grenzen ist mir überhaupt fragwürdig geworden (ist selbst der Tod heute, da die Menschen ihn kaum noch fürchten, und die Sünde, die die Menschen kaum noch begreifen, noch eine echte Grenze?), es scheint mir immer, wir wollten dadurch nur ängstlich Raum aussparen für Gott; – ich möchte von Gott nicht an den Grenzen, sondern in der Mitte, nicht in den Schwächen, sondern in der Kraft, nicht also bei Tod und Schuld, sondern im Leben und im Guten des Menschen sprechen. An den Grenzen scheint es mir besser, zu schweigen und das Unlösbare ungelöst zu lassen. Der Auferstehungsglaube ist nicht die »Lösung« des Todesproblems. Das »Jenseits« Gottes ist nicht das Jenseits unseres Erkenntnisvermögens! Die erkenntnistheoretische Transzendenz hat mit der Transzendenz Gottes nichts zu tun. Gott ist mitten in unserm Leben jenseitig. Die Kirche steht nicht dort, wo das menschliche Vermögen versagt, an den Grenzen, sondern mitten im Dorf. So ist es alttestamentlich, und in diesem Sinne lesen wir das N.T. noch viel zu wenig vom Alten her. Wie dieses religionslose Christentum aussieht, welche Gestalt es annimmt, darüber denke ich nun viel nach und ich schreibe Dir bald darüber mehr. Vielleicht wird hier gerade uns in der Mitte zwischen Osten und Westen eine wichtige Aufgabe zufallen. Jetzt muss ich wirklich schließen. Wie schön wäre es, einmal ein Wort von Dir zu all dem [zu] hören. Es würde für mich wirklich sehr viel bedeuten, mehr als Du vermutlich ermessen kannst! – Lies übrigens gelegentlich Sprüche 22,11.12 [Anm.: Gemeint ist wohl Spr. 24,11f.].

Hier ist der Riegel gegen jede fromm getarnte Flucht. Alles, alles Gute!

Von Herzen Dein Dietrich

5. 5. 44
Lieber Eberhard!
Wenn ich auch immer hoffe, dass mein Brief Dir bereits in den Urlaub, der ja nun allmählich fällig wäre, damit Du Deinen Sohn kennenlernst, nachgeschickt und dadurch überholt wird, so ist doch heute alles so unsicher – und es ist nach langen Erfahrungen immer das Wahrscheinlichere, dass alles so bleibt, wie es ist, als dass es sich bald verändert – dass ich Dir doch noch schreiben will. Wie ich gestern von

Christel, die mich besuchte, erfuhr, geht es Dir einigermaßen, und Du kannst wenigstens täglich Renate durch einen Brief erfreuen. Es ist doch wirklich sehr viel wert, dass Renate ganz in Sacrow sein kann und Du wenigstens die Sorge bei den hiesigen Alarmen um sie nicht zu haben brauchst. Sehr gern spräche ich ja Renate selbst einmal, aber das scheint sich eben gar nicht recht einrichten zu lassen. Ich bin nur froh, dass wir uns wenigstens im Dezember haben sehen können. Das war doch ein gutes Werk Deines Schwiegervaters – vermutlich eins seiner besten, da er gar nicht weiß, wie gut es war. Ich wünsche Dir so sehr, dass Du bald kommen kannst – wenn es auch betrüblich sein wird, dass wir uns voraussichtlich immer noch nicht sehen werden. Es geht mir zwar persönlich und sachlich sehr gut, aber die Zeitfrage ist eben noch ganz offen? Aber alles Gute kommt über Nacht, und darauf warte und hoffe ich zuversichtlich. In meinem vorigen Brief lag eine Anschrift, die Du, wenn Du magst, benutzen kannst; es ist aber nicht nötig; ich wollte es Dich nur wissen lassen.

Noch ein paar Worte zu den Gedanken über die »Religionslosigkeit«. Du erinnerst Dich wohl des bultmannschen Aufsatzes über »Entmythologisierung des Neuen Testaments«. Meine Meinung dazu würde heute die sein, dass er nicht »zu weit«, wie die meisten meinten, sondern zu wenig weit gegangen ist. Nicht nur »mythologische« Begriffe wie Wunder, Himmelfahrt etc. (die sich ja doch nicht prinzipiell von den Begriffen Gott, Glauben etc. trennen lassen!), sondern die »religiösen« Begriffe schlechthin sind problematisch. Man kann nicht Gott und Wunder voneinander trennen (wie Bultmann meint), aber man muss beide »nicht-religiös« interpretieren und verkündigen können. Bultmanns Ansatz ist eben im Grunde doch liberal (d. h. das Evangelium verkürzend), während ich theologisch denken will. Was heißt nun »religiös interpretieren«?

Es heißt m. E. einerseits metaphysisch, andrerseits individualistisch reden. Beides trifft weder die biblische Botschaft noch den heutigen Menschen. Ist nicht die individualistische Frage nach dem persönlichen Seelenheil uns allen fast völlig entschwunden? Stehen wir nicht wirklich unter dem Eindruck, dass es wichtigere Dinge gibt als diese Frage (– vielleicht nicht als diese Sache, aber doch als diese Frage!?)? Ich weiß, dass es ziemlich ungeheuerlich klingt, dies zu sagen. Aber ist es nicht im Grunde sogar biblisch? Gibt es im Alten Testament die Frage nach dem Seelenheil überhaupt? Ist nicht die Gerechtigkeit und das Reich Gottes auf Erden der Mittelpunkt von allem? Und ist nicht auch Römer 3,24ff das Ziel des Gedankens, dass Gott allein gerecht sei und nicht eine individualistische Heilslehre? Nicht um das Jenseits, sondern um diese Welt, wie sie geschaffen, erhalten, in Gesetze gefasst, versöhnt und erneuert wird, geht es doch. Was über diese Welt hinaus ist, will im Evangelium für diese Welt da sein; ich meine das nicht in dem anthropozentrischen Sinne der liberalen, mystischen, pietistischen, ethischen Theologie, sondern in dem biblischen Sinne der Schöpfung und der Inkarnation, Kreuzigung und Auferstehung Jesu Christi. Barth hat als erster Theologe – und das bleibt sein ganz großer Verdienst – die Kritik der Religion begonnen, aber er hat dann an ihre Stelle eine positivistische Offenbarungslehre gesetzt, wo es dann heißt: »friss, Vogel, oder stirb«; ob es nun Jungfrauengeburt, Trinität oder was immer ist, jedes ist ein gleichbedeutsames und -notwendiges Stück des Ganzen, das eben als Ganzes geschluckt werden muss oder gar nicht. Das ist nicht biblisch. Es gibt Stufen der Erkenntnis und Stufen der Bedeutsamkeit; d. h. es muss eine Arkandisziplin wiederhergestellt werden, durch die die Geheimnisse des christlichen Glaubens vor Profanierung behütet werden. Der Offenbarungspositivismus macht es sich zu leicht, indem er letztlich ein Gesetz des Glaubens aufrichtet und indem er das, was eine Gabe für uns ist – durch die Fleischwerdung Christi! – zerreißt. An der Stelle der Religion steht nun die Kirche – das ist an sich biblisch –, aber die Welt ist gewissermaßen auf sich selbst gestellt und sich selbst überlassen, das ist der Fehler. Ich denke augenblicklich darüber nach, wie die Begriffe Buße, Glaube, Rechtfertigung, Wiedergeburt, Heiligung »weltlich« – im alttestamentlichen Sinne und im Sinne von Joh 1,14 – umzuinterpretieren sind. Ich werde Dir weiter darüber schreiben!

Verzeih, ich schrieb bisher in deutscher Schrift, wie ich sonst nur tue, wenn ich für mich selbst schreibe; und vielleicht war das Geschriebene auch mehr für mich selbst zur Klärung als für Dich zur Belehrung abgefasst. Ich will Dich eigentlich nicht mit Problemen beunruhigen, da Du vermutlich doch nicht die Zeit hast, Dich mit ihnen auseinanderzusetzen und sie Dich vielleicht nur quälen; aber ich kann nicht anders, als Dich an meinen Gedanken teilnehmen lassen, einfach weil sie mir dadurch selbst erst klar werden. Wenn das jetzt für Dich nicht das Richtige ist, sage es bitte.

Morgen ist Cantate; da werde ich mit besonders vielen schönen Erinnerungen an Dich denken.

Die Eltern waren eben hier und erzählten, wie nett und gesund der Kleine ist und wie gut das Mal am Kinn durch die Bestrahlung zurückgeht. – Ich habe veranlasst, dass demnächst Renate etwas zusätzliche Ernährung bekommt. Hoffentlich klappt es, es ist mir zugesagt.

Leb wohl! Habe Geduld wie wir auch und bleib gesund!
Es grüßt Dich herzlich und in täglichem Gedenken
Dein Dietrich

8. 6. 44

[...] Du stellst nun in Bezug auf die Gedanken, die mich in letzter Zeit beschäftigen, so viele wichtige Fragen, dass ich froh wäre, wenn ich sie selbst beantworten könnte. Es ist eben noch alles sehr im Anfang und es leitet mich, wie meist, mehr der Instinkt für kommende Fragen, als dass ich über sie schon Klarheit hätte. Ich will versuchen, einmal vom Geschichtlichen meinen Standort zu bezeichnen. Die etwa im 13. Jahrhundert – (ich will mich auf den Streit über den Zeitpunkt nicht einlassen) – beginnende Bewegung in der Richtung auf die menschliche Autonomie (ich verstehe darunter die Entdeckung der Gesetze, nach denen die Welt in Wissenschaft, Gesellschafts- und Staatsleben, Kunst, Ethik, Religion lebt und mit sich selbst fertig wird) ist in unsrer Zeit zu einer gewissen Vollständigkeit gekommen. Der Mensch hat gelernt, in allen wichtigen Fragen mit sich selbst fertig zu werden ohne Zuhilfenahme der »Arbeitshypothese: Gott«. In wissenschaftlichen, künstlerischen, auch ethischen Fragen ist das eine Selbstverständlichkeit geworden, an der man kaum mehr zu rütteln wagt; seit etwa 100 Jahren gilt das aber in zunehmendem Maße auch für die religiösen Fragen; es zeigt sich, dass alles auch ohne »Gott« geht, und zwar ebenso gut wie vorher. Ebenso wie auf wissenschaftlichem Gebiet wird im allgemein menschlichen Bereich »Gott« immer weiter aus dem Leben zurückgedrängt, er verliert an Boden. Katholische und protestantische Geschichtsbetrachtung sind sich nun darüber einig, dass in dieser Entwicklung der große Abfall von Gott, von Christus, zu sehen sei, und je mehr sie Gott und Christus gegen diese Entwicklung in Anspruch nimmt und ausspielt, desto mehr versteht sich diese Entwicklung selbst als antichristlich. Die zum Bewusstsein ihrer selbst und ihrer Lebensgesetze gekommene Welt ist ihrer selbst in einer Weise sicher, dass uns das unheimlich wird; Fehlentwicklungen und Misserfolge vermögen die Welt an der Notwendigkeit ihres Weges und ihrer Entwicklung doch nicht irre zu machen; sie werden mit männlicher Nüchternheit in Kauf genommen, und selbst ein Ereignis wie dieser Krieg macht darin keine Ausnahme. Gegen diese Selbstsicherheit ist nun die christliche Apologetik in verschiedensten Formen auf den Plan getreten. Man versucht, der mündig gewordenen Welt zu beweisen, dass sie ohne den Vormund »Gott« nicht leben könne. Wenn man auch in allen weltlichen Fragen schon kapituliert hat, so bleiben doch immer die sogenannten »letzten Fragen« – Tod, Schuld, – auf die nur »Gott« eine Antwort geben kann und um derentwillen man Gott und die Kirche und den Pfarrer braucht. Wir leben also gewissermaßen von diesen sogenannten letzten Fragen der Menschen. Wie aber, wenn sie eines Tages nicht mehr als solche da sind bzw. wenn auch sie »ohne Gott« beantwortet werden? Nun kommen zwar die säkularisierten Ableger der christlichen Theologie, nämlich die Existenzphilosophen und die Psychotherapeuten, und weisen dem sicheren, zufriedenen, glücklichen Menschen nach, dass er in Wirklichkeit unglücklich und verzweifelt sei und das nur nicht wahrhaben wolle, dass er sich in einer Not befinde, von der er gar nichts wisse und aus der nur sie ihn retten könnten. Wo Gesundheit, Kraft, Sicherheit, Einfachheit ist, dort wittern sie eine süße Frucht, an der sie nagen oder in die sie ihre verderblichen Eier legen. Sie legen es darauf an, den Menschen erst einmal in innere Verzweiflung zu treiben und dann haben sie gewonnenes Spiel. Das ist säkularisierter Methodismus. Und wen erreicht er? Eine kleine Zahl von Intellektuellen, von Degenerierten, von solchen, die sich selbst für das Wichtigste auf der Welt halten und sich daher gern mit sich selbst beschäftigen. Der einfache Mann, der sein tägliches Leben in Arbeit und Familie und gewiss auch mit allerlei Seitensprüngen zubringt, wird nicht getroffen. Er hat weder Zeit noch Lust, sich mit seiner existenziellen Verzweiflung zu befassen und sein vielleicht bescheidenes Glück unter dem Aspekt der »Not«, der »Sorge«, des »Unheils« zu betrachten. Die Attacke der christlichen Apologetik auf die Mündigkeit der Welt halte ich erstens für sinnlos, zweitens für unvornehm, drittens für unchristlich. Sinnlos – weil sie mir wie der Versuch erscheint, einen zum Mann gewordenen Menschen in seine Pubertätszeit zurückzuversetzen, d. h. ihn von lauter Dingen abhängig zu machen, von denen er faktisch nicht mehr abhängig ist, ihn in Probleme hineinzustoßen, die für ihn faktisch nicht mehr Probleme sind. Unvornehm – weil hier ein Ausnutzen der Schwäche eines Menschen zu ihm fremden, von ihm nicht frei bejahten Zwecken versucht wird. Unchristlich – weil Christus mit einer bestimmten Stufe der Religiosität des Menschen, d. h. mit einem menschlichen Gesetz verwechselt wird. Darüber nachher noch ausführlicher. Vorher noch ein paar Worte über die geschichtliche Situation. Die Frage heißt: Christus und die mündig gewordene Welt. Es war die Schwäche der liberalen Theologie, dass sie der Welt das Recht einräumte, Christus seinen Platz in ihr anzuweisen; sie akzeptierte im Streit von Kirche und Welt den von der Welt diktierten – relativ milden – Frieden. Es war ihre Stärke, dass sie nicht versuchte, die Geschichte zurückzudrehen und die Auseinandersetzung wirklich aufnahm (Troeltsch!), wenn diese auch mit ihrer Niederlage endete. Der Niederlage folgte die Kapitulation und der Versuch eines völligen Neuanfangs auf Grund der Besinnung auf die eigenen Grundlagen in Bibel und Reformation. Heim machte den pietistisch-methodistischen Versuch, den einzelnen Menschen davon zu überzeugen, dass er vor der Alternative: »Verzweiflung oder Jesus« stehe. Er gewann »Herzen«. Althaus (in Fortsetzung der modern-positiven Linie mit starker konfessioneller Ausrichtung) versuchte, der Welt einen Raum lutherischer Lehre (Amtes) und lutherischen Kults abzugewinnen und überließ im Übrigen die Welt sich selbst. Tillich unternahm es, die Entwicklung der Welt selbst – gegen ihren Willen – religiös zu deuten, ihr durch die Religion ihre Gestalt zu geben. Das war sehr tapfer, aber die Welt warf ihn vom Sattel und lief allein weiter; auch er wollte die Welt besser verstehen, als sie sich selbst verstand; sie aber fühlte sich völlig missverstanden und wies ein solches Ansinnen ab. (Zwar muss die Welt besser verstanden werden, als sie sich selbst versteht!, aber eben nicht »religiös«, wie es die religiösen Sozialisten wollten!) Barth erkannte als erster den Fehler aller dieser Versuche (die im Grunde alle noch im Fahrwasser der liberalen Theologie segelten, ohne es zu wollen) darin, dass sie alle darauf ausgehen, einen Raum für Religion in der Welt oder gegen die Welt auszusparen. Er führte den Gott Jesu Christi gegen die Religion ins Feld, pneuma [Anm.: Dt. Geist] gegen sarx [Anm.: Dt. Fleisch]. Das bleibt sein größtes Verdienst (Römerbrief 2. Auflage trotz aller neukantianischen Eierschalen!). Durch seine spätere Dogmatik hat er die Kirche instandgesetzt, diese Unterscheidung prinzipiell auf der ganzen Linie durchzuführen. Nicht in der Ethik, wie man häufig sagt, hat er dann versagt – seine ethischen Ausführungen, soweit sie existieren, sind ebenso bedeutsam wie seine dogmatischen –, aber in der nicht-religiösen Interpretation der theologischen Begriffe hat er keine konkrete Wegweisung gegeben, weder in der Dogmatik noch in der Ethik. Hier liegt seine Grenze, und darum wird seine Offenbarungstheologie positivistisch, »Offenbarungspositivismus«, wie ich mich ausdrückte. Die BK nun hat weithin den barthschen Ansatz überhaupt vergessen und ist vom Positivismus in die konservative Restauration geraten. Es ist ihre Bedeutung, dass sie die großen Begriffe der christlichen Theologie durchhält, aber darin scheint sie sich allmählich auch fast zu erschöpfen. Gewiss sind in diesen Begriffen die Elemente der echten Prophetie (hierunter fällt sowohl der Wahrheitsanspruch wie die Barmherzigkeit, von denen Du sprichst) wie des echten Kultes enthalten, und insofern findet das Wort der BK überhaupt nur Aufmerksamkeit, Gehör und Ablehnung. Aber beides bleibt unentfaltet, fern, weil ihnen die Interpretation fehlt. Diejenigen, die hier wie z. B. P. Schütz [Anm.: Paul Schütz, 1891–1985, Theologe] oder die Oxforder [Anm.: religiöse Gemeinschaftsbewegung] oder Berneuchener [Anm.: Bewegung zur Erneuerung der Liturgie] die »Bewegung« und das »Leben« vermissen, sind gefährliche Reaktionäre, rückschrittlich, weil sie hinter den Ansatz der Offenbarungstheologie überhaupt zurückgehen und nach »religiöser« Erneuerung suchen. Sie haben überhaupt das Problem noch gar nicht verstanden und reden gänzlich an der Sache vorbei. Sie haben gar keine Zukunft (– am ehesten noch die Oxforder, wenn sie nicht biblisch so substanzlos wären.) Bultmann scheint nun Barths Grenze irgendwie gespürt zu haben, aber er missversteht sie im Sinne der liberalen Theologie und verfällt daher in das typisch liberale Reduktionsverfahren (die »mythologischen« Elemente des Christentums werden abgezogen und das Christentum auf sein »Wesen« reduziert). Ich bin nun der Auffassung, dass die vollen Inhalte einschließlich der »mythologischen« Begriffe bestehen bleiben müsse – das N.T. ist nicht eine mythologische Einkleidung einer allgemeinen Wahrheit!, sondern diese Mythologie (Auferstehung etc.) ist die Sache selbst! – aber dass diese Begriffe nun in einer Weise interpretiert werden müssen, die nicht die Religion als Bedingung des Glaubens (vgl. die peritome bei Paulus!) voraussetzt. Erst damit ist meines Erachtens die liberale Theologie (durch welche auch Barth, wenn auch negativ, noch bestimmt ist) überwunden, zugleich aber ist ihre Frage wirklich aufgenommen und beantwortet (was im Offenbarungspositivismus der BK nicht der Fall ist!). Die Mündigkeit der Welt ist nun kein Anlass mehr zu Polemik und Apologetik, sondern sie wird nun wirklich besser verstanden, als sie sich selbst versteht, nämlich vom Evangelium, von Christus her. [...]

30. 6. 44

[...] Und nun will ich versuchen, das neulich abgebrochene theologische Thema weiterzuführen. Ich ging davon aus, dass Gott immer weiter aus dem Bereich einer mündig gewordenen Welt, aus unseren Erkenntnis- und Lebensbereichen hinausgeschoben wird und seit Kant nur noch jenseits der Welt der Erfahrung Raum behalten hat. Die Theologie hat sich einerseits apologetisch gegen diese Entwicklung gesträubt und ist gegen Darwinismus etc. – vergeblich – Sturm gelaufen; andrerseits hat sie sich mit der Entwicklung abgefunden und Gott nur noch bei den sogenannten letzten Fragen als deus ex machina fungieren lassen, d. h. Gott wird zur Antwort auf Lebensfragen, zur Lösung von Lebensnöten und -konflikten. Wo also ein Mensch nichts Derartiges aufzuweisen hat bzw. wo er sich weigert, sich in diesen Dingen gehen und bemitleiden zu lassen, dort bleibt er eigentlich für Gott nicht ansprechbar, oder es muss dem Mann ohne Lebensfragen etc. nachgewiesen werden, dass er in Wahrheit tief in solchen Fragen, Nöten, Konflikten steckt, ohne es sich einzugestehen oder es zu wissen. Gelingt das – und die Existenzialphilosophie und Psychotherapie hat in dieser Richtung ganz raffinierte Methoden ausgearbeitet –, dann wird dieser Mann nun ansprechbar für Gott und der Methodismus kann seine Triumphe feiern. Gelingt es aber nicht, den Menschen dahin zu bringen, dass er sein Glück als sein Unheil, seine Gesundheit als seine Krankheit, seine Lebenskraft als seine Verzweiflung ansieht und bezeichnet, dann ist das Latein der Theologen am Ende. Man hat es entweder mit einem verstockten Sünder besonders bösartiger Natur oder mit einer »bürgerlich-saturierten« Existenz zu tun, und einer ist dem Heil ebenso fern wie der andre. Sieh mal, das ist die Einstellung, gegen die ich mich zur Wehr setze. Wenn Jesus Sünder selig machte, so waren das wirkliche Sünder, aber Jesus machte nicht aus jedem Menschen zuerst einmal einen Sünder. Er rief sie von ihrer Sünde fort, aber nicht in ihre Sünde hinein. Gewiss bedeutete die Begegnung mit Jesus, dass sich alle Bewertungen der Menschen umkehrten. So war es bei der Bekehrung des Paulus. Da ging aber die Begegnung mit Jesus der Erkenntnis der Sünden voran. Gewiss nahm sich Jesus der Existenzen am Rande der menschlichen Gesellschaft, Dirnen, Zöllner, an, aber doch durchaus nicht nur ihrer, sondern weil er sich der Menschen überhaupt annehmen wollte. Niemals hat Jesus die Gesundheit, die Kraft, das Glück eines Menschen an sich in Frage gestellt und wie eine faule Frucht angesehen; warum hätte er sonst Kranke gesund gemacht, Schwachen die Kraft wiedergegeben? Jesus nimmt das ganze menschliche Leben in allen seinen Erscheinungen für sich und für das Reich Gottes in Anspruch.

Gerade jetzt muss ich natürlich unterbrochen werden! Lass mich nur schnell nochmal das Thema, um das es mir geht, formulieren: die Inanspruchnahme der mündig gewordenen Welt durch Jesus Christus.

Ich kann heute nicht weiter schreiben, sonst bleibt der Brief wieder eine Woche liegen und das möchte ich nicht. Also Fortsetzung folgt! [...]

So, nun leb' wohl und verzeih den abgebrochenen Brief. Ich denke aber, er ist Dir lieber als gar keiner. Ich hoffe, dass wir im Frühherbst wieder zusammen sind!

In treuem und dankbarem Gedenken und in täglicher Fürbitte grüßt Dich von Herzen

Dein Dietrich

16. 7. 44

Nun wieder ein paar Gedanken zu unserem Thema. Ich arbeite mich erst allmählich an die nicht-religiöse Interpretation der biblischen Begriffe heran. Ich sehe mehr die Aufgabe, als dass ich sie schon zu lösen vermöchte. Zum Historischen: Es ist eine große Entwicklung, die zur Autonomie der Welt führt. In der Theologie zuerst Herbert v. Cherbury, der die Suffizienz der Vernunft für die religiöse Erkenntnis behauptet. In der Moral: Montaigne, Bodin, die anstelle der Gebote Lebensregeln aufstellen. In der Politik: Macchiavelli, der die Politik von der allgemeinen Moral löst und die Lehre von der Staatsraison begründet. Später, inhaltlich sehr von ihm verschieden, aber in der Richtung auf die Autonomie der menschlichen Gesellschaft doch mit ihm konform, H. Grotius, der sein Naturrecht als Völkerrecht aufstellt, das Gültigkeit hat »etsi deus non daretur«, »auch wenn es keinen Gott gäbe«. Schließlich der philosophische Schlussstrich: einerseits der Deismus des Descartes: die Welt ist ein Mechanismus, der ohne Eingreifen Gottes von selbst abläuft; andrerseits der Pantheismus Spinozas: Gott ist die Natur. Kant ist im Grunde Deist, Fichte und Hegel Pantheisten. Überall ist die Autonomie des Menschen und der Welt das Ziel der Gedanken.

(In der Naturwissenschaft beginnt die Sache offenbar mit Nikolaus von Cues und Giordano Bruno und ihrer – »häretischen« – Lehre von der Unendlichkeit der Welt. Der antike Kosmos ist ebenso wie die mittelalterliche geschaffene Welt endlich. Eine unendliche Welt – wie immer sie auch gedacht sein mag – ruht in sich selbst »etsi deus non daretur«. Die moderne Physik bezweifelt allerdings wieder die Unendlichkeit der Welt, ohne jedoch in die früheren Vorstellungen ihrer Endlichkeit zurückzufallen.) Gott als moralische, politische, naturwissenschaftliche Arbeitshypothese ist abgeschafft, überwunden; ebenso aber als philosophische und religiöse Arbeitshypothese (Feuerbach!). Es gehört zur intellektuellen Redlichkeit, diese Arbeitshypothese fallen zu lassen bzw. sie so weitgehend wie irgend möglich auszuschalten. Ein erbaulicher Naturwissenschaftler, Mediziner etc. ist ein Zwitter. Wo behält nun Gott noch Raum?, fragen ängstliche Gemüter, und weil sie darauf keine Antwort wissen, verdammen sie die ganze Entwicklung, die sie in solche Notlage gebracht hat. Über die verschiedenen Notausgänge aus dem zu eng gewordenen Raum habe ich Dir schon geschrieben. Hinzuzufügen wäre noch der salto mortale zurück ins Mittelalter. Das Prinzip des Mittelalters aber ist die Heteronomie in der Form des Klerikalismus.

Die Rückkehr dazu aber kann nur ein Verzweiflungsschritt sein, der nur mit dem Opfer der intellektuellen Redlichkeit erkauft werden kann. Er ist ein Traum nach der Melodie: »O wüsst' ich doch den Weg zurück, den weiten Weg ins Kinderland.« [Anm.: J. Brahms, Heimweh II] Diesen Weg gibt es nicht, — jedenfalls nicht durch den willkürlichen Verzicht auf innere Redlichkeit, sondern nur im Sinne von Matth 18,3!; d. h. durch Buße, d. h. durch letzte Redlichkeit! Und wir können nicht redlich sein, ohne zu erkennen, dass wir in der Welt leben müssen – »etsi deus non daretur«. Und eben dies erkennen wir – vor Gott! Gott selbst zwingt uns zu dieser Erkenntnis. So führt uns unser Mündigwerden zu einer wahrhaftigeren Erkenntnis unsrer Lage vor Gott. Gott gibt uns zu wissen, dass wir leben müssen als solche, die mit dem Leben ohne Gott fertig werden. Der Gott, der mit uns ist, ist der Gott, der uns verlässt (Markus 15,34)! Der Gott, der uns in der Welt leben lässt ohne die Arbeitshypothese Gott, ist der Gott, vor dem wir dauernd stehen. Vor und mit Gott leben wir ohne Gott. Gott lässt sich aus der Welt herausdrängen ans Kreuz, Gott ist ohnmächtig und schwach in der Welt und gerade und nur so ist er bei uns und hilft uns. Es ist Matthäus 8,17 ganz deutlich, dass Christus nicht hilft kraft seiner Allmacht, sondern kraft seiner Schwachheit, seines Leidens! Hier liegt der entscheidende Unterschied zu allen Religionen. Die Religiosität des Menschen weist ihn in seiner Not an die Macht Gottes in der Welt, Gott ist der deus ex machina. Die Bibel weist den Menschen an die Ohnmacht und das Leiden Gottes; nur der leidende Gott kann helfen. Insofern kann man sagen, dass die beschriebene Entwicklung zur Mündigkeit der Welt, durch die mit einer falschen Gottesvorstellung aufgeräumt wird, den Blick frei macht für den Gott der Bibel, der durch seine Ohnmacht in der Welt Macht und Raum gewinnt. Hier wird wohl die »weltliche Interpretation« einzusetzen haben. [...]

Ich hoffe, bald von Dir zu hören und grüße Dich mit allen guten Wünschen in treuem und dankbarem Gedenken

Immer Dein Dietrich

21. 7. [44]
Lieber Eberhard!
Heute will ich Dir nur so einen kurzen Gruß schicken. Ich denke, Du wirst in Gedanken so oft und viel hier bei uns sein, dass Du Dich über jedes Lebenszeichen freust, auch wenn das theologische Gespräch einmal ruht. Zwar beschäftigen mich die theologischen Gedanken unablässig, aber es kommen dann doch auch Stunden, in denen man sich mit den unreflektierten Lebens- und Glaubensvorgängen genügen lässt. Dann freut man sich ganz einfach an den Losungen des Tages, wie ich mich z. B. an der gestrigen und heutigen besonders freue, und man kehrt zu den schönen Paul Gerhardtliedern zurück und ist froh über diesen Besitz. Ich habe in den letzten Jahren mehr und mehr die tiefe Diesseitigkeit des Christentums kennen und verstehen gelernt; nicht ein homo religiosus, sondern ein Mensch schlechthin ist der Christ, wie Jesus – im Unterschied wohl zu Johannes dem Täufer – Mensch war. Nicht die platte und banale Diesseitigkeit der Aufgeklärten, der Betriebsamen, der Bequemen oder der Lasziven, sondern die tiefe Diesseitigkeit, die voller Zucht ist, und in der die Erkenntnis des Todes und der Auferstehung immer gegenwärtig ist, meine ich. Ich glaube, dass Luther in dieser Diesseitigkeit gelebt hat. Ich erinnere mich eines Gespräches, das ich vor 13 Jahren in Amerika mit einem französischen jungen Pfarrer hatte. Wir hatten uns ganz einfach die Frage gestellt, was wir mit unserem Leben eigentlich wollten. Da sagte er: ich möchte ein Heiliger werden (– und ich halte für möglich, dass er es geworden ist –); das beeindruckte mich damals sehr. Trotzdem widersprach ich ihm und sagte ungefähr: ich möchte glauben lernen. Lange Zeit habe ich die Tiefe dieses Gegensatzes nicht verstanden. Ich dachte, ich könnte glauben lernen, indem ich selbst

so etwas wie ein heiliges Leben zu führen versuchte. Als das Ende dieses Weges schrieb ich wohl die »Nachfolge«. Heute sehe ich die Gefahren dieses Buches, zu dem ich allerdings nach wie vor stehe, deutlich. Später erfuhr ich und ich erfahre es bis zur Stunde, dass man erst in der vollen Diesseitigkeit des Lebens glauben lernt. Wenn man völlig darauf verzichtet hat, aus sich selbst etwas zu machen – sei es einen Heiligen oder einen bekehrten Sünder oder einen Kirchenmann (eine sogenannte priesterliche Gestalt!), einen Gerechten oder einen Ungerechten, einen Kranken oder einen Gesunden – und dies nenne ich Diesseitigkeit, nämlich in der Fülle der Aufgaben, Fragen, Erfolge und Misserfolge, Erfahrungen und Ratlosigkeiten leben – dann wirft man sich Gott ganz in die Arme, dann nimmt man nicht mehr die eigenen Leiden, sondern das Leiden Gottes in der Welt ernst, dann wacht man mit Christus in Gethsemane, und ich denke, das ist Glaube, das ist metanoia [Anm.: Dt. Umkehr] – und so wird man ein Mensch, ein Christ. (Vgl. Jerem 45!). Wie sollte man bei Erfolgen übermütig oder an Misserfolgen irre werden, wenn man im diesseitigen Leben Gottes Leiden mitleidet? Du verstehst, was ich meine, auch wenn ich es so kurz sage. Ich bin dankbar, dass ich das habe erkennen dürfen, und ich weiß, dass ich es nur auf dem Wege habe erkennen können, den ich nun einmal gegangen bin. Darum denke ich dankbar und friedlich an Vergangenes und Gegenwärtiges.

Vielleicht wunderst Du Dich über einen so persönlichen Brief. Aber, wenn ich einmal so etwas sagen möchte, wem sollte ich es sonst sagen? Vielleicht kommt die Zeit, in der ich auch zu Maria einmal so sprechen kann; ich hoffe es sehr. Aber noch kann ich ihr das nicht zumuten.

Gott führe uns freundlich durch diese Zeiten; aber vor allem führe er uns zu sich.

Ich habe mich ganz besonders über den Gruß von Dir gefreut und bin froh, dass Ihr es nicht zu heiß habt. Von mir müssen noch viele Grüße zu Dir kommen. Sind wir eigentlich nicht 1936 ungefähr diese Strecke gefahren?

Leb wohl, bleibe gesund und lasse die Hoffnung nicht sinken, dass wir uns bald alle wiedersehen. In Treue und Dankbarkeit denkt immer an Dich

Dein Dietrich

Die Zitate im Buch

Schlüssel zur Zitierweise

1. Dietrich Bonhoeffer, Werkausgabe (DBW), hg. von Eberhard Bethge, Ernst Feil, Christian Gremmels, Wolfgang Huber, Hans Pfeifer, Albrecht Schönherr und Heinz Eduard Tödt, Gütersloh 1986–1999.
2. Dietrich Bonhoeffer, Auswahl (DBA), hg. von Christian Gremmels und Wolfgang Huber, Gütersloh 2006.
3. Dietrich Bonhoeffer, Gesammelte Schriften (GS), hg. von Eberhard Bethge, München 1958–1974.
4. Martin Luther, D. Martin Luthers Werke, Weimarer Ausgabe (WA) Weimar, 1883–2009.

Originaldokumente

S. 15: Lässt sich eine historische und pneumatische Auslegung der Schrift unterscheiden, und wie stellt sich die Dogmatik hierzu? DBW 9, 305–322.
S. 36: Auszug aus „Sanctorum Communio", DBA 1, 36–43.
S. 52: Die Kirche vor der Judenfrage, DBA 2, 70–79.

S. 62: Der Arier-Paragraph in der Kirche, DBA 2, 80–88.
S. 77: Kirche und Völkerwelt, DBA 2, 89–93.
S. 89: Auszug aus „Nachfolge", DBA 3, 109–140.
S. 133: Auszug aus „Gemeinsames Leben", DBA 3, 175–193.
S. 167: Auszüge aus „Ethik", DBA 4, 67–98; DBW 6, 93–136.
S. 234: Texte aus den Gefängnisbriefen, DBA 5, 126–133; 141–145; 155–157;165–167; 171–173.